Ernst-Otto Czempiel

Friedensstrategien

*Eine systematische Darstellung außenpolitischer
Theorien von Machiavelli bis Madariaga*

2., aktualisierte und überarbeitete Auflage

Westdeutscher Verlag

Eine Publikation aus der Hessischen Stiftung Friedens- und Konfliktforschung, Frankfurt am Main.

Alle Rechte vorbehalten
© Westdeutscher Verlag GmbH, Opladen/Wiesbaden, 1998

Der Westdeutsche Verlag ist ein Unternehmen der
Bertelsmann Fachinformation GmbH.

 Das Werk einschließlich aller seiner Teile ist urheberrechtlich geschützt. Jede Verwertung außerhalb der engen Grenzen des Urheberrechtsgesetzes ist ohne Zustimmung des Verlags unzulässig und strafbar. Das gilt insbesondere für Vervielfältigungen, Übersetzungen, Mikroverfilmungen und die Einspeicherung und Verarbeitung in elektronischen Systemen.

http://www.westdeutschervlg.de

Höchste inhaltliche und technische Qualität unserer Produkte ist unser Ziel. Bei der Produktion und Verbreitung unserer Bücher wollen wir die Umwelt schonen: Dieses Buch ist auf säurefreiem und chlorfrei gebleichtem Papier gedruckt. Die Einschweiß-folie besteht aus Polyäthylen und damit aus organischen Grundstoffen, die weder bei der Herstellung noch bei der Verbrennung Schadstoffe freisetzen.

Umschlaggestaltung: Horst Dieter Bürkle, Darmstadt
Druck und buchbinderische Verarbeitung: Langelüddecke, Braunschweig
Printed in Germany

ISBN 3-531-13234-2

Ernst-Otto Czempiel

Friedensstrategien

Ernst-Otto Czempiel wurde 1927 geboren, studierte in Berlin und Mainz, promovierte 1957 in Mainz, habilitierte sich 1964 an der TH Darmstadt, wurde 1966 an die Universität Marburg, 1970 an die Universität Frankfurt berufen. Bis 1992 war er dort Professor für Auswärtige und Internationale Politik. Seit 1970 ist er an der Hessischen Stiftung Friedens- und Konfliktforschung tätig, war dort bis 1997 Forschungsgruppenleiter und mehrfach Geschäftsführender Vorstand. Seine Hauptarbeitsgebiete sind: Theorie der Außenpolitik und der Internationalen Politik, Friedensforschung, Außenpolitik der USA.

Inhalt

Vorwort zur zweiten Auflage 7

Einleitung 13

1. Friede als Prozeßmuster des internationalen Systems 31

1.1 Der Einzugsbereich des Friedens 34

1.2 Der Inhalt des Friedens 45

1.3 Das Kontinuum des Friedensprozesses 53

1.4 Friede als Systemwandel 71

1.5 Friedenspolitik 75

2. Friede durch Einwirkung auf die Interaktion 83

2.1 Friede und Völkerrecht 85

   2.1.1 Friede durch Kodifizierung der Interaktion 86

   2.1.2 Friede durch Rechtsprechung 93

   2.1.3 Friede durch Normbildung 103

2.2 Friede und Internationale Organisation 109

   2.2.1 Friede durch Errichtung eines Staatenbundes 112

   2.2.2 Friede durch kollektive Sicherheit 125

   2.2.3 Friede durch Veränderung des internationalen Kontextes ... 131

   2.2.4 Friede durch regionale Organisation 140

3. Friede durch Änderung der gesellschaftlichen Strukturen 147

3.1 Friede und Herrschaft 149

   3.1.1 Friede durch Republik und Föderalismus 154

   3.1.2 Friede durch Freiheit und Gerechtigkeit 162

   3.1.3 Friede durch Miliz und Öffentlichkeit 179

3.2 Friede und Wohlstand 194

   3.2.1 Friede durch Freihandel 197

   3.2.2 Friede durch Klassenkampf? 210

   3.2.3 Friede durch internationale Wirtschaftsorganisationen 219

   3.2.4 Friede durch Handel 224

   3.2.5 Friede durch Verstaatlichung der Rüstungsindustrie 227

   3.2.6 Friede durch Kontrolle wirtschaftlicher Macht 230

Schluß: Folgerungen 235

Dokumente 243

Register 307

Vorwort zur zweiten Auflage

> *„Alle Nationen sind Freundinnen, durch die Natur der Dinge, und zwei Regierungen, die sich bekriegen, sind ebenso sehr Feinde ihrer eigenen Untertanen als ihrer Gegner."*
> Jean Baptiste Say, Ausführliche Darstellung der Nationalökonomie, 1803

> *„People in the long run are going to do more to promote peace than are governments. Indeed, I think that people want peace so much that one of these days governments had better get out of their way and let them have it".*
> Präsident Dwight D. Eisenhower

> *„Explain the gap between that universal yearning for peace on the part of ordinary people in practically every country and these childish and dangerous games these governments play with each other; the more I try to look into it, the more complex and elusive the answers become".*
> Außenminister Dean Rusk

Die Hoffnungen, daß nach dem Ende des Kalten Krieges eine neue Weltordnung errichtet werden könnte, sind zehn Jahre später fast dahingeschmolzen. Sie waren real und realistisch, hatte doch der unerwartete und ungewöhnliche Zusammenbruch dieses Konfliktes einzigartige Einblicke in seine Ursachen gewährt und damit Möglichkeiten gezeigt, es in Zukunft besser zu machen. Daß die Chance nicht wahrgenommen, keine neue Weltpolitik konzipiert, sondern die alte, sich auf Gewaltmittel stützende

Macht- und Einflußpolitik wieder restauriert worden ist, hat viele und komplexe Gründe. Sie waren keineswegs zwingend. Daß die Chance verpaßt wurde, verdankt sich vielmehr vor allem der Lernpathologie der Politik. Sie besitzt – oder benutzt – keine Filter, über die sie solche wichtigen Erfahrungen wahrnehmen und die ihnen zugrunde liegenden Veränderungen im gesellschaftlichen Substrat der Politik registrieren könnte. Nicht einmal der Zusammenbruch der Sowjetunion, der so drastisch demonstrierte, wohin die Folgen anhaltender Lernunwilligkeit führen, hat der westlichen Politik einen anhaltenden Korrekturimpuls verliehen. Sie hatte die Erfahrungen, aber sie hat daraus nichts gelernt oder doch nur sehr wenig. Statt dessen hat sie die außenpolitischen Strategien weiter benutzt, die sie so erfolgreich während des Kalten Krieges angewandt hatte. Sie sitzt, wie ich es anderenorts genannt habe, tief in der Realismusfalle, weil die restaurierte Praxis auch die Systemzustände restaurieren wird, denen sie sich verdankt.

Natürlich wird der Westen eines Tages der Realismusfalle entkommen, weil dieser Standort sich nachweislich als suboptimal erweisen wird. Seine wirtschaftlichen Interessen werden ihm den Weg weisen, die Anforderungen der sich emanzipierenden Gesellschaften ihm schließlich keine Wahl lassen. Kluge Politiker wußten es schon lange, daß am Ausgang des 20. Jahrhunderts die Außenpolitik nicht den gleichen Regeln folgen könnte, wie zu Beginn des 19. Gerade das Militär weiß es, weil es die Folgen dieses anachronistischen Verhaltens zu tragen hat. Aber die Einsichtigen haben es schwer, sich gegen die Wiederkehr einer Tradition zu wehren, mit der sich in den langen Jahren des Kalten Krieges so viele Interessen und politische Karrieren verbunden haben.

Kann man die Robustheit dieser Tradition erklären, sachlich begründen läßt sie sich nicht. Sie hat ihr Versprechen, den Krieg zu verhindern, niemals eingelöst. In der Periode von 1815 bis 1945, als Realismus und Realpolitik uneingeschränkt herrschten, sind in Europa dreiundvierzig zwischenstaatliche Kriege geführt worden, darunter zwei Weltkriege. Nach 1945 hat es bis 1992 zweiundvierzig solcher Kriege gegeben, wenn auch vor allem in der Dritten Welt. Europa sah in dieser Zeit den Ost-West-Konflikt, ein geradezu klassisches Produkt traditioneller Realpolitik. Nur ein glücklicher Zufall bewahrte es davor, zum globalen Kataklysmus zu werden. Diese Bilanz macht es zwingend und aktuell, endlich über alternative Strategien der Sicherheitspolitik nachzudenken.

Auch dafür gibt es in Europa eine große und solide Tradition, die allerdings kaum zur Kenntnis genommen wird. Dabei haben seit Machiavelli alle großen Theoretiker der Politik sich auch zur Außenpolitik und zum Frieden geäußert. Sie sind dabei – und das ist das Erstaunliche – zu den gleichen Ergebnissen gekommen. Obwohl sie in verschiedenen Epochen lebten und von unterschiedlichen Positionen aus argumentierten, haben sie auf die gleichen Strategien verwiesen, um in einem internationalen System den Frieden herzustellen und einzurichten. Die Herrschaftssysteme der Staaten müssen demokratisiert – so lautet, modern ausgedrückt, ihre Empfehlung – und sie müssen in einer Internationalen Organisation zur Zusammenarbeit veranlaßt werden. Mit diesen beiden Strategien lassen sich die beiden größten Gewaltursachen, autoritäre Herrschaft und Anarchie des internationalen Systems, durch Friedensursachen ersetzen.

Die liberale zeitgenössische Wissenschaft von den Internationalen Beziehungen diskutiert die gleichen Strategien. Aber sie weiß nicht, daß sie eine große und bedeutende Tradition im europäischen Denken der Neuzeit fortsetzt, die älter ist als die von Realismus und Realpolitik und die in ihrer theoretischen Ausstattung stringent und in ihren Erfolgsaussichten gerade unter den Bedingungen des ausgehenden 20. Jahrhunderts besonders erfolgversprechend ist. Das Buch verfolgt den Zweck, diesen vorhandenen Reichtum unseres Wissens freizulegen und der aktuellen Diskussion um die geeignete Friedenspolitik zur Verfügung zu stellen. Deswegen wurde es in einer überarbeiteten Version neu aufgelegt.

Obwohl seit dem ersten Erscheinen des Buches zwölf Jahre vergangen sind, brauchte an seiner Substanz nichts geändert zu werden. Lediglich die Verdeutlichungen durch Hinweise auf die 1986 herrschende Aktualität mußten entfernt, gelegentlich modernisiert werden. Die der Weltwirtschaft und dem Welthandel gewidmeten Unterkapitel wurden stärker überarbeitet, um der seit 1990 eingetretenen Ökonomisierung Rechnung zu tragen.

Ansonsten konnte das Buch so bleiben, wie es 1986 vorgelegt worden war, auch in seinem ausführlichen, das Prozeßmuster des Friedens systematisch darstellenden Teil. An ihm hat sich bis 1998 genauso wenig geändert wie an der aktuellen Relevanz der Aussagen früherer Theoretiker. In der wissenschaftlichen und in der politischen Diskussion von 1986 bis 1998 sind keine Veränderungen eingetreten, die zu registrieren gewesen wären. Freilich hat sich der Diskussionsstand in der Wissenschaft von den Internationalen Beziehungen weiterentwickelt; dem wurde in den Anmerkungen Rechnung getragen. Das der ersten Auflage beigegebene Verzeichnis ausgewählter älterer und neuerer Literatur wurde hier nicht übernommen.

Wie die erste, befaßt sich auch die zweite Auflage dieses Buches ausschließlich mit den Strukturen der Politik und der Notwendigkeit und Möglichkeit, sie zu verändern. Mit diesem Thema hatten sich die Theoretiker beschäftigt, es ist auch das wichtigere. Hinter ihm treten die politischen Prozesse und die für sie eingesetzten Mittel und Instrumente zurück. Im Vordergrund der Argumentation steht die Struktur des internationalen Systems und die der Herrschaftssysteme der Staaten mit ihrem Einfluß auf die auswärtige Politik. Weil sich hier sehr wenig verändert hat, sind die Aussagen früherer Theoretiker noch immer so aktuell. Zwar haben sich die Herrschaftssysteme des Westens im Sinne des Republikanismus stärker demokratisiert; den Partizipationsanforderungen, die Kant für erforderlich gehalten hat, entsprechen sie noch immer nicht. Zwar hat sich die Anarchie des internationalen Systems erheblich reduziert, jedenfalls im euro-atlantischen Bereich, die Politik hat dies indes nicht zur Kenntnis genommen. Beides ist mitverantwortlich dafür, daß der Westen an einer Strategie-Tradition festhält, die schon vor zweihundert Jahren als unzweckmäßig und veraltet galt.

Es wird erheblich mehr als der Neuauflage eines kleinen Buches bedürfen, um diesen doppelten Anachronismus zu beseitigen, die Herrschaftssysteme auf den möglichen Grad ihrer Demokratisierung zu heben und das Sicherheitsdilemma bis auf den Grad, jenseits dessen es vernachlässigt werden kann, abzusenken. Mehr als ein Diskussionsanstoß kann von diesem Buch nicht ausgehen; zu seinen Gunsten wurde es neu aufgelegt.

Den Kreis derer, denen es seine Entstehung schon 1986 verdankte, erweitere ich gern um den Westdeutschen Verlag, der sich für die Neuauflage eingesetzt, und Herrn Bernd Schönwälder, der den Text in die PC-Reife übertragen und auch die dafür erforderlichen Anpassungen vorgenommen hat. Die inhaltlichen Änderungen des Textes hat auch diesmal Frau Marlies Sanner eingefügt.

Frankfurt, im Frühjahr 1998　　　　　　　　*Ernst-Otto Czempiel*

*Der Erinnerung an
Wolfram und Lani Hanrieder, Santa Barbara, gewidmet*

Einleitung

„Friede ist möglich" verhieß ein deutscher Bestseller von 1983.[1] Aber als der Friede dann wenige Jahre später wirklich einzog, wurde er nicht in Empfang genommen, nicht einmal erkannt. Die Politik sprach lieber von der „Neuen Weltordnung"; in Europa wurde sogar der aus den Tagen des Kalten Krieges so vertraute Begriff von der „Sicherheitsarchitektur" wieder in Umlauf gebracht. Dabei herrscht seit 1990 doch, mit allen geschichtlichen Maßstäben gemessen, Friede in Europa. Die Sowjetunion hat sich aufgelöst, der Kommunismus verflüchtigt, Rußland hat sich zum Partner des Westens erklärt, die Osteuropäer sind seine Freunde – ist das nicht Friede genug?

Unter den vielen Gründen dafür, daß der wichtige Begriff nicht verwendet wird, ist der interessanteste vielleicht der, daß die Politik mit dem Friedensbegriff nichts anfangen kann. Sie steht ihm ratlos gegenüber[2] und fällt wohl deswegen so leicht immer wieder auf die vertrauten Strategien der Militärallianzen, Sicherheitspakte und Aufrüstungen zurück. Kein Wunder also, daß man nicht erreicht, was man gar nicht kennt.

Allerdings gibt es eine konkrete Vorstellung von dem, was nicht sein soll: Krieg. Das ist schon sehr viel, wie gleich nochmals hervorgehoben werden soll, aber es führt leicht zu einer strategischen Täuschung. Das Alltagswissen der Politik hofft, den Krieg dadurch zu vermeiden, daß es ihn vermeiden will. In der Dichtkunst Wilhelm Buschs mag stimmen, daß das Gute das Böse ist, „was man läßt". In der internationalen Politik wird dieses Mißverständnis häufig zum Vater des nächsten Krieges. Wer ihn

---

[1] Franz Alt: Frieden ist möglich, München 1983.
[2] Siehe dazu Ernst-Otto Czempiel: Die Politik vor dem Frieden: ratlos, in: FAZ, 26.10.1996.

wirklich vermeiden will, muß ihn ersetzen, und zwar durch andere Formen der Konfliktbehandlung.³

Hinter diesem ‚kleinen Unterschied' verbirgt sich nichts weniger als eine totale Renovierung der Außenpolitik. Deren Alltagsverständnis muß aufgegeben werden zugunsten theoretisch durchdachter und mit gesicherten Erkenntnissen über Zweck-Mittel-Relationen wohl versehener Konzepte. Erst wenn der Friede richtig eingeschätzt wird als das wahrscheinlich schwierigste und komplexeste Problem, dem sich mit traditionellem Wissen und ‚gesundem Menschenverstand', auch mit politischer Erfahrung allein nicht beikommen läßt, werden sich die Aussichten auf seine Verwirklichung bessern.

Andererseits bezeichnet die allgemeine Akzeptanz des Friedens als eines großen politischen Zieles, wie sie sich in der allgemeinen Diskussion ausdrückt, einen fast historisch zu nennenden Fortschritt der Menschheit. Er hat, wenigstens im allgemeinen Bewußtsein, verwirklicht, was sich Immanuel Kant vor 200 Jahren nur wünschen konnte, nämlich „daß doch die Vernunft vom Throne der höchsten moralisch gesetzgebenden Gewalt herab, den Krieg als Rechtsgang schlechterdings verdammt, den Friedenszustand dagegen zur unmittelbaren Pflicht macht"⁴.

In Politik und Gesellschaft des Westens zumindest hat sich diese Vernunft durchgesetzt. Noch in den zwanziger Jahren dieses Jahrhunderts galt der Krieg als akzeptiertes Instrument der Politik, konnte er für bestimmte Zwecke eingesetzt werden, etwa für die Revision des Versailler Vertrages. Nach dem Zweiten Weltkrieg wurde im Artikel 2 Ziff. 4 der Charta der Vereinten Nationen der Gewaltverzicht als Norm formuliert. Er blieb auch erhalten, als sich nach 1946 der neue Ost-West-Konflikt ankündigte und aus-

---

[3] Dies ist der richtige Tenor der beiden von Dieter Senghaas herausgegebenen Bände: Den Frieden denken, Frankfurt 1995, und: Frieden machen, Frankfurt 1997.

[4] Immanuel Kant: Zum ewigen Frieden, Werke, (Ed. Wilhelm Weischedel) Bd. VI, Darmstadt 1964, S. 211.

breitete. Beide Seiten organisierten sich als Defensivbündnisse, die jeweiligen Kriegsministerien wurden in Verteidigungsministerien umbenannt. In den siebziger Jahren wandelte sich dann das öffentliche Interesse am Gewaltverzicht in das am Frieden, sozusagen hin zum positiven Komplementärwert. Beide sind seitdem eigentlich unbestritten. Der Krieg ist durchweg de-legitimiert worden; er kann der Öffentlichkeit nur noch als reiner Verteidigungskrieg offeriert werden. Als politisches Instrument jedenfalls hat der Krieg ausgedient, zumindest im Einzugsbereich der Industriestaaten. Gewaltverzicht und Friede sind zur politischen Norm geworden, die kein politisches Ziel, das der Verteidigung ausgenommen, auszusetzen vermag. Zu Clausewitz, für den der Krieg noch ein Mittel der Politik war, führt kein Weg mehr zurück. Die UNESCO hat vorgeschlagen, das Jahr 2000 der „Kultur des Friedens" zu widmen.

Es ist interessant, für einen Moment der Frage nachzugehen, worauf dieser große historische Fortschritt zurückzuführen ist. Die Regelantwort verweist auf die Zerstörungskraft der Kernwaffen, die die Folgen eines Krieges ins Unendliche, eventuell bis zur Vernichtung der Welt, erweitert hat. Der Krieg hat sich damit über seine Kosten selbst ad absurdum geführt. Solange er konventionell betrieben wurde, waren sie relativ klein. Noch im 20. Jahrhundert war, so wurde errechnet[5], der Krieg nur für 4% aller Todesfälle zuständig, betrug das von ihm zerstörte Eigentum nur 4% aller Kapitalabschreibungen. Die Nuklearwaffen der Gegenwart würden diese Raten drastisch erhöhen. Der Krieg ist dysfunktional geworden, auch für die Herrschenden und die Befehlenden: die Atomwaffen kennen weder Etappe noch Feldherrnhügel.

Dennoch gilt es mißtrauisch zu sein gegenüber dem Argument, daß die De-Legitimierung des Krieges auf seine Dysfunktionalität zurückzuführen sei. Auf deren Wirkung hatte man schon vor dem Ersten Weltkrieg vertraut, als die Entwicklung der Artil-

---

[5] Kenneth E. Boulding: Stable Peace, Austin und London 1978, S. 29.

lerie, der Flugzeuge und Bomben Ausmaß und Intensität der Gewalt so drastisch gegenüber den Formen des 19. Jahrhunderts verändert hatte. Der Krieg wurde auch nicht durch die Giftkampfstoffe verhindert; man einigte sich rasch auf deren Verzicht. Dementsprechend ist nicht damit zu rechnen, daß die von den Nuklearwaffen zu erwartenden Verwüstungen von sich aus und allein den Krieg verhindern werden. Ohnehin wird auf allen Seiten daran gearbeitet, die Zerstörungskraft nuklearer Waffen zu verkleinern, sie von radioaktiver Strahlung zu „säubern", kurz: sie einsatzfähig zu machen. Der Mensch ist eben nicht der Gefangene seiner Technologie; er läßt sich von ihr ein Verhalten weder aufzwingen noch verbieten.

Maßgebender für die De-Legitimierung des Krieges scheint vielmehr ein ganz anderer Faktor gewesen zu sein: die zunehmende Demokratisierung der Staaten. Der Friede ist die Bedingung für die Existenz des einzelnen; je mehr dessen Wert zunimmt, desto höher wird der Friede als politisches Ziel bewertet. Es war wiederum Kant, der diesen Zusammenhang zwar nicht als erster, aber besonders prägnant formuliert hat: Wenn diejenigen, die die Lasten und Folgen des Krieges zu tragen haben, über ihn mitbestimmen könnten, würde es keinen Krieg mehr geben.[6] Diese Feststellung muß – und wird – nuanciert werden. Im Kern ist sie zutreffend. Im 19. Jahrhundert laufen Friedensbewegung und Liberalismus parallel, sind streckenweise identisch. Die wichtigsten Ansätze zur Friedenssicherung, Völkerbund und Vereinte Nationen, entstammen der liberal-demokratischen Theorie. In dem Maße, in dem sie sich in der Politik durchsetzt, gewinnen ihre Wertmaßstäbe Gültigkeit.

Je demokratischer sich die Gesellschaften entwickeln, und je höher demzufolge der Wert steigt, der dem einzelnen zugemessen wird, desto höher wird der Friede eingeschätzt. Er wird zur gesamtgesellschaftlichen Anforderung an die Politischen Systeme, wird zum Bestandteil von Legitimität und Konsens. Je demokrati-

---

[6] Kant (Anm. 4), S. 205–206.

scher die Beziehungen zwischen dem Politischen System und seinem gesellschaftlichen Umfeld geordnet werden, je stärker sich also die Gewichte zugunsten der Gesellschaft verschieben, desto stärker setzt sich der Friede als außenpolitische Norm durch. Das ist der Prozeß, der in den westlichen Demokratien die zweite Hälfte des 20. Jahrhunderts bestimmt und in der Bundesrepublik Deutschland seit dem Ende der Wiederaufbauphase beschleunigt abläuft. Der Demokratisierungsschub, der mit der Bildung der sozial-liberalen Koalition 1969 erfolgte, verstärkte den Erfahrungsschub von 1939–1945 und damit die gesellschaftliche Anforderung nach Frieden. Die „sanfte Revolution" in Osteuropa, die den Ost-West-Konflikt beendete, schickte eine Demokratisierungswelle durch die ganze Welt.[7]

Daß im euro-atlantischen Bereich und darüber hinaus der Friede mithin als etablierte Norm gilt, kann gar nicht hoch genug veranschlagt werden. Der Weg dorthin hat mehr als 4000 Jahre gedauert, in denen der Krieg als Mittel der Politik von den Herrschenden eingesetzt und von den Beherrschten akzeptiert wurde. Dennoch ist mit der Etablierung der Norm erst ein Teil des Weges zu einer Gesellschaft des Friedens zurückgelegt worden, und zwar der kleinere. In der Außenpolitik sind die Zielsetzungen wichtig, entscheidend aber sind die Mittel, die zu ihrer Verwirklichung eingesetzt werden. Sie beeinflussen den Charakter der Ziele, entscheiden über deren Erfolg. Den Frieden zum politischen Ziel zu erklären und ihn zu verfolgen, nutzt dann wenig, wenn das Ziel auf der Ebene der Mittel verfehlt oder sogar konterkariert wird. Das muß gar nicht böswillig, sondern wird allzu häufig aus Unkenntnis geschehen. Rüstungswettläufe, beispielsweise, führen nicht deswegen oft zum Krieg, weil einer der Beteiligten dies wollte, sondern weil alle Beteiligten es für möglich halten, den Wettlauf zu gewinnen und dann zu bremsen. Beim Ziel des

---

[7] Siehe dazu und zu den anderen Veränderungen, die das Ende des Kalten Krieges ausgelöst hat, Ernst-Otto Czempiel: Weltpolitik im Umbruch. Das internationale System nach dem Ende des Ost-West-Konflikts, München 1993².

Friedens kommt noch hinzu, daß es, weil es so unbestimmt, vieldeutig und diffus ist, eine klare und kritisierbare Zuordnung von Mitteln gar nicht ermöglicht.

Der in der westlichen Welt erreichte Fortschritt ist also zwar deutlich, aber doch begrenzt. Ihn zu vergrößern, verlangt, erstens, den zumindest einzuleitenden Versuch, die politischen Prozesse und Zustände zu benennen, die den Begriff des Friedens operationalisieren. Sodann müssen die Mittel und Strategien entwickelt werden, die die erfolgreiche Möglichkeit eröffnen, das intendierte Ziel auch zu erreichen. Da Ziele und Mittel im Hinblick auf den geschichtlichen Prozeß von Gegenwart und Zukunft diskutiert werden müssen, stellt sich eine dritte Aufgabe. Es müssen Teilziele und Teilstrategien formuliert und miteinander in Beziehung gesetzt werden. Es muß, anders ausgedrückt, der Weg skizziert werden, der von dem existierenden Zustand in den erstrebenswerten führt. Daß dabei Teilziele eingeschoben werden müssen, ändert nichts an dem prinzipiellen Unterschied zwischen Zielen und Mitteln. Stets bleiben die letzteren entscheidend, und zwar sowohl für den Erfolg einer Politik wie für ihre Charakteristik.

Nicht jede Politik, die den Frieden anstrebt, ist schon deswegen friedlich. Weder heiligt der Zweck die Mittel, noch erzeugt er sie. Sie müssen vielmehr konzipiert und dann ständig daraufhin überprüft werden, ob sie dem erklärten Ziel auch dienen. Das Abschreckungskonzept klingt, für sich genommen, ganz überzeugend. Stellt man es aber in die einschlägige Tradition des „si vis pacem para bellum"-Theorems, so zeigen sich sofort seine eklatanten Schwächen. Unwissen schützt eben nicht vor dem Mißerfolg – „to hell with good intentions" sagt man in Amerika. Schon Bentham hat festgestellt, daß es weniger die Selbstsucht und das Übelwollen sind, die den Menschen vom Pfade des Rechten abweichen lassen, als vielmehr Torheit und Schwäche.[8]

---

[8] Jeremy Bentham: Grundsätze für ein künftiges Völkerrecht und einen dauernden Frieden, Ed. Oscar Kraus, Halle 1915, S. 118.

Die Mittel und ihre Verbindung zu Strategien also entscheiden darüber, ob eine Politik auf den Frieden gerichtet ist und dabei auch erfolgreich sein wird. Sie geben Aufschluß darüber, ob der Friede das Ziel der Politik wirklich darstellt oder nur deklariert. Sie entscheiden auch über die Qualität der Politik und die Qualifikation der Politiker. Schließlich streben alle Ärzte die Gesundheit ihres Patienten an, aber nicht alle verfügen über die Kunst, sie auch wirklich herzustellen. In der Politik, vor allem in der Außenpolitik, gibt es dabei noch nicht einmal die Approbation.

Um so mehr verdient es festgehalten zu werden, daß während des Ost-West-Konflikts die Praxis der Theorie weit voraus war. Trotz unbestrittener prinzipieller Mängel des Abschreckungssystems wurde es von den Politikern so gesteuert, daß es den gewaltsamen Konfliktaustrag vermied und in der spezifischen Kombination von Verteidigung und Zusammenarbeit, wie sie seit dem Harmel-Bericht praktiziert wurde, seit den siebziger Jahren den Spannungsgrad erheblich absenkte. Diese Erfolge, zu denen auch die der „Politik der kleinen Schritte" gehörten, kamen zustande, ohne daß sich eine theoretische Anleitung durch die Wissenschaft nachweisen ließe. Sie hatte sicher ihren Anteil, etwa durch die gründliche Kritik der Rüstungsdynamik und einzelner Rüstungskontrollpositionen; eine systematische Erforschung existierender und möglicher friedensrelevanter Strategien hat die Wissenschaft jedoch nicht geboten. Das gilt auch für das Völkerrecht, das seine traditionellen Strategie-Felder, etwa die Internationalen Organisationen, die guten Dienste, die internationale Rechtsprechung usw. weiter bestellt hat. Es gilt vor allem für die Friedensforschung, die ihre anfänglichen Bemühungen, den Frieden zu definieren, alsbald beiseite gelegt und eine Strategie-Analyse im großen Stil erst gar nicht begonnen hat. Es gab Ansätze dazu bei Burton[9], später dann, wenn auch eher essayistisch, bei

---

[9] Vgl. John W. Burton: Peace Theory: Preconditions of Disarmament, New York 1962.

Boulding[10], es gab eine ansehnliche Anthologie der wichtigsten gängigen Strategien bei Glossop.[11] Eine systematische, auf Handlungsanleitung gerichtete Beschäftigung mit möglichen und erfolgversprechenden Strategien im Ost-West-Konflikt fehlte indes. Desgleichen fehlte eine kritische Auseinandersetzung mit dem Mittel-Katalog der praktischen Politik. Nicht zuletzt hat keine Disziplin das Ende des Konflikts prognostiziert.

Dieses Defizit unterscheidet die moderne Friedensforschung von der Friedenswissenschaft der Vergangenheit, insbesondere der des 19. Jahrhunderts. Sie war zwar nicht auf die konkrete Lösung konkreter Probleme gerichtet – das hat sie ausdrücklich vermieden –, wohl aber beschäftigte sie sich systematisch und innovativ mit der Entwicklung friedenstiftender Strategien. Ihr großer Beitrag war die Entwicklung des Konzepts der Internationalen Organisation, das sich, bei allen Schwächen, nach 1945 ausgezeichnet bewährt hat.

Die besondere Leistung dieses Konzeptes liegt darin, daß es nicht auf die Vermeidung des Krieges, sondern auf die Instrumentierung des Friedens gerichtet ist. Die Bedeutung dieses Unterschieds kann nicht genug betont werden. Der Friede ist nicht gleichbedeutend mit der Vermeidung des Krieges, und zwar nicht etwa wegen des bekannten (aber bedeutungslosen) Unterschiedes zwischen dem sogenannten negativen und dem positiven Frieden. Wer den Krieg durch den Frieden ersetzen will, muß ihn und nicht die Verhinderung des Kriegs erforschen. Es müssen Konfliktaustragsmodi konzipiert und eingeübt werden, die keine oder nur geringe Grade von Gewalt aufweisen. Das ist ein positives Programm, das eigenständige konkrete Forschungsaufgaben enthält und nicht identisch ist mit der Kriegsursachenforschung, auf die sich das wissenschaftliche Interesse bisher mehrheitlich konzen-

---

[10] Boulding (Anm. 5), passim.
[11] Ronald J. Glossop: Confronting War. An Examination of Humanity's Most Pressing Problem, London 1983.

triert hat.[12] Diese Frage nach dem Frieden ist bisher kaum aufgegriffen worden. Im Gegensatz zur literarischen Tradition, vor allem der des 19. Jahrhunderts, ist eine explizite wissenschaftliche Beschäftigung mit dem Frieden als Ziel und den dazugehörenden Strategien in der zeitgenössischen Friedensforschung nur selten zu verzeichnen. Als rühmenswerte Ausnahme können die beiden von Dieter Senghaas herausgegebenen Bände: „Den Frieden denken" und „Frieden machen" gelten.[13]

Die Friedensforschung, als die interdisziplinäre Bearbeitung des Friedensproblems, sollte sich auf diese originäre Fragestellung konzentrieren. Der Frieden kommt deswegen nicht zustande, weil sich niemand mit seinem Zustandekommen beschäftigt. Es genügt nicht, das Abschreckungssystem zu kritisieren; man muß Systeme erfinden, die es ersetzen können. Es reicht nicht aus, von der europäischen Friedensordnung zu reden, man muß das Wort übersetzen in denkbare und mögliche Zustände des europäischen Systems. Man darf die Mängel der Rüstungskontrolle nicht nur beklagen, man muß sie konzeptuell beheben. Mit einem Wort: die Sozialwissenschaft muß sich endlich mit dem Frieden beschäftigen, muß ihn analysieren, muß seine Strategien beschreiben und entwerfen.

Daß der Frieden bisher nicht recht vorangekommen ist, kann also auch darauf zurückgeführt werden, daß er in seiner Komplexität unterschätzt wird. Sein Charakter als Interaktionsmuster wird verkannt, die Konsequenz für eine entsprechende Strategie der Außenpolitik nicht gezogen. Im Gegenteil: Es scheint so zu sein, als löse ein dumpfes Vorwissen um die Komplexität des Problems den Drang zur Vereinfachung, ja zur völligen Verdrängung aus. In großen und wichtigen Analysen westlicher Strategien im Ost-West-Konflikt tauchte der Friede als Problem überhaupt

---

[12] Vgl. den Stand der Diskussion bei Klaus Jürgen Gantzel: Kriegsursachen, Tendenzen und Perspektiven, in: Ethik und Sozialwissenschaften 8, 3, 1997, S. 257–327.
[13] Senghaas (Anm. 3).

nicht oder nur ganz am Rande auf.[14] Die sogenannte Harmel-Formel verklammerte Verteidigung und Entspannung miteinander, ohne zu berücksichtigen, daß hier nicht nur ein Aktions- und ein Interaktionsbegriff miteinander verbunden, sondern damit auch sachliche Widersprüche angelegt wurden, die den Erfolg einer doch als konstruktiv zu verstehenden Kombination von vornherein in Frage stellten. Nach 1990 wurde die mögliche und erforderliche Neuordnung Europas nicht unter das Stichwort des Friedens, sondern unter das der Sicherheit gestellt.

Die Flucht in die Vereinfachung findet sich nicht nur bei der Politik, wo sie noch verständlich wäre. Sie findet sich auch in der Wissenschaft, wo sie allerdings nun keinen Platz haben sollte. Es muß schon als merkwürdig gelten, wenn Johan Galtung dafür plädiert, „die Sache weiter zu vereinfachen, ... um einfachere Schlußfolgerungen zu erreichen, vor allem auch im Hinblick auf Ratschläge für Handlungen. Die Schlußfolgerungen mögen irrig sein, aber zumindest sind sie verständlich"[15]! Statt, wie hier, völlig abzudanken, sollte zumindest die Friedensforschung sich darum bemühen, das Problem des Friedens in seiner ganzen Komplexität zu formulieren und zu analysieren. Dann ließen sich daraus Handlungsanleitungen entwickeln, die sicherlich schwierig, aber eben auch richtig in dem Sinne sind, daß sie den Frieden herbeiführen können. Nicht auf eindimensionale Simplifizierungen sollte die Wissenschaft gerichtet sein, sondern auf die Reproduktion von Mehrdimensionalität und Komplexität.[16] Um sie

---

[14] Vgl. die beiden bedeutenden von Uwe Nerlich herausgegebenen Bände: „Sowjetische Macht und westliche Verhandlungspolitik im Wandel militärischer Kräfteverhältnisse", und „Die Einhegung sowjetischer Macht", Baden-Baden 1982, in denen vom Frieden nur einmal, und zwar in friedensethischer Absicht (Rendtdorff) die Rede ist, und der Interaktionscharakter der internationalen Politik nur in einem Beitrag (Bull) ausführlich behandelt wird.

[15] Johan Galtung: Es gibt Alternativen!, Opladen 1984, S. 113–114.

[16] So auch Johannes Schwerdtfeger und Wolfgang Huber (Hrsg.): Frieden, Gewalt, Sozialismus, Stuttgart 1976, S. 805.

bearbeiten zu können, sind Vereinfachung und Reduktion erforderlich, sie müssen aber methodisch erfolgen[17], dürfen die politische Komplexität nicht aufheben, sondern müssen sie mit Hilfe einer linearen Transformation erhalten. Nur dann lassen sich Forschungsergebnisse erzielen, aus denen erfolgversprechende Handlungsanleitungen für eine Politik des Friedens abgeleitet werden können. Den Frieden herzustellen, ist die schwierigste politische Aufgabe, die es überhaupt gibt; sie läßt sich nur lösen, wenn man sich den Schwierigkeiten auch stellt.

Eine einzige Vereinfachung des Friedensproblems ist nicht nur erlaubt, sondern geboten: die Regionalisierung. Entgegen einem verbreiteten politischen Schlagwort ist der Friede selbstverständlich teilbar, hat er in den verschiedenen Weltregionen verschiedene Voraussetzungen und Chancen. Die nachfolgenden Analysen beziehen sich daher durchweg auf die euro-atlantische Region. Darin treten auch allgemeine Bedingungen des Friedens auf; ob sie sich auch auf andere Weltregionen übertragen lassen, müßte geprüft werden. Die Friedensstrategien, die hier erörtert werden, ihre Bedingungen, sind durchweg dem atlantischen Raum entnommen, beanspruchen Gültigkeit nur für ihn.

Hier aber beziehen sie sich nicht nur auf die Gegenwart; im Gegenteil. Das Buch versucht, den Anschluß an das außenpolitische Denken Europas wiederzugewinnen, das seit 1945 verschüttet liegt. Dieses Denken hatte noch die Internationale Organisation der Vereinten Nationen hervorgebracht, einen Kulminationspunkt sozusagen der politischen Friedenstheorien Europas. Deren Kraft hatte sich damit auch offenbar erschöpft. Als der Ost-West-Konflikt sich formierte, legten beide Seiten, auch die westliche, die Internationale Organisation beiseite und griffen auf angeblich bewährte, durch die Verwirklichung der UN indes längst überholte Strategien, wie etwa die der Allianzbildung, zurück. Der neue

---

[17] Vgl. Karl W. Deutsch und Bruno Fritsch: Zur Theorie der Vereinfachung: Reduktion von Komplexität in der Datenverarbeitung für Weltmodelle, Königstein 1980.

Konflikt ließ schlagartig vergessen, was an fortschrittlichen Strategien zur Konfliktbewältigung in Europa erarbeitet worden war. Nach 1990 geschah etwas Ähnliches: Die Renaissance der Vereinten Nationen war nur von kurzer Dauer; der Aufmerksamkeitsakzent rückte alsbald auf die Militärallianz der NATO.

Das Buch möchte an die europäische Tradition anschließen, möchte die Fülle des Wissens kommentieren und teilweise dokumentieren, das in Europa über den Frieden, seine Bedingungen und seine Strategien aufgehäuft worden ist. Die Wissenschaft hat ja auch die Aufgabe, Erkenntnisse zu bewahren oder wieder ans Licht zu bringen, die im Generationswechsel oder aufgrund großer Ereignisschübe verlorengegangen sind. Die Folgen solchen Verlustes sind gerade in der Politik groß und konsequenzenreich. Bisher ist es nicht gelungen, akkumulierbares Wissen bereitzustellen, auf das die Ausbildung von Politikern und Diplomaten zurückgreifen kann. Sie alle leben von ihrer individuellen Erfahrung, werden lediglich durch den ‚gesunden Menschenverstand' und die Tradition angeleitet. Dies reicht jedoch, worauf Burton schon 1962 aufmerksam gemacht hatte[18], nicht aus. Vollends ist die Gesellschaft darauf angewiesen, das Wissen und die Erfahrung vergangener Generationen zu bewahren und zu bearbeiten, damit sie nicht jede Erfahrung und damit auch jeden Fehler zu wiederholen braucht. Sie muß sich des Wissens früherer Generationen bedienen, um auf dieser Basis Fortschritte in ihrem eigenen Verhalten bewirken zu können. Politikwissenschaft und Friedensforschung müssen dazu beitragen, dieses Wissen aufzubereiten und der Gegenwart zur Verfügung zu stellen.

Praktisch geschieht das hier zum ersten Mal. Die Geschichte der Friedenstheorien ist zwar häufig geschrieben worden:[19] bei-

---

[18] Burton (Anm. 9), S. 123.

[19] Wenn auch nicht immer explizit unter diesem Titel: Siehe Jürgen Bellers (Hrsg.): Klassische Staatsentwürfe: Außenpolitisches Denken von Aristoteles bis heute, Darmstadt 1996. Kees van der Pijl: Vor-

spielhaft soll auf die klassischen Studien von Raumer[20] und Schlochauer[21] hingewiesen werden, auf die von Delbrück herausgegebene Sammlung von Friedensdokumenten aus fünf Jahrhunderten[22], auf die von Batscha und Saage veranstaltete Teilsammlung philosophischer Friedenstheorien um Kant.[23] Genannt werden muß selbstverständlich die umfassende, auch die Friedenskonzepte streifende „Geschichte des weltpolitischen Denkens" von Gollwitzer.[24] Fetscher ist zum ersten Mal über die sonst meist chronologisch oder nach Denkschulen geordnete Zusammenstellung der Friedenstheorien hinausgegangen, indem er sie nach ihren Konzepten unterschied.[25] Alle diese bedeutenden Leistungen stehen für sich selbst; hier wird nicht versucht werden, eine weitere Geschichte der Friedenstheorien zu schreiben, nochmals zu bearbeiten, was schon so häufig so kompetente Bearbeiter gefunden hat.

Hier wird eine ganz andere, eine Teilfrage gestellt, nämlich die nach den in der Vergangenheit entwickelten Friedensstrategien. Nur ihnen gilt die Aufmerksamkeit, vernachlässigt bleiben alle anderen Elemente der Friedenskonzeptionen, bleibt auch eine Gesamtwürdigung des betreffenden Theoretikers. Statt dessen werden die Friedensstrategien isoliert und vergrößert. Es gilt, herauszufinden, ob die Theoretiker der Politik in den verschiedenen

---

denken der Weltpolitik: Einführung in die internationale Politik aus ideengeschichtlicher Perspektive, Opladen 1996.

[20] Kurt von Raumer: Ewiger Friede. Friedensrufe und Friedenspläne seit der Renaissance, Freiburg 1953.

[21] Hans-Jürgen Schlochauer: Die Idee des ewigen Friedens. Ein Überblick über Entwicklung und Gestaltung des Friedenssicherungsgedankens auf der Grundlage einer Quellenauswahl, Bonn 1953.

[22] Jost Delbrück (Hrsg.): Friedensdokumente aus fünf Jahrhunderten, 2 Bände, Kehl und Straßburg 1984.

[23] Zwi Batscha und Richard Saage (Hrsg.): Friedensutopien: Kant, Fichte, Schlegel, Görres, Frankfurt 1979.

[24] Heinz Gollwitzer: Geschichte des weltpolitischen Denkens, 2 Bände., Göttingen 1972/1982.

[25] Iring Fetscher: Modelle der Friedenssicherung, München 1972.

Jahrhunderten bestimmte politische Strategien als für den Frieden geeignet angesehen haben.

Auch dies kann nicht in idiographischer Vollständigkeit geschehen. Das Buch ist eben keine Ideengeschichte, es ist bewußt selektiv in dem Sinne, daß es die wichtigsten politischen Theoretiker, die sich überhaupt zur Außenpolitik und zur internationalen Politik, zum Frieden, geäußert haben, untersucht. Die Ergebnisse verstehen sich als repräsentativ, insofern sie beanspruchen, sozusagen die ‚herrschende Meinung' der Theoretiker widerzuspiegeln. Es hat sicher noch andere Stimmen gegeben, möglicherweise noch mehr abweichende. Es hat aber keine maßgeblichen Gegenstimmen gegeben, keine, die die Möglichkeiten und die Strategien des Friedens systematisch anders analysiert und eingeschätzt haben. Insofern liegt in der Selektivität keine Willkür, keine beliebige Auswahl der Autoren.

Ein solches Ergebnis zeigt sich erst, wenn man einen verfeinerten, theoretisch entfalteten Friedensbegriff als Forschungsinstrument verwendet. Er legt frei, daß sich sehr viel mehr Theoretiker zu dem Thema geäußert haben als die, deren Arbeiten den Frieden im Titel führen. Viele haben Bedingungen und Strategien formuliert, ohne sich über den Bezug zum Frieden selbst Rechenschaft abgelegt zu haben. Befragt man sie mit Hilfe eines entwickelten Friedensbegriffes, so erhält man auch ein deutliches Bild, in dessen historischer Tiefenschärfe sich ganz andere, überraschende Ergebnisse zeigen. Machiavelli, Montesquieu und Tocqueville – um nur ein Beispiel zu erwähnen – gehören unterschiedlichen Epochen und Denkschulen, ebenso gewiß nicht den ‚Friedensrufern' an – und doch geben sie alle die gleiche Auskunft, wenn man sie nach dem Zusammenhang von Herrschaftsorganisation und Frieden befragt.

Erst der theoretisch entfaltete Friedensbegriff erlaubt es, den in der Geschichte der politischen Theorien vorhandenen Reichtum an Informationen über Friedensbedingungen und Friedensstrategien aufzufinden und zu entschlüsseln. Damit öffnet sich ein großes Reservoir an Wissen und Einschätzungen, das für den Entwurf aktueller Strategien von hohem Nutzen sein kann. Würde sich beispielsweise herausstellen, daß die Strategie des Gleichgewichtes der Macht eine durchweg positive oder negative Einschätzung in der Vergangenheit erfahren hat, könnten sich daraus sehr wohl Schlüsse ableiten lassen für die aktuellen Erfolgschancen eines solchen Konzeptes.

Es wäre selbstverständlich noch besser, wenn die Konzepte und Strategien nicht nur zusammengestellt und miteinander verglichen, sondern im Hinblick auf ihre Wirksamkeit in der Geschichte auch getestet werden könnten. Das kann hier gegenwärtig nicht geleistet werden. Insofern in die Überlegungen der Theoretiker aber auch jeweils individuelle empirische Erfahrungen eingeflossen sind, wird in den Strategien auch ein Stück Realität miterfaßt.

Dessen Umfang erweitert sich, je mehr die Aussagen zu einer bestimmten Strategie übereinstimmen. Darin liegt kein Ersatz für den empirischen Test, liegt aber doch ein Spurenelement historischer Bestätigung für – oder gegen – die entsprechende Strategie. Daraus läßt sich – auch dies ein weiteres caveat – keine unmittelbare Handlungsanleitung für die aktuelle Politik ableiten. Es handelt sich um theoretische Einsichten, die einen bestimmten Sachverhalt, ein bestimmtes Verhältnis von Bedingungen und Strukturen verallgemeinern. Darin liegen wertvolle Hinweise auf die Wirkungsweise bestimmter Strategien, die zur aktuellen Handlungsanleitung dienen können. Eine Außenpolitik, die sich weder der strukturbildenden Wirkungen ihres Verhaltens noch dessen Beeinflussung durch bestehende Strukturen bewußt ist, bleibt, wie gut auch immer der dahinterstehende Wille ist, blind.

Hier schafft das Buch verläßliche Aufklärung und Information. Es weist nach, daß der Friede ein Prozeßmuster des internationalen Systems ist, das auf zwei Handlungsniveaus konstituiert wird: auf dem der Außenpolitik und dem der internationalen Politik. Das zweite Niveau geht aus den Interaktionen der Systemmitglieder hervor, wobei die Zustände und die Vergangenheiten des Systems mitwirken. Es ist analytisch noch immer schwer zu fassen[26], läßt sich aber politisch durch Veränderung der Rahmenbedingungen beeinflussen. Den einschlägigen Strategien ist der zweite Hauptteil des Buches gewidmet.

Der dritte argumentiert auf dem analytisch leichter zugänglichen Handlungsniveau der Außenpolitik, der Aktion, beschränkt sich hier aber auf eine Untersuchung der sie beeinflussenden Herrschafts- und Wirtschaftsstrukturen der Akteure. Dies ist eine wichtige, es ist zugleich die klassische, seit einiger Zeit wiederbelebte Fragestellung.[27] Sie ist zweifellos langfristig orientiert, muß aber, weil der Frieden auf bestimmte sozioökonomische Strukturen angewiesen ist, ernst genommen werden. Die Frage führt hin zum Systemwandel, den zu bewirken zum Kernproblem der Friedensstrategie zählt. Zu ihren Gunsten treten die kurz- und mittelfristigen Strategien, die eher taktischen Charakter tragen, etwas in den Hintergrund. Sie werden deswegen nicht als unwichtig angesehen; im Gegenteil. Sie sind auch nicht abhängig von den sozioökonomischen Bedingungen, die die Handlungen konditionieren, aber nicht determinieren. Jedes Politische System ist prinzipiell, aber eben nicht gleichermaßen zu einer Außenpolitik fähig, die den Frieden fördert.

Der näheren Bestimmung des Prozeßmusters Frieden dient der erste Hauptteil. Diese Arbeit ist überfällig, und zwar nicht nur, weil sie bisher nicht geleistet worden oder zur Rezeption früherer Theorien unumgänglich ist. Sie soll vielmehr gerade der aktuellen Politik wie ihrer wissenschaftlichen Diskussion zugute kommen. Der Begriff des Friedens – ganz abgesehen von seiner

---

[26] Vgl. dazu meine Anmerkungen „Zum theoretisch-methodischen Ansatz der Analyse des Ost-West-Konflikts" und die dort genannte Literatur, in: Werner Link (Hrsg.): Die neueren Entwicklungen des Ost-West-Konflikts, Köln usw. 1984, S. 29 ff.

[27] Siehe den Stand der Diskussion 1997 bei Steve Chan: In Search of Democratic Peace: Problems and Promise, in: Mershon International Studies Review, Vol. 41, Supplement 1, Mai 1997, S. 59–91.

Abnutzung, die bis zur polemischen Pejorisierung reicht – täuscht eine Einfachheit und Eindeutigkeit vor, denen die Plethora der in ihm eigentlich erfaßten Prozesse und Prozeßmuster Hohn spricht. Friede ist demgegenüber als einer der schwierigsten dynamischen Zustände eines internationalen Systems anzusehen, der, bedingt durch die Systemtradition und die sozioökonomischen Strukturen der Systemmitglieder, auf den beiden Handlungsniveaus durch das Verhalten von Politischen Systemen und gesellschaftlichen Akteuren sowie ihrer Interaktion auf relative Dauer mit der Tendenz zur Verstärkung eingerichtet werden will. Angesichts der Komplexität geht es zunächst darum, eine sachliche Ordnung zu schaffen, deren begrifflicher Reflex überhaupt erst festzulegen erlaubt, welche Problemkomplexe gerade gemeint sind.

Der Aufwand ist nicht überflüssig und die Umstände, die er bereitet, sind unumgänglich. Der Friede muß aus dem Alltagsverständnis, das ihn verfehlt, weil es ihn verkennt, herausgenommen und auf seinen wissenschaftlichen Begriff gebracht werden. Erst dann kann er auch für die Politik nützlich sein, und kann die Wissenschaft für sich die Ehrfurcht reklamieren, die Friedrich von Gentz schon 1800 ihr dann in Aussicht gestellt hat, wenn sie „in ihrer Vollendung den möglichst dauerhaften Frieden begründet".

1. Friede als Prozeßmuster des internationalen Systems

Der Versuch, einen wissenschaftlich brauchbaren Friedensbegriff zu entwickeln, ist im wesentlichen auf sich selbst gestellt. So häufig der Begriff verwendet wird, so selten wird er definiert. Beschreibungen, von denen es zahlreiche gibt[1], ersetzen keine Bestimmung. Dieses Defizit ist nicht zufriedenstellend aufgefüllt worden[2], auch durch die – eigentlich zuständige – Friedensforschung nicht. Sie hatte sich frühzeitig mit der Entschuldigung aus der Affäre gezogen, daß der Friede ebensowenig definiert werden könne wie die Gesundheit.[3] Sie hat sich auch später nicht auf eine konsistente Definition ihres Gegenstandes einigen können.[4]

Die Schwierigkeiten, die sich einer Begriffsbestimmung entgegenstellen, sollen nicht unterschätzt werden. Es muß aber wenigstens versucht werden, sie zu meistern, weil sonst der Friede die inhaltliche Beliebigkeit behält, die ihn leicht zur Mätresse jeder erkenntnisleitenden oder politischen Absicht macht. Eine Forschungsrichtung, die ihr Erkenntnisinteresse nicht zu formulieren und zu begründen vermag, gibt unnötigen Anlaß zu Mißverständnissen, Vorurteilen und Kritik.[5] Sie bietet, andererseits,

---

[1] Siehe dazu umfassend Reinhard Meyers: Begriff und Probleme des Friedens, Opladen 1994.

[2] Zum Diskussionsstand 1995 siehe Lothar Brock: Frieden. Überlegungen zur Theoriebildung, in: Dieter Senghaas: Den Frieden denken, Frankfurt 1995, S. 317 ff.

[3] Johan Galtung: Strukturelle Gewalt. Beiträge zur Friedens- und Konfliktforschung, Reinbek 1975, S. 48.

[4] Vgl. die Beiträge in Mathias Jopp (Hrsg.): Dimensionen der Friedens-Theorie: Praxis und Selbstverständnis der Friedensforschung, Baden-Baden 1991/92. Peter Imbusch und Ralf Zoll (Hrsg.): Friedens- und Konfliktforschung. Eine Einführung mit Quellen, Opladen 1996.

[5] Vgl. Hans-Joachim Arndt: Die staatlich geförderte Friedens- und Konfliktforschung in der Bundesrepublik Deutschland von 1970–

keinen Anlaß zur gesellschaftlichen Nachfrage nach ihren Produkten. Wenn der Fortschritt nicht erkennbar ist, der mit den Forschungsergebnissen möglich werden wird, kann sich ein gesellschaftliches Verwertungsinteresse kaum einstellen.

Der Friede als das erkenntnisleitende Interesse der Wissenschaft muß also wenigstens annäherungsweise bestimmt werden, und zwar hinsichtlich seines Einzugsbereichs und seiner Bedeutung. Dabei muß auch die theoretische Reichweite des Begriffs festgelegt werden.

Die Schwierigkeiten beginnen schon beim Einzugsbereich: deckt der Friede inter- oder intragesellschaftliche Beziehungen ab, eventuell sogar beide? Alle drei Entscheidungen ließen sich begründen, zumal die Alltagssprache, indem sie Begriffe wie „Friedenspflicht" und „Arbeitsfrieden" zuläßt, zwischen den beiden Bereichen offenbar nicht deutlich unterscheidet. Auch die bundesrepublikanische Friedensforschung hatte in den ersten Jahren keine Trennung vorgenommen.[6] Sie ist dennoch unumgänglich, weil ein Begriff nicht zwei heterogene gesellschaftliche Zustände abdecken kann. Der Bestimmungsversuch wird daher von der Festlegung ausgehen, daß Friede zwischengesellschaftliche Beziehungen bezeichnet; sie entspricht auch dem mehrheitlichen Gebrauch des Begriffs über die Jahrtausende menschlicher Geschichte.

Sehr viel schwieriger gestaltet sich die Formulierung einer inhaltlichen Ausgangsposition. Hier stehen sich zwei Auffassungen gegenüber, die schon Sartorius 1830 als „negativen" und „positiven" Friedensbegriff bezeichnet hat. Die eine versteht unter

---

1979. Wissenschaftliches Gutachten ... (im Auftrag der Bayerischen Staatskanzlei) 1981.

[6] Vgl. Hans-Eckehard Bahr et al.: Gesellschaftliche Bedingungen des Friedens – Friedensforschung = Partizipationsforschung?, in: Forschung für den Frieden, Veröffentlichungen der Deutschen Gesellschaft für Friedens- und Konfliktforschung, Bd. I, Boppard 1975, S. 107 ff.

Frieden den ‚Nicht-Krieg', die andere die „organische Harmonie des Völkerlebens"[7]. Die bundesrepublikanische Forschung hat sich nicht festgelegt, im Anschluß an Galtungs Wortprägung von der ‚strukturellen Gewalt'[8] aber doch ein gewisses faible für den „positiven" Friedensbegriff entwickelt. Demgegenüber steht hier die negative Friedensvorstellung am Beginn der Überlegungen. Friede ist zunächst einmal Nicht-Krieg. Darin besteht im übrigen Konsens, in der Alltagssprache wie in der Wissenschaft. Die weitere Erörterung wird zeigen, welche weitreichenden Folgen mit der Forderung nach einer Situation des Nicht-Krieges verbunden sind.

Schließlich muß der Friedensbegriff im Hinblick auf seine Reichweite festgelegt werden. Seiner Fassung nach ist er ein Allgemeinbegriff mit unbegrenzter Reichweite, ein Theoriebegriff. Er beansprucht, gültige Aussagen zu treffen über alle einschlägigen Zustände zwischen politischen Einheiten. Wem diese Reichweite zu groß, die Allgemeinheit zu hoch ist, der muß die Reichweite zusätzlich begrenzen, etwa auf die europäische Neuzeit, in der er hier vornehmlich untersucht wird. Er wird dann zu einem quasi-theoretischen Begriff. Solche Eingrenzungen empfehlen sich, weil der niedrigere Grad von Allgemeinheit eine größere inhaltliche Füllung erlaubt. Sie dürfen nur nicht zu dem Mißverständnis führen, als sei das Phänomen des Friedens (und das des Krieges) eine Erscheinung eben dieser Periode, womöglich noch der kapitalistischen Gesellschaftsform.[9] Jeder Blick in die alte und in die mittelalterliche Literatur zeigt, daß die charak-

---

[7] J. B. Sartorius: Organon des vollkommenen Friedens, zit. nach H. Hetzel: Die Humanisierung des Krieges in den letzten hundert Jahren, 1789–1889, Frankfurt/Oder 1891, S. 161.

[8] Johan Galtung: Gewalt, Frieden und Friedensforschung, in: Dieter Senghaas (Hrsg.): Kritische Friedensforschung, Frankfurt 1971, S. 55 ff. Dazu Mir A. Ferdowsi: Der positive Frieden. Johan Galtungs Ansätze und Theorien des Friedens, München 1981.

[9] So Ekkehart Krippendorff: Internationales System als Geschichte, Frankfurt 1975.

teristischen Bestandteile des Friedensbegriffs invariabel sind. Sie treten auch in den antiken außereuropäischen Kulturen auf, etwa in Indien und im Vorderen Orient.

Um dies herauszufinden, bedarf es allerdings des verfeinerten Friedensbegriffs, der die Hülle zeit- und kulturbedingten Denkens zu durchdringen vermag. Die Absenz des Krieges als der organisierten Anwendung militärischer Gewalt zwischen den politischen Einheiten steht im Zentrum dieses Begriffs. Sie muß erheblich differenziert werden im Hinblick auf ihre Dauer, ihre Bedingungen und ihr Zustandekommen. Eine derartige Entfaltung des Friedensbegriffes wird dann auch manche der Wünsche zufriedenstellen, die sich auf die Berücksichtigung des „positiven" Friedens, die Vermeidung nicht-militärischer Gewalt und die Einbeziehung innergesellschaftlicher Zustände richten.

1.1 Der Einzugsbereich des Friedens

Die Entwicklung einer brauchbaren Definition des Friedens verlangt eine Reihe von Vorüberlegungen. Wenn der Friede ein Beziehungsmuster des internationalen Systems ist, also zwischenstaatliche Beziehungen charakterisiert, dann muß er von anderen dort verlaufenden Beziehungen und Prozessen unterscheidbar sein. Friede als Interaktion muß lokalisiert werden im Syndrom aller zwischenstaatlichen Beziehungen. Dies wird nur möglich unter Verwendung eines Modells der internationalen Politik, das eben dieses Syndrom darzustellen, bzw. darin die spezifischen Friedensbeziehungen zu verorten erlaubt. Dieses Modell muß die Akteure zeigen: Damit gibt es Aufschluß darüber, wer die internationalen Beziehungen gestaltet und damit für den Frieden verantwortlich ist. Gleichzeitig fällt hierbei die Entscheidung für ein bestimmtes Weltmodell, das die Welt entweder als Staatenwelt, als Markt, als Weltgesellschaft oder als asymmetrisches, gebrochenes Gitter von Handlungszusammenhängen zeigt. Die Bemühung um ein angemessenes Modell deutet nicht, wie Hans-

Peter Schwarz gemeint hat, auf ‚methodologische Ratlosigkeit'[10], sondern auf das Wissen um die Notwendigkeit von Differenzierung und Präzision. Vereinfachung wurde in der internationalen Politik häufig genug zur Mutter der Katastrophe.

Für die Analyse eines konkreten Falles müßte das Modell noch weitere Aussagen treffen: über die Figur des internationalen Systems, das entweder imperial, hegemonial, hierarchisch oder egal geordnet sein kann. Es müßte informieren über die geographische Lage und Beschaffenheit der Länder, die das System bilden; müßte Auskünfte enthalten über die historische Epoche, die sozioökonomische Struktur, die politische Kultur usw. Auf die Mitberücksichtigung dieser Faktoren wird hier, wo der Friede als allgemeines Prozeßmuster zur Diskussion steht, verzichtet. Unverzichtbar aber bleiben die Bestimmung von Politik und die Benennung der Akteure, deren Interaktionen das internationale System und dessen Prozeßmuster bilden.

Politik wird im Rahmen des struktur-funktionalen Ansatzes, wie ihn David Easton vorgelegt hat[11], verstanden als die autoritative Verteilung von Werten durch das Politische System an die Gesellschaft. Diese Definition muß erweitert werden, und zwar mehrfach. Sie reicht nur aus hinsichtlich des legitimen Gewaltmonopols des Staates, das sie funktional als Kompetenz zur autoritativen Wertallokation bezeichnet. Hier liegt in der Tat die differentia specifica, die den Verteilungsprozeß innerhalb einer Gesellschaft von dem zwischen den Gesellschaften unterscheidet. Eine autoritative, notfalls mit legalem Zwang durchgesetzte Verteilung von Werten findet nur zwischen dem Politischen System und seinem gesellschaftlichen Umfeld innerhalb einer politischen Einheit statt.

---

[10] Hans-Peter Schwarz: Die gezähmten Deutschen, Stuttgart 1985, S. 69.
[11] David Easton: A Framework for Political Analysis, Inglewood Cliffs, N.J., 1965.

Hatte Easton damit die innergesellschaftliche Werteverteilung, also die Innenpolitik, funktional richtig bezeichnet, so ist ihm dabei eine doppelte Einschränkung unterlaufen und eine wichtige Qualifikation entgangen. Das Politische System kann ja nicht alle Werte innerhalb einer Gesellschaft verteilen, sondern nur Werte, die für die Existenz der politischen Einheit funktional sind. Dies sind die Werte der Sicherheit nach außen (und nach innen), der Existenzerhaltung, des Wohlstands als der Möglichkeit zur Existenzentfaltung, und der Wert der Partizipation an der Herrschaft. Es gibt Gesellschaften, die dem Politischen System weitere Wertbereiche zur Allokation überweisen, z. B. die Theokratien die Religion. Im einzelnen entscheidet hierüber die jeweilige politische Kultur. Konstitutiv aber für die Existenz einer politischen Einheit sind die Werte der Sicherheit, des Wohlstands und der Herrschaft, deren Verteilung damit Grundbestand jeglicher Politik ist.[12]

Die beiden Einschränkungen, die Easton unterlaufen sind, beziehen sich sowohl auf die Vernachlässigung der internationalen Umwelt wie auf die derjenigen innergesellschaftlichen Akteure, die ihrerseits politische Werte verteilen. Die innergesellschaftliche Verteilungskompetenz war nur bis zum Ende der Monarchie und danach in den sozialistischen Diktaturen ausschließliches Monopol des Politischen Systems. In den parlamentarischen Demokratien des Westens nehmen seit langem gesellschaftliche Akteure an dem Verteilungsprozeß teil. Dies gilt zumindest für das Gebiet des Wohlstands, auf dem wirtschaftliche Akteure beträchtliche Wertzuweisungen vornehmen, vor allem über den Preis. Sie verteilen freilich nicht autoritativ wie das Politische System; dazu fehlt ihnen die Legitimität und das Mittel der Gewalt. Sie verteilen mit Hilfe der – in diesem Fall: wirtschaftlichen – Macht, also der Fähigkeit (um noch einmal Weber

---

[12] Ausführlicher dazu: Ernst-Otto Czempiel: Internationalizing Politics: Some Answers to the Question of who does what to whom, in: ders. und James N. Rosenau (eds.): Global Changes and Theoretical Challenges, Lexington, Mass., 1989, S. 117–134.

zu zitieren), seinen Willen auch gegen Widerstand durchzusetzen.[13] Dieser Verteilungsmodus ist qualitativ deutlich unterschieden von dem legitimer Herrschaft; er ist aber nicht notwendig weniger erfolgreich. Er besitzt keine autoritative Qualität, er kann aber in gleichem Maße zwingend sein. Der Politikbegriff muß also um die durch Macht erfolgende Wertverteilung gesellschaftlicher Akteure erweitert werden.

Er muß es um so mehr, als die Politischen Systeme autoritative Wertverteilungen nur im eigenen gesellschaftlichen Umfeld vornehmen können, nicht aber in der internationalen Umwelt. Auch dies ist Easton entgangen, insofern er sich nur auf die gesellschaftsinternen Verteilungsprozesse zwischen dem Politischen System und seinem Umfeld beschränkt hat. Es ist aber evident, daß erstens die zur autoritativen Verteilung gelangenden Werte im Innern einer Gesellschaft durch die Politischen Systeme auch in der internationalen Umwelt generiert werden. Sie reichen von Handelsverträgen und Zollvereinbarungen bis hin zu territorialer Expansion. Evident ist zweitens, daß die Politischen Systeme in der internationalen Umwelt selbst Werte verteilen. Die Eroberung wurde schon genannt; Imperien, Kolonien können als weitere Anschauungsbeispiele dienen. In der internationalen Umwelt verfügen aber die Politischen Systeme keineswegs über das Monopol legitimer Gewaltausübung, sie können hier nicht autoritativ, sondern nur durch Macht Werte verteilen. Die Macht der Politischen Systeme in der internationalen Umwelt unterscheidet sich der Wirkung nach nicht von der Macht, die gesellschaftliche Akteure in einem gesellschaftlichen Umfeld ausüben.

Die Definition der Politik muß also um den Verteilungsmodus der Macht erweitert werden. Sie muß auch – aber das betrifft nur die entwickelten Industriestaaten des Westens seit den sechziger Jahren – erweitert werden um die Kompetenz gesellschaftlicher Akteure, auch in der internationalen Umwelt durch den Modus der Macht Werte zu generieren und zu verteilen. Die transnationalen

---

[13] Max Weber: Wirtschaft und Gesellschaft, Tübingen 1980⁵, S. 28.

Korporationen stehen an einschlägiger Macht manchen Politischen Systemen kaum nach, den kleineren sind sie sogar eindeutig überlegen.

Eine vollständige funktionale Definition von Politik würde dann lauten: Politik ist die autoritativ (herrschaftlich) oder über den Modus der Macht erfolgende Verteilung (und Generierung) von Werten in den Sachbereichen Sicherheit, Wohlfahrt, Herrschaft, die vom Politischen System oder von gesellschaftlichen Akteuren innerhalb des gesellschaftlichen Umfeldes einer Einheit oder innerhalb der internationalen Umwelt vorgenommen wird. Mit eingeschlossen in diesen Prozeß der Politik sind alle auf den Verteilungsvorgang gerichteten Umwandlungs-Anforderungsprozesse, die zwischen dem Politischen System und seinem gesellschaftlichen Umfeld verlaufen.[14]

Wie bereits erwähnt, bezieht sich diese Definition auf den entwickelten Industriestaat des OECD-Bereichs, dessen parlamentarisch-demokratische Verfassung den gesellschaftlichen Akteuren große Partizipationsrechte, und dessen kapitalistisches Wirtschaftssystem diesen Akteuren große Machtkompetenzen einräumt. Für das System der westlichen Industriestaaten ist das traditionelle Modell der Welt als einer Welt von Staaten damit hinfällig geworden. Die Politischen Systeme besitzen nicht mehr das ‚Monopol der Außenpolitik'. Die gesellschaftlichen Akteure, vor allem die großen Wirtschaftsunternehmen, haben zahlreiche eigene Handlungszusammenhänge mit der internationalen Umwelt entwickelt. Allerdings spielen die Politischen Systeme auch in der westlichen Welt weiterhin eine wichtige, vielleicht sogar zunehmende Rolle; sie besitzen nach wie vor das Monopol autoritativer Verteilung.

In den Transformationsländern (der früher staatssozialistischen, Zweiten Welt) spielen die Politischen Systeme noch immer

---

[14] Vgl. den Versuch einer umfassenden Definition der internationalen Politik bei Ernst-Otto Czempiel: Internationale Politik. Ein Konfliktmodell, Paderborn 1981, S. 196.

die dominante, wenn auch nicht mehr die exklusive Rolle. Das Modell der Staatenwelt kann noch verwendet, muß aber schon eingeschränkt werden. In den Schwellen- und Entwicklungsländern gilt es noch, und zwar je mehr, je ärmer diese Länder sind. Die gesellschaftlichen Umfelder spielen in den Entwicklungsländern eine untergeordnete Rolle, wozu die wirtschaftliche Marginalisierung und die herrschaftliche Unterdrückung durch endogene Eliten und durch die Bürokratie[15] gleichermaßen beitragen. Das Modell der Welt als einer Staatenwelt dürfte hier noch am ehesten zutreffen. Freilich gibt es erhebliche Unterschiede, die durch den gemeinsam verwendeten Begriff der Entwicklungsländer nicht verwischt werden dürfen. In den Schwellenländern spielen die gesellschaftlichen Umfelder eine zunehmende Rolle; sie wird durch die Niederlassungen der transnationalen Korporationen noch verstärkt. Im gleichen Maße mindert sich die Verwendungsfähigkeit des Modells der Staatenwelt.

Die Einzelheiten dieses Problems sind hier nicht weiter zu erörtern. Es genügt festzustellen, daß die internationale Politik mit dem Modell der Staatenwelt nicht mehr angemessen wiedergegeben werden kann; am ehesten paßt das Modell noch auf die Dritte Welt. Diese nachweisbaren Unterschiede in der Ausprägung und der Kompetenz von Herrschaft mit den Folgen für die Monopolisierung oder Diversifizierung von „Außenpolitik" machen es nicht mehr möglich, die Weltpolitik mit einem einheitlichen Modell wiederzugeben.[16] Das Modell muß vielmehr im Stande sein, zahlreiche unterschiedliche Befindlichkeiten abzubilden. Es muß dementsprechend neutral und offen sein. Dazu empfiehlt sich das Modell des „asymmetrischen gebrochenen Gitters von Handlungszusammenhängen"[17]. Es erlaubt die Abbil-

---

[15] Vgl. Hartmut Elsenhans: Abhängiger Kapitalismus oder bürokratische Entwicklungsgesellschaft. Versuch über den Staat in der Dritten Welt, Frankfurt 1981.
[16] Vgl. dazu James N. Rosenau: Turbulence in World Politics: A Theory of Change and Continuity, Princeton, 1990.
[17] Vgl. Czempiel (Anm. 14), S. 53 ff.

dung aller in der Welt vorfindbaren, Beziehungen zur internationalen Umwelt unterhaltenden Akteure, ohne die Allokationskompetenz der Politischen Systeme zu verfälschen. Es erlaubt es, jeden Akteur der internationalen Politik, in welcher politischen Einheit er auch immer sich befindet, als einen Träger von Handlungszusammenhängen sowie diese Interaktion selbst zu lokalisieren.

Für die theoretische Erörterung des Prozeßmusters Frieden im europäisch-atlantischen Kulturkreis kann das Modell auf ein Schema beschränkt werden. Es geht hier nicht darum, Akteure und Interaktionen empirisch zu verorten, sondern den Einzugsbereich eines Prozeßmusters zu bestimmen, das sich als Frieden bezeichnen läßt. Es genügt ein Schema, das Akteursgruppen und Interaktionswege erkennen läßt. Es muß ferner die in den politischen Einheiten sowohl wie die im System liegenden Bedingungen von Aktion und Interaktion, die Struktur, wiedergeben. Ein solches Schema wird hier, der Übersichtlichkeit halber, auf zwei politische Einheiten reduziert, die als gleich groß, aber mit einem liberal-demokratischen und einem autoritären Herrschaftssystem wiedergegeben werden.

Das Schema (siehe S. 42) zeigt zwei politische Einheiten, und zwar als Gesellschaft (UF) mit dem Teilsystem des Politischen Systems (PS). Auf der demokratischen Seite spielen die gesellschaftlichen Umfelder, auf der autoritären Seite die Politischen Systeme die größere Rolle, haben sie das größere Gewicht. Auf beiden Seiten besitzen die Politischen Systeme die spezifische Kompetenz, gesellschaftliche Anforderungen autoritativ in Wertzuweisungen umzuwandeln; diese Beziehung wird durch den Doppelpfeil bezeichnet. Allerdings haben Gesellschaften und Politische Systeme in den beiden Staaten einen ganz unterschiedlichen Anteil an diesem Anforderungs-Umwandlungsprozeß. Diese Unterschiede werden durch die Herrschafts- und Wirtschaftssysteme festgelegt, also durch die gesellschaftlichen Strukturen. Sie werden, als Eigenschaften der jeweiligen politi-

1.1 Der Einzugsbereich des Friedens 41

schen Einheit, in dem sie symbolisierenden Rechteck notiert. Zu den Eigenschaften zählt fernerhin das Machtpotential. Es bestimmt als politische, militärische und wirtschaftliche Stärke die Fähigkeit der jeweiligen Einheit, auf den Prozeß der internationalen Politik einzuwirken. Die physikalischen, technischen und soziokulturellen Bedingungen der Machtausübung gelten in aller Praxis für alle Teilnehmer eines internationalen Systems; sie werden daher am unteren Rand des Schemas aufgelistet. Die Figur des internationalen Systems, in diesem Falle eine egale Figur, wird am oberen Schemarand notiert.

Die gestrichelten Linien, die die Politischen Systeme, die Wirtschaften und die Gesellschaften der beiden Einheiten miteinander in gewisser Weise verbinden, sollen Strukturen andeuten, die, obwohl verschiedenartig, auf alle Akteure gleichermaßen einwirken: auf die Politischen Systeme als Tradition ihres bisherigen Konfliktes, auf die wirtschaftlichen Akteure als Stand des konjunkturellen Zyklus, auch der „langen Welle"[18], auf die Gesellschaft als politische Kultur, besonders als Kultur des politischen Konflikts. Die zwischen den beiden Einheiten ablaufenden Interaktionen werden durch Einfachpfeile wiedergegeben. Da auf der autoritären Seite das gesellschaftliche Umfeld durch das Politische System vollkommen mediatisiert ist und als Akteur demzufolge ausfällt, tritt es im Schema lediglich als Adressat von Aktionen des Politischen Systems und des gesellschaftlichen Umfeldes auf der Seite der liberalen Staaten auf.

---

[18] Vgl. Rainer Metz: Wachstum und lange Wellen – Erklärungshypothesen langfristiger Konjunktur- und Wachstumsschwankungen in Industrienationen, in: Neue Politische Literatur 38, 1, 1993, S. 43–72.

42 1. Friede als Prozeßmuster des internationalen Systems

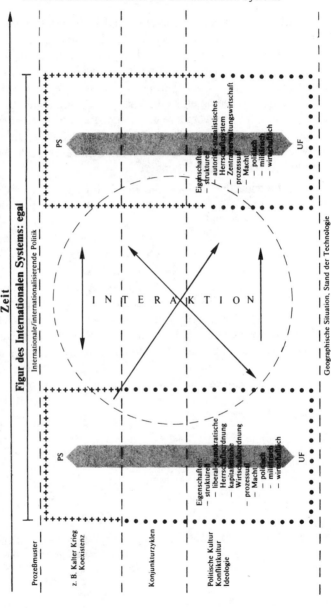

1.1 Der Einzugsbereich des Friedens

Zu den internationalen Interaktionen müssen, wie bereits angedeutet, die darauf gerichteten Teile des Anforderungs-Umwandlungsprozesses zwischen den Politischen Systemen und ihren gesellschaftlichen Umfeldern gezählt werden. Die Berücksichtigung dieser „internationalisierenden Politik"[19] ist ebenso wichtig wie schwierig. Sie verklammert die konventionell so genannten Felder der Außen- und der Innenpolitik miteinander, weil die politischen und die gesellschaftlichen Akteure ihre Wertzuweisungen in beiden Kontexten abgestimmt vornehmen. Im Sachbereich Wirtschaft läßt sich das mühelos zeigen: Tarifäre und nicht-tarifäre Handelshemmnisse verknüpfen den Binnen- mit dem Weltmarkt. Agrarsubventionen fördern den Export, belasten den Verbraucher. Binnenkaufkraft und Exportanteil bedingen einander. Außenhandelsinteressen werden der Konfliktpolitik geopfert.

Im Sachbereich Sicherheit verdeutlicht der Wehretat und sein Anteil am Steueraufkommen die internationalisierende Politik. „Butter oder Kanonen" stehen hier zur Debatte. Dienen die Streitkräfte nur der Sicherheit oder muß der Steuerzahler sie auch unterhalten, damit der Einfluß des Politischen Systems in der internationalen Umwelt, damit ‚power projection' und ‚power politics' betrieben werden können? Gibt es eine Wehrpflicht, und wer wird von ihr erfaßt? Im Sachbereich Herrschaft bestimmt die äußere Sicherheit, oder was dafür ausgegeben wird, nur zu häufig die Einflußverteilung im Politischen System aber auch das Regelungsschicksal zahlreicher gesellschaftlicher Anforderungen. Der amerikanische Präsident Ronald Reagan benutzte während seiner achtjährigen Amtszeit den Konflikt mit der Sowjetunion dazu, sowohl den Sozialstaat wie die Freiheitsrechte in den USA zu kürzen.[20]

---

[19] Czempiel (Anm. 14), S. 25 f.
[20] Ernst-Otto Czempiel: Machtprobe. Die USA und die Sowjetunion in den achtziger Jahren, München 1989, S. 203 ff.

Alle diese Teile des Anforderungs-Umwandlungsprozesses zwischen dem Politischen System und seinem gesellschaftlichen Umfeld zählen zur ‚internationalisierenden Politik' und damit zum Einzugsbereich des Friedens als einer Figur des internationalen Systems. In sie sind alle „innenpolitischen" Prozesse einzubetten, die mit der Wertverteilung im internationalen System zusammenhängen, von ihr betroffen werden oder sie steuern sollen. Umgekehrt werden von diesem Friedensbegriff nicht aktiviert alle Beziehungen zwischen dem Politischen System und seinem gesellschaftlichen Umfeld, die keinen Bezug zur Umwelt aufweisen. Deren Zahl nimmt bei den westlichen Demokratien zweifellos ab, weil sich die Interdependenz zwischen ihnen verdichtet, bleibt aber noch beträchtlich hoch.

Mit dieser Bestimmung läßt sich der Einzugsbereich des Friedens ziemlich randscharf eingrenzen. Ihm sind alle Interaktionen in der internationalen Umwelt sowie diejenigen zuzurechnen, die innerhalb der politischen Einheiten verlaufen, sich aber auf die Wertverteilung im internationalen System beziehen. Der auf die zwischengesellschaftlichen Beziehungen gerichtete Friedensbegriff integriert also auch „Innenpolitik", aber nur zu dem genau zu bestimmenden Teil, in dem sie auf die „Außenpolitik" bezogen ist und sich nach ihr richtet.

Im Schema wird der Einzugsbereich des Friedens, der in seinem Umfang identisch ist mit dem der internationalisierenden Politik, mit einem gestrichelten Kreis angedeutet. Erzeugen die hier verlaufenden Interaktionen über einen bestimmten Zeitraum eine gleichbleibende Wertverteilung, so kann von einem Prozeßmuster des internationalen Systems, gegebenenfalls also von einem Prozeßmuster des Friedens gesprochen werden.

- M.d.T. 18
- Milan d.T. 18

Scorer 19, 20, 21.

Gla-Wolf. (Ins spiel/ag
 (ex + date)

Feudalisierung: 176
Feudalismus: 222
Feudal. Weltwirtschaft: 224

Viertelfinale	TIP	Ergebnis
BRD - USA	3:2	1:0
SPA - SÜDK.	1:2	3:5 i.E.
ENG - BRA	1:0	1:2
SEN - TUR	0:1	0:1

1.2 Der Inhalt des Friedens

Nach dem Einzugsbereich muß nun der Inhalt des Friedens bestimmt werden. Dies geschieht hier zunächst als Setzung: Friede besteht in einem internationalen System dann, wenn die in ihm ablaufenden Konflikte kontinuierlich ohne die Anwendung organisierter militärischer Gewalt bearbeitet werden.

In gewisser Weise steht diese Bestimmung dem ‚negativen' Friedensbegriff nahe, der den Frieden als Nicht-Krieg definiert. Sie gibt sich auch damit zufrieden, daß kein Krieg herrscht. Damit ist allerdings nicht nur die Absenz des Krieges gemeint, sondern sein dauerhafter Ersatz durch andere, nicht-gewaltsame Austragsmodi. Aus dieser logischen Forderung ergibt sich, daß der ‚negative' Friedensbegriff, hätte er sich selbst je ernst genommen, viele Konsequenzen verlangt, die eine rein nominalistisch verfahrende Diskussion erst dem ‚positiven' Frieden zugerechnet hat. Den Krieg auf Dauer zu vermeiden, heißt, ihn auf Dauer durch nicht-kriegerische Konfliktlösungsformen zu ersetzen. Ist dies gelungen, herrscht Friede. Diese Bestimmung diskriminiert nicht jede Form der Gewalt, sondern nur die organisierte militärische Beschädigung der physischen Existenz des Menschen. Diese Bestimmung hatte sich nie – und hat sich auch jetzt nicht – auf das „Ziel der gewaltfreien Weltgesellschaft oder, theologisch gesprochen, der erlösten Menschen" gerichtet, wie Sternberger irrtümlich meint.[21] Sie bestimmt nur etwas deutlicher, was unter dem allgemein anerkannten Bestandteil des Friedens, nämlich dem Nicht-Krieg, eigentlich zu verstehen ist.

Was heißt Nicht-Krieg anderes als die permanente Absenz organisierter militärischer Gewaltanwendung? Sie ist nicht identisch mit der zeitweisen Vermeidung des Krieges, sondern schließt seine Vorbereitung, die Bereitschaft zum Krieg aus. Das hatte auch schon Hobbes gemeint (den Sternberger selbst anführt), der

---

[21] Dolf Sternberger: Über die verschiedenen Begriffe des Friedens, Stuttgart 1984, S. 34.

als Frieden eine Zeit bezeichnete, in der es weder Krieg noch die Bereitschaft dazu gibt. Die politischen Folgen dieser konsequenten Bestimmung des Nicht-Kriegs sind daher beträchtlich, und sie gehen weit über die „Verständigung und Vereinbarung unter jenen Subjekten der vielfältigen, auch vielfältig zertrennten irdischen Menschheit" hinaus, als die Sternberger selbst Friede versteht.[22]

Der Begriff des Friedens als Absenz organisierter militärischer Gewaltanwendung diskriminiert nur den Krieg. Außer Betracht bleiben beispielsweise die wirtschaftliche oder die politische Macht. Sie finden sich auch in innerstaatlichen Bereichen, sogar in gesellschaftlichen Kleingruppen. Sie werden deswegen nicht inhaltlich akzeptiert, wenn sie hier definitorisch eliminiert werden. Sie werden, wie sich bei der weiteren Diskussion des Friedens als des auf Dauer gestellten Ersatzes des Krieges durch nicht-gewaltsame Formen des Konfliktaustrags zeigen wird, in einem beträchtlichen Maße miterfaßt. Was dann noch bleibt, kann getrost dem weiteren geschichtlichen Fortschritt anvertraut bleiben.

Friede bezeichnet also das Prozeßmuster eines internationalen Systems, das charakterisiert ist durch den nicht-gewaltsamen Austrag der in ihm ablaufenden Konflikte. Der Begriff könnte sich auch schon mit der Tendenz zufriedengeben: Friede besteht, wenn die Konflikte in einem internationalen System tendenziell frei von militärischer Gewalt geregelt werden.

Die daraus ableitbaren praktisch-politischen Folgen sind beträchtlich. Der gewaltlose Konfliktaustragsmodus muß die Beziehungen zwischen den Politischen Systemen und zwischen den gesellschaftlichen Umfeldern charakterisieren, auch die zwischen dem Politischen System der einen und dem gesellschaftlichen Umfeld der anderen Seite, sowie vice versa. Die größten Konsequenzen wirft diese Bestimmung zweifellos hinsichtlich der Beziehungen zwischen den Politischen Systemen auf. Sie verlangt

---

[22] Ebenda, S. 14.

nicht nur, auf den Krieg als organisierte militärische Gewaltanwendung zu verzichten, wie es im Ost-West-Konflikt bis 1990 praktisch geschah. Sie verlangt die Ablösung der Gewalt durch andere, nicht-gewaltsame Konfliktregelungsinstrumente. Was das bedeutet, zeigte sich exemplarisch in Westeuropa. Von 1740 bis 1945 weltpolitischer Kriegsherd par excellence, ist die Region nach 1945 zu einer Friedenszone geworden, aus der der Krieg selbst als Perspektive verschwunden ist.

In die Forderung nach dauerhafter Absenz organisierter militärischer Gewaltanwendungen wollen die „innenpolitischen" Einzugsbereiche des Friedens nicht hineinpassen. In den Beziehungen zwischen einem Politischen System und seinem gesellschaftlichen Umfeld geht es nicht um militärische Gewalt, wohl aber durchaus um Gewalt, etwa als Repression. Deren Beseitigung müßte also gefordert werden. Andererseits kann nicht ausgeschlossen werden, daß Diktaturen sich nach außen gewaltfrei verhalten, also einem Friedensmuster einpassen würden. Der Widerspruch bleibt vorläufig außer acht. Er hat nur Konsequenzen für die Strategie und wird dort erörtert werden.

Da der Friede aus der Interaktion aller Systemmitglieder entsteht, muß er in der Aktion jedes Mitgliedes angelegt sein. Die Analyse kann sich daher zunächst dieser Aktion, der „Außenpolitik" also, zuwenden und danach fragen, wie sie beschaffen sein muß, wenn sie das Interaktionsmuster Frieden miterzeugen will. Die Einwirkung auf die anderen Systemmitglieder, damit auch sie sich entsprechend verhalten, stellt ein strategisches Problem besonderer Art dar und kann vorläufig zurückgestellt werden. Zu fragen ist also vor allem, auf welche Weise die Aktion der Akteure gewaltfrei gestaltet werden kann. Darauf gibt es drei Antworten: Man kann die Bedingungen ändern, unter denen sie stattfindet; man kann die Interessenstruktur beeinflussen, aus der sie entsteht, und man kann, schließlich, auf die Aktion selbst einwirken, indem man die Akteure über die Möglichkeiten und Vorzüge der Gewaltminderung besser aufklärt und informiert.

Diese drei Antworten schließen sich nicht aus, sondern ergänzen sich gegenseitig. Außenpolitik – das wird häufig übersehen – wird dreifach verursacht: durch die Struktur des internationalen Systems (und die hier nicht behandelte Machtfigur), durch den Einfluß der Interessengruppen und durch den Verlauf der Interaktion. Dementsprechend muß der Friede, als permanenter Verzicht auf den Konfliktaustrag mit organisierter militärischer Gewalt, auf drei Ebenen besorgt werden: auf der des internationalen Systems, der der Außenpolitik und der der Interaktion.

Die einfachste Methode, die Gewaltanwendung im internationalen System zu beseitigen, besteht in dessen Aufhebung. Angefangen von Dante sind bis in die Gegenwart immer wieder Vorschläge zur Errichtung eines Weltstaats gemacht worden. Er würde in der Tat den Dauerfrieden installieren, indem er, parallel zum Nationalstaat, das Monopol der Gewaltanwendung einer Weltregierung überantwortete. Es würde zwar auch dann noch Gewalt angewendet werden, aber polizeiliche, nicht militärische Gewalt. Weil darin eventuell nur eine semantische Umbenennung, nicht aber eine substantielle Reduktion der Gewalt liegen könnte, weil ferner für die Errichtung eines Weltstaats sowohl die technischen Voraussetzungen wie der politische Konsens fehlen, kann dieses Konzept auf absehbare Zeit als aussichtslos gelten.

Lassen sich die Bedingungen des internationalen Systems nicht aufheben, so lassen sie sich aber doch abschwächen. Auch daraus kann Gewaltminderung entstehen. Dies ist auf doppelte Weise versucht worden: durch das Völkerrecht und durch die Internationale Organisation. Das Völkerrecht hat die Gewaltanwendung nicht beseitigt, hat dies auch nicht versucht, jedenfalls nicht bis 1945. Es hat sich auf die „Hegung" des Krieges (Carl Schmitt) beschränkt. Konzeptionalisierung und Einrichtung der Internationalen Organisation hingegen zielten explizit darauf ab, die Gewalt zu eliminieren oder doch zu verringern. An ihre Stelle sollten Kompromiß und Verhandlung, eventuell sogar die Rechtsprechung treten. Die Internationale Organisation hob zwar das internationale System und seine für die Gewaltanwendung entscheidende Eigenschaft der vollkommenen Unsicherheit nicht auf, reduzierte sie jedoch. Durch die dauernde, institutionalisierte Zusammenkunft aller Teilnehmer sollte deren Verhalten überschaubar gemacht, Unsicherheit dementsprechend abgebaut werden. Die organisierte Kooperation drückte darüber hinaus die Bereitschaft aus, jedem Teilnehmer das Existenzrecht zuzubilligen; damit entfiel wiederum ein Anlaß für die Gewaltanwendung.

Einen weitaus größeren Anteil an der Verursachung von Gewalt als die Offenheit des internationalen Systems haben die Interessen, die sich am Erwerb und an der Verteilung von Werten beteiligen. Beides steht, wie erörtert, im Zentrum des politischen Prozesses. Wenn Politik Wertallokation ist und Friede die Gewaltlosigkeit bei der Konfliktlösung verlangt, dann muß gefragt werden, welche Beziehung zwischen Wertallokation und Gewalt besteht. Darauf gibt es keine einfache Antwort. Einerseits ist kein Verteilungsprozeß denkbar, der nicht auf eine bestimmte Ordnung, damit auch auf einen bestimmten Grad an Gewalt angewiesen ist. Jenseits dessen kann gelten, daß es eine reverse Beziehung zwischen der Gerechtigkeit der Verteilung, ausgedrückt in Graden des Konsenses, und der zur Durchsetzung notwendigen Gewalt gibt. Je höher die Verteilungsgerechtigkeit, desto weniger Gewalt braucht dabei aufgewandt zu werden. Und umgekehrt: nur mit Gewalt läßt sich eine Verteilung durchsetzen, die von den davon Betroffenen als ungerecht empfunden wird.

Die Einführung der Kategorie der Gerechtigkeit wirft neue Schwierigkeiten auf, die noch immer als weitgehend ungelöst zu gelten haben.[23] Der hier angedeutete Versuch, die Verteilungsgerechtigkeit an dem Konsens abzulesen, dem sie begegnet, orientiert sich an den politikpraktischen Aspekten des Problems, nicht an seiner theoretischen Dimension. Wie der vergleichende Blick zwischen den beiden Lagern im Ost-West-Konflikt jeden Tag zeigte, konnte die Wertallokation in den Staaten des

---

[23] John Rawls: Eine Theorie der Gerechtigkeit, Frankfurt 1979.

Warschauer Paktes nur mit der Gewalt des Polizeistaates aufrechterhalten werden, während die liberalen Demokratien des Westens mit sehr viel weniger Gewalt auskamen. Auch hier war die Wertallokation natürlich strittig, beruhte aber auf einem Basiskonsens, der die Gewalt entbehrlich machte. Konsense können selbstverständlich auch manipuliert werden, aber, und auch das zeigt das Beispiel der Diktaturen, nicht auf Dauer. 1990 kam die Quittung.

Im internationalen System tritt die gewaltfreie Wertallokation hauptsächlich beim Handel auf, Solange alle Partner davon zu ihrer Zufriedenheit profitieren, entsteht eine völlig gewaltfrei verlaufende Interaktion. Versucht ein Partner jedoch, einseitige Vorteile durchzusetzen, ist er dabei auf die Gewalt angewiesen. Expansionismus und Kolonialismus liefern genügend Beispiele. Sie zeigen auch, daß die Gewaltanwendung in der internationalen Umwelt auf die Verfügung über Gewaltinstrumente in der jeweiligen politischen Einheit angewiesen ist. Sie lassen sich nur über das Herrschaftssystem bereitstellen, und hier liegt der Nexus zwischen der Gewaltanwendung in der internationalen Umwelt und der in der Beziehung zwischen Politischem System und gesellschaftlichem Umfeld. Zwar gibt es Fälle, in denen alle Mitglieder einer politischen Einheit sich zur Gewaltanwendung in die internationale Umwelt entschließen. So entstand die Völkerwanderung teilweise, weil Naturkatastrophen die bisherigen Siedlungsplätze verwüstet hatten. Sieht sich eine Einheit einem plötzlichen und unvermittelten Angriff gegenüber, werden alle Mitglieder zur Verteidigung greifen. Wertallokationen in der internationalen Umwelt begünstigen hingegen in der Regel nur das Politische System oder Teile des gesellschaftlichen Umfeldes. Dafür die Gewaltmittel der Gesellschaft einzusetzen, begegnet keinem originären Konsens, kann nur über Herrschaft vermittelt werden.

Eine Wertallokation in der internationalen Umwelt, die, weil sie ungerecht ist, nicht auf Konsens stößt und daher nur mit Gewalt durchgesetzt werden kann, setzt innerhalb der politischen

1.2 Der Inhalt des Friedens

Einheit gleichfalls eine ungerechte Wertallokation und daher erhöhte Grade von Gewalt voraus. Diese Abhängigkeitsbeziehung ist keine Kausalitätsbeziehung. Gewalthaltige Herrschaftssysteme entstehen nicht deswegen, weil sie ungerechte Wertallokationen in der internationalen Umwelt durchsetzen wollen. Sie beruhen auf ungerechter Wertallokation innerhalb der Einheit selbst, meist auf der Versagung von Partizipationsrechten und Wohlstandsanteilen. Solche Systeme können durchaus, wie in dem oben erwähnten Fall der Diktatur, sich nach außen gewaltfrei verhalten, sei es, weil der Gewaltgrad hoch genug ist, so daß die Herrschaft nicht über die instrumentelle Ausnutzung des Primats der auswärtigen Politik stabilisiert werden muß; sei es, weil die Verwicklung in einen auswärtigen Konflikt destabilisierend wirken könnte. Der Grad der Gewalt in einem Herrschaftssystem ist zunächst einmal bestimmt durch die Anforderungs-Umwandlungs-Beziehung, die zwischen dem Politischen System und seinem gesellschaftlichen Umfeld herrscht. Sie kann dann ausgenützt werden, um die für die Wertallokation in der internationalen Umwelt erforderlichen Gewaltmittel bereitzustellen. Wird dieser interne Gewaltgrad gesenkt, tritt in der politischen Einheit eine gerechtere Verteilung von Partizipations- und Wohlstandswerten ein, sinken die Möglichkeiten zur Gewaltanwendung in der internationalen Umwelt, sinken auch die Anlässe.

Hier läßt sich erneut sehen, warum die auf die Interaktion in der internationalen Umwelt gerichteten Teile der Anforderungs-Umwandlungs-Beziehung in einer politischen Einheit in eine Definition der internationalen Politik und in den Einzugsbereich des Friedens miteinbezogen werden müssen. Sie sind Bestandteile der in die internationale Umwelt gerichteten Aktion, werden damit zum Bestandteil auch der Interaktion. Deswegen können über diesen Zusammenhang die in die internationale Umwelt gerichteten Interessen und die damit einhergehende Gewaltanwendung gesteuert und beeinflußt werden. Wenn in den internen Anforderungs-Umwandlungs-Beziehungen die Gewaltmittel nicht bereitgestellt werden, die zur Durchsetzung ungerechter Wertallokationen in der internationalen Umwelt erforderlich sind, verringert sich die Gewalt im internationalen System. Jedenfalls könnte sie auf diese Weise verringert werden.

Eine dritte Möglichkeit, die Gewalt im internationalen System abzubauen, besteht darin, die Akteure besser über die Wirkungen ihres Verhaltens aufzuklären, den Grad ihrer Informiertheit zu erhöhen. Gleichzeitig rückt damit die dritte Klasse der Anlässe zur Gewaltanwendung in Sicht. Sie stammt nicht nur aus der Unsicherheit des offenen internationalen Systems, nicht nur aus dem Interesse an einseitiger Wertallokation; sie stammt nur zu häufig aus dem Fehlverhalten der Akteure und aus den Bewegungsmomenten der Interaktion. Ein Musterbeispiel dafür bildet der Rüstungswettlauf, der häufig aus falsch verstandenen Sicherheitsinteressen resultiert.

Aber auch die Konfliktkultur trägt zum Fehlverhalten bei. Sie interpretiert, angeleitet durch unreflektierte Traditionen, jeden internationalen Konflikt vornehmlich in den Kategorien eines militärischen Gewaltkonfliktes und produziert ihn, indem sie darauf reagiert. Fehlperzeptionen der Interessen des Gegners spielen dabei eine große Rolle. Aber selbst in dem Fall, in dem die Perzeption stimmt, der Gegner wirklich zum Angreifer geworden ist oder werden will, steuert die Konfliktkultur das Verhalten falsch. Sie löst Verteidigungsbereitschaft aus, bewirkt das Interesse, mindestens so stark, wenn nicht stärker zu sein als der Gegner, um sich gegen ihn verteidigen zu können. Ein solches Verhalten, plausibel wie es dem Alltagsdenken erscheint, erhöht die Gewaltbereitschaft beim Gegner, senkt sie nicht ab. Selbstverständlich gibt es Fälle, in denen sie sich durch keine Strategie mindern läßt, Verteidigung und Abschreckung unentbehrlich sind. Innovatives Konfliktverhalten sollte aber zunächst einmal die Chancen ausloten, die Gewaltbereitschaft des Gegners zu mindern. Die internationale Politik, die Interaktion, stellt denjenigen Handlungsbereich dar, der bisher den geringsten Aufwand an kritischer Aufarbeitung historischer Erfahrungen erhalten hat.

1.3 Das Kontinuum des Friedensprozesses

Die Chancen des Friedens, verstanden als Prozeßmuster gewaltfreien Konfliktaustrags, hängen also davon ab, wie unter den Bedingungen des internationalen Systems welche Interessen auf welchem strategischen Kenntnisniveau durchgesetzt werden. Bedingungen, Interessen und Strategien gehen dabei eine schwer auflösbare Verbindung ein. Gegenüber der internationalen Umwelt sind Verhaltensformen nötig (Verteidigung) und möglich (Kolonien, Ausbeutung), die durch die Anwendung von Alltagswissen (Repressalien, Retorsion) noch verstärkt werden. Versucht man, den sich schlingenden gordischen Knoten aufzulösen, so ragt die Verbindung von Interessen und Strategien, von Verteilungsgerechtigkeit und Gewalt heraus. Sie enthält, im Gegensatz zur Umweltbedingung, politische Entscheidungen, ist also verantwortlich zu machen und ist beeinflußbar.

Diese Verbindung wurde hier zunächst analytisch vorgeführt: Verteilungsungerechtigkeit verlangt die Gewalt zu ihrer Durchsetzung und schafft gleichzeitig auch die Voraussetzungen für die Gewaltanwendung. Daraus folgt, daß die Verteilungsgerechtigkeit ein wichtiger Bestandteil der den Frieden ausmachenden Gewaltlosigkeit bei dem Konfliktaustrag darstellt. Friede stellt sich dann dar als gewaltloser Konfliktlösungsmodus und als die dafür erforderliche Bedingung hoher Verteilungsgerechtigkeit. Diese Bedingung ist, wie gezeigt wurde, nicht hinreichend; zahlreiche andere müssen hinzutreten. Sie ist aber notwendig, vor allem wenn der Friede zum Muster werden, andauern soll. Diktaturen können einen temporären Gewaltverzicht leisten, aber nicht die für den Frieden erforderliche andauernde Gewaltfreiheit der Konfliktlösung institutionalisieren, weil dadurch ihre Herrschaftsinstrumente obsolet und ihr Herrschaftssystem destabilisiert werden würden. Verteilungsgerechtigkeit und Gewaltverzicht bedingen also einander.

Damit wird nun inhaltlich sichtbar, wie der Friede als gewaltfreier Konfliktaustragsmodus in der internationalen Umwelt zusammenhängt mit dem Anforderungs-Umwandlungs-Prozeß zwischen dem Politischen System und seinem gesellschaftlichen Umfeld, sowie mit der herrschaftlichen Organisation dieses Prozesses. Je verteilungsgerechter der Anforderungs-Umwandlungs-Prozeß organisiert ist, desto geringer sind die internen Anlässe und die Möglichkeiten, in der internationalen Umwelt gewaltsame Wertallokationen vorzunehmen. Gewalthaltige Konfliktaustragsmodi werden von einer solchen Gesellschaft nur dann akzeptiert, wenn sie ihr durch die internationale Umwelt aufoktroyiert werden, also im reinen Verteidigungskrieg. Der Friede als gewaltloser Konfliktaustragsmodus in der internationalen Umwelt hat also sehr wohl eine innenpolitische Dimension: die Verteilungsgerechtigkeit. Sie ist eine seiner notwendigen Voraussetzungen.

Dies gilt freilich nur für den Einzugsbereich der „internationalisierenden Politik". Da es aber kaum möglich sein dürfte, Segmente des Anforderungs-Umwandlungs-Prozesses mit unterschiedlichen Graden von Herrschaft zu gestalten, erweitert sich die Forderung auf die Beziehungsstruktur zwischen Politischem System und gesellschaftlichem Umfeld; Je verteilungsgerechter und daher gewaltgemindert dieses Verhältnis ist, desto größer die Voraussetzungen für ein gewaltfreies Verhalten in der internationalen Umwelt. Der Zusammenhang von Demokratie und Friede wird hier evident.

Wechselt man von der analytischen auf die normative Ebene der Betrachtung, so wird dieser Zusammenhang noch plastischer. Als Sollwert ist der Friede in der Geschichte stets mit der Gerechtigkeit gleichgesetzt worden, innen wie außen. Thomas von Aquin hat den Frieden bekanntlich total als ‚opus iustitiae' interpretiert. Aber auch alle Teilaussagen weisen auf die Gerechtigkeit. Sie fordert zunächst die Erhaltung der Existenz des Menschen, deswegen also den Verzicht auf die organisierte militärische Gewalt. Sie ist es vornehmlich, die in der internationalen Umwelt die physische Existenz des Menschen aufhebt oder beschädigt. Mit Recht formuliert Erasmus in seiner ‚Klage des Friedens': „Kaum

1.3 Das Kontinuum des Friedensprozesses

ein Friede ist so ungerecht, als daß er nicht dem scheinbar gerechtesten Krieg vorzuziehen wäre."[24]

Die Norm des Friedens verlangt also den Nicht-Krieg. Sie verlangt aber noch mehr. Der Friede ist eben auch: „Quelle, Schöpfer, Ernährer, Mehrer, Beschützer alles Guten im Himmel und auf Erden ..."[25] Er ist nicht nur die Voraussetzung für die Erhaltung der Existenz des Menschen, er ist auch die Bedingung für deren Entfaltung. So ist er schon im klassischen Judaismus aufgefaßt worden, damals sogar mit explizit innergesellschaftlichem Bezug.[26] Der alttestamentliche Begriff des Shalom war zunächst ein eschatologischer Begriff, der die Übereinstimmung zwischen Gott und Mensch definierte. Soweit er überhaupt politisch-real bestimmbar wurde, enthielt er neben der Existenzerhaltung durch Sicherheitsgewährleistung nach außen die Forderung nach der Entfaltung dieser Existenz in Gestalt von Gesundheit, Sättigung und Wohlergehen.

Diese Verbindung läßt sich sogar noch weiter zurück in die Geschichte verfolgen, findet sich auch bei Ägyptern und Sumerern.[27] Liest man die Hymnen, die bei der Thronbesteigung der Pharaonen angefertigt wurden, nicht als Zustandsbeschreibung – was gewiß unzulässig ist –, sondern als Formulierung politischer Normen, so zeigen sie die gleiche Verbindung zwischen äußerer Sicherheit und intern zu besorgenden Entfaltungschancen des Menschen durch Wegfall von Willkür, Unterdrückung und Ausbeutung. Der König beschafft Sicherheit, heißt es bei der sumerischen Hymne des Lipitistars von Isin (1875–1965 v. Chr.), indem

---

[24] Zit. nach dem Abdruck bei Kurt von Raumer: Ewiger Friede. Friedensrufe und Friedenspläne seit der Renaissance, Freiburg 1953, S. 234.
[25] Ebenda, S. 211.
[26] Nahum N. Glatzer: The Concept of Peace in Classical Judaism, in: Festgabe Adolf Leschnitzer, Heidelberg 1961, S. 27 ff.
[27] Vgl. Hans Heinrich Schmid: Salôm. ‚Frieden' im Alten Orient und im Alten Testament, Stuttgart 1971.

1. Friede als Prozeßmuster des internationalen Systems

er die Gegner besiegt, Getreide, Fett und Milch besorgt, Gerechtigkeit verbreitet und „den Gerechten für immer bestehen läßt"[28].

Die Sicherheit nach außen wurde stets der Unterwerfung, meist der Erschlagung der Feinde anvertraut, was den Anschauungen der Zeit entsprach. Das gilt auch für das Alte Testament, dessen berühmte Stellen bei Jesaja 2, 2–5 und Micha 4, 1–3 immer wieder, aber eben immer wieder unvollständig zitiert werden: Da werden die Völker „ihre Schwerter zu Pflugscharen schmieden und ihre Spieße zu Webmessern machen. Denn es wird kein Volk wider das andere ein Schwert aufheben und sie werden fortan nicht mehr den Krieg lernen". Aber die Voraussetzung für diesen Frieden steht im Satz zuvor: Und der Herr wird richten unter den Heiden „und strafen viele Völker". Die totale Niederlage der Feinde Israels ist die Bedingung dieses Friedens. Er wird vermittelt durch die Macht des Herrschers, von dem auch die Gewährung der inneren Gerechtigkeit abhängt. Erst das Neue Testament hat hier eine radikale Gegenposition bezogen mit der Aufforderung, die Feinde zu lieben. Sie muß allerdings im Rahmen des neutestamentlichen Friedensbegriffs verstanden werden, der nicht politisch, sondern noch stärker eschatologisch gerichtet war als der alttestamentliche.[29] Er hat, streng genommen, überhaupt keinen Bezug zur irdischen Existenzentfaltung, bezog sich ausschließlich auf die Beziehung des Menschen zu Gott.

Im griechischen Begriff der Eirene hingegen ist die Beziehung zwischen der Gewährleistung von Sicherheit und der von Reichtum, Wohlstand, Gesundheit und Beständigkeit deutlich zu sehen.[30] Auch der Islam verknüpfte im Friedensbegriff die – durch

---

[28] Ebenda, S. 31.
[29] Dazu Norbert Lohfink (Hrsg.): Gewalt und Gewaltlosigkeit im Alten Testament, Freiburg 1983. Ferner: Johannes B. Bauer: Friede in der biblischen und frühchristlichen Überlieferung, in: Rudolf Weiler und Valentin Zsifkovits (Hrsg.): Unterwegs zum Frieden, Wien 1973, S. 187 ff.
[30] Harald Fuchs: Begriffe römischer Prägung, in: Hans Oppermann: Römische Wertbegriffe, Darmstadt 1967, S. 26.

1.3 Das Kontinuum des Friedensprozesses

Unterwerfung der Feinde zu gewährleistende – Sicherheit nach außen mit geregelten Entfaltungschancen im Innern.[31] Wenn der Konfuzianismus als die drei Prinzipien einer guten Regierung angab, für genügend Nahrung, genügend Soldaten und genügend Vertrauen zu sorgen[32], so verband er ebenfalls, freilich ohne den Begriff des Friedens zu verwenden, die Ziele der Erhaltung und der Entfaltung der Existenz des Menschen.

Die Verklammerung beider im Friedensbegriff wird noch einmal vor dem Beginn des Mittelalters deutlich bei Augustinus. Er sieht in ihm die „Ruhe der Ordnung" (tranquillitas ordinis)[33], die die Entfaltungschancen der menschlichen Einzelexistenz ebenso regelt wie die Sicherheit dieser Existenz gegenüber einem Angriff von außen. Mit dem Beginn des Mittelalters und besonders dem der Neuzeit verfällt der integrierte Friedensbegriff. Er wird jetzt, vor allem unter dem Einfluß des Völkerrechts, reduziert auf den zwischengesellschaftlichen Bereich, während die innergesellschaftlich zu gewährleistenden Entfaltungsbedingungen davon abgetrennt wurden. Sie spielten bei der Ausbildung des Territorialstaates und in der Zeit des Absolutismus ohnehin keine besonders große Rolle, traten erst in Erscheinung, nachdem die Aufklärung und schließlich die Französische Revolution ihren politischen Stellenwert erheblich erhöht hatten. Freilich wurde die Norm der Existenzentfaltung dann auch anderen Begriffen, dem des Wohlstands (als materialer Verteilungsgerechtigkeit) und dem der Demokratie (als partizipatorischer Verteilungsgerechtigkeit) anvertraut. Die Norm des Friedens wurde damit immer strenger für die zwischengesellschaftlichen Beziehungen reserviert und damit auf die Existenzerhaltung reduziert.

---

[31] Vgl. Christiane Rajewsky: Der gerechte Krieg im Islam, in: Friedensanalysen 12, Frankfurt 1980, S. 13 ff.

[32] Dazu Hubertus Mynarek: Der Einfluß der Religionen auf Krieg und Frieden, in: Weiler und Zsifkovits (Anm. 29), S. 157 ff.

[33] Aurelius Augustinus: Vom Gottesstaat, eingeleitet und übertragen von Wilhelm Thimme, Zürich 1955.

Sie nahm die Norm der Existenzentfaltung erst sehr spät wieder auf, erst nach dem Zweiten Weltkrieg, als die zunehmende Interdependenz die Distanz zwischen den Staaten zu verringern begann. Die Norm der Existenzentfaltung erweiterte damit ihren Geltungsumfang beträchtlich, bezog jetzt die Menschen anderer politischer Einheiten mit ein. Deren Existenzentfaltung zu besorgen, wurde zum Sollwert einer auf den Frieden gerichteten Außenpolitik. Für die Katholische Kirche wurde „Entwicklung zum neuen Namen des Friedens"[34], die Vermehrung der Entfaltungschancen zum zentralen Bestandteil der Friedenspolitik.

Unter normativem Aspekt gewinnt damit der Frieden wiederum eine innenpolitische Dimension, charakteristischerweise aber nicht für die Mitglieder der eigenen politischen Einheit, sondern für die anderer Einheiten. Der Sollwert der Existenzentfaltung wird nach wie vor in der eigenen Gesellschaft nicht mehr primär mit dem des Friedens verkoppelt, sondern anderen Normen, wie etwa der der Gleichheit, der Wohlfahrt, der Mitbestimmung, anvertraut. Aus dem Wissen um den Zusammenhang zwischen den Prozeßmustern des internationalen Systems und denen innerhalb der Gesellschaften wird konsequent die Norm abgeleitet, über das Verhalten in die internationale Umwelt hinein die Existenzentfaltung der Menschen in anderen politischen Einheiten zu gewährleisten.

Auf der normativen wie auf der analytischen Ebene ergibt sich damit, daß im Friedensbegriff nicht nur die Erhaltung, sondern auch die Entfaltung der Existenz des Menschen enthalten ist, wenn auch in einer zwischen Akteur und Adressat unterscheidenden Weise. Beim Akteur ist eine hohe Verteilungsgerechtig-

---

[34] Der Begriff stammt aus der Enzyklika Papst Paul VI. „Populorum Progressio" vom 26. März 1967, abgedruckt in: Sekretariat der Deutschen Bischofskonferenz (Hrsg.): Dienst am Frieden. Stellungnahmen der Päpste, des II. Vatikanischen Konzils und der Bischofssynode. Verlautbarungen des Apostol. Stuhls, Nr. 21, Bonn o. J. (1980), S. 79.

1.3 Das Kontinuum des Friedensprozesses

keit, die den Entfaltungschancen der einzelnen Rechnung trägt, Voraussetzung für die zu führende Friedenspolitik. Bei dem Adressaten dieser Politik muß (jedenfalls in aller Regel) diese Voraussetzung erst hergestellt werden. Das Abhängigkeitsverhältnis kehrt sich um: Das Angebot gewaltloser, oder doch gewaltgeminderter Konfliktlösung soll beim Adressaten über Zeit die interne Verteilungsgerechtigkeit erhöhen.

Diese sich andeutende strategische Beziehung zwischen Verteilungsgerechtigkeit und Gewalt wird hier nicht weiter verfolgt. Es geht um den systematischen Zusammenhang beider, wie er auf der analytischen und auf der normativen Ebene dargelegt wurde. Friede kann jetzt definiert werden als ein Prozeßmuster des internationalen Systems, das gekennzeichnet ist durch abnehmende Gewalt und zunehmende Verteilungsgerechtigkeit. Beide sind voneinander abhängig, beeinflussen sich gegenseitig und können daher reziprok zur Steuerung eingesetzt werden.

Wie sich das Verhältnis zwischen den beiden gestaltet, muß der historischen Entwicklung überlassen bleiben. Friede kann daher auch nicht als Zustand verstanden werden, der an einem bestimmten geschichtlichen Punkt eintritt und dann andauert. Vielmehr wird das Mischungsverhältnis von Gewalt und Verteilungsgerechtigkeit in ständigem Wandel begriffen bleiben, so daß der Friede als Tendenz des geschichtlichen Prozesses verstanden werden muß, immer weniger Gewalt und immer mehr Verteilungsgerechtigkeit zu produzieren.

Dieser Prozeß ist prinzipiell unendlich, ebenso wie Geschichte in ihrer Zukunft als prinzipiell offen angesehen werden muß. Der Prozeß ist selbstverständlich reversibel, kann sich zurückwenden, kann die Richtung auf den Frieden verlieren und sich wieder der Gewalt und der Verteilungsungerechtigkeit zuwenden. Solange er jedoch die Richtung auf den Frieden beibehält, kann dieser Prozeß stets höhere Grade von Verteilungsgerechtigkeit und stets niedrigere Grade von Gewalt produzieren. Das Kontinuum des – immerhin denkbaren – Fortschritts in der Verbesserung der internationalen Beziehungen ist im Hinblick auf seine möglichen Entwicklungen noch nicht einmal konzeptionell abgetastet worden. Schon der britische Historiker Carr hat bemängelt, daß die politische Theorie über das Modell der bürgerlichen Demokratie nicht hinausgedacht habe[35]; die Bearbeitung des Friedensproblems fügt einen weiteren Anlaß zu dieser Fortentwicklung der politischen Theorie hinzu.

Es bleibt der sprachlichen Konvention überlassen, ob und wie die einzelnen Phasen des Prozesses in Richtung Frieden unterschieden und bezeichnet werden sollen.[36] Das Unterfangen ist indes nicht einfach, klar ist nur die Schwelle: Krieg ist nicht Friede, wobei man diesem Abschnitt des Kontinuums die anderen Formen militärischer Gewalt zurechnen kann, die die UN-Resolution 2625 vom 24.10.1970 auflistet. Die Androhung von Gewalt sollte allerdings nicht pauschal zur Gewalt gerechnet, sondern differenziert gesehen werden. Als Verteidigungsbereitschaft wird sie über mehrere Phasen des Friedenskontinuums erhalten bleiben. Wenn Gewalt nur angedroht, aber nicht eingesetzt wird – und es gibt viele Fälle dieser Art –[37], könnte sie der ersten Friedensphase zugerechnet werden. Sie ist sehr dicht am Krieg angesiedelt, aber sie vermeidet ihn. Natürlich ist zu fordern, daß die Gewaltandrohung unterbleibt, aber dies wird erst in einer späteren Phase des Kontinuums und nicht schon, wie es der Artikel 2, 4 SVN tut[38], in sei-

---

[35] Edward H. Carr: Conditions of Peace, London 1942, S. 34 ff.

[36] Einige frühere Überlegungen dazu bei Ernst-Otto Czempiel: Friede und Konflikt in den internationalen Beziehungen, in: Helga Haftendorn (Hrsg.): Theorie der internationalen Politik, Hamburg 1975, S. 89 ff.

[37] Zahlreiche Beispiele dazu bei: Barry M. Blechman und Stephen S. Kaplan: Force Without War. U. S. Armed Forces as a Political Instrument, Washington, D.C., 1978.

[38] Eine belegreiche Kurzdarstellung bietet Karl-Ulrich Meyn: Kriegsverbot und Gewaltverbot, in: Jost Delbrück (Hrsg.): Friedensdokumente aus fünf Jahrhunderten, Bd. I, Straßburg und Kehl 1984, S. 35 ff.

ner ersten möglich sein. Andererseits sollte die wirtschaftliche Gewalt, wenn sie die Gestalt von Boykotts und Sanktionen annimmt, eindeutig zur nicht-kriegerischen Gewalt und damit zur Phase 1 gerechnet werden.[39] Wirtschaftliche Gewalt ist zwar in ihren Folgen deutlich von militärischer zu unterscheiden. Sie ist andererseits eindeutig ein Zwangsmittel.

Wendet man sich dem Kontinuum jenseits der Phase 1 zu, häufen sich die Probleme. Mit welchem Kriterium sollen die Fortschritte in Richtung auf den Frieden unterschieden werden? Die Abnahme der Gewalt bietet sich an; aber der Inhalt des Begriffs war schon immer unklar[40], und er ist durch die Diskussion in der Friedensforschung nicht klarer geworden. Johan Galtung hat mit seinem Begriff der „strukturellen Gewalt" interessante Hinweise darauf geliefert, daß Gewalt auch in den Strukturen, also in den Prozeßmustern selbst, liegen kann, nicht direkt ausgeübt zu werden braucht. Andererseits hat er mit seiner These, das Gewalt immer dann vorliege, „wenn Menschen so beeinflußt werden, daß ihre aktuelle somatische und geistige Verwirklichung geringer ist als ihre potentielle Verwirklichung"[41], den Gewaltbegriff so weit ausgedehnt, daß er unbrauchbar geworden ist. Mit Recht erschien er Karl W. Deutsch als ein „poetischer Begriff"[42].

Deutsch selbst versteht unter Gewalt „das gewaltsame Einwirken, die Gewaltandrohung, also die Zufügung physischer Leiden oder physischer Behinderungen"[43], greift also fast auf das

---

[39] Vgl. Richard St. Olson: Economic Coercion in World Politics: With a Focus on North-South Relations, in: World Politics 31, 4, Juli 1979, S. 471–494.
[40] Vgl. die Beiträge in: Jörg Calließ (Hrsg.): Gewalt in der Geschichte. Beiträge zur Gewaltaufklärung im Dienste des Friedens, Düsseldorf 1983.
[41] Galtung (Anm. 8), S. 57.
[42] Karl W. Deutsch: Abhängigkeit, strukturelle Gewalt und Befreiungsprozesse, in: Klaus Jürgen Gantzel (Hrsg.): Herrschaft und Befreiung in der Weltgesellschaft, Frankfurt 1975, S. 29.
[43] Ebenda.

völkerrechtliche Konzept zurück. Eine theologische Definition der Gewalt geht wiederum weit über Deutsch hinaus, stellt stark auf die Beeinflussung ab. Gewalt ist alles, heißt es bei Karl Rahner: „was eine Gesinnung und ein inneres oder äußeres Verhalten von Menschen zu bewirken versucht, ohne diesen die innere oder auch äußere Möglichkeit grundsätzlich und real einzuräumen, auch Nein zu sagen angesichts der Gesinnung, die man vermitteln oder übertragen will"[44]. Diese Kriterien würden schon die Auslandspropaganda, von der ideologischen Subversion ganz zu schweigen, in die Gewaltanwendung einreihen.

Eine einigermaßen befriedigende Bestimmung der Gewalt steht also noch aus. Deswegen wird der Begriff hier ganz eng geführt: als organisierte militärische Gewaltanwendung oder als deren Androhung. Der Friede schreitet fort, je mehr beide abnehmen, zurücktreten vor anderen Konfliktlösungsmodi. Deren Aufkommen verwirklicht gleichzeitig, wie wir gesehen haben, die Verteilungsgerechtigkeit und damit vieles von dem, was in der Gewaltdiskussion als Sollzustand gefordert wird.

An die Phase 1 des Friedenskontinuums würde sich dann die zweite anschließen, in der die Androhung militärischer Gewalt noch immer eine große, eventuell sogar beherrschende, aber nicht mehr ausschließliche Rolle spielt. Die machtpolitische Konkurrenz läßt schon andere Formen des Konfliktaustrags zu, bis hin zu einer Entspannungspolitik, die den militärischen Konflikt zu beruhigen versucht. Entscheidendes Steuerungsinstrument aber ist und bleibt die Abschreckung durch Gewaltandrohung. Rüstungswettläufe können diese Phase kennzeichnen und enthalten die Gefahr jederzeitiger Rückwendung des Trends in Richtung auf zunehmende Bedeutung der militärischen Gewalt und Krieg.

Der Trend zum Frieden kann erst in der dritten Phase des Kontinuums als stabilisiert (wenn auch keinesfalls als garantiert) gelten, wo die militärischen Gewaltinstrumente nur eine Reservefunktion besitzen. Vorrang hat die politische und die wirtschaft-

---

[44] Karl Rahner: Schriften zur Theologie, Bd. VI, Köln u.a. 1965, S. 48.

1.3 Das Kontinuum des Friedensprozesses

liche Macht, die im Sinne eines „enlightened self-interest" (Morgenthau) die Interessen der Konfliktgegner mitberücksichtigt. Spurenelemente eines solchen Prozeßmusters waren in der ‚linkage'-Diskussion während der siebziger Jahre zu erkennen; sie kennzeichneten das aufgeschlossene Verständnis des Nord-Süd-Konflikts und der Entwicklungshilfe.

In dieser dritten Phase steht der Verzicht auf den Einsatz militärischer Gewalt nicht mehr zur Diskussion, wohl aber die Konsequenz drastischer Machtungleichgewichte. Wie beispielsweise die Diskussion um die Neue Weltwirtschaftsordnung zeigte, wurde von einigen Ländern der Dritten Welt sogar als ‚Gewalt' der Industriestaaten empfunden, was aus deren Perspektive sich so überhaupt nicht darstellte. Ein industriell hochentwickelter Staat, der im internationalen Wirtschaftssystem seine Standortvorteile wahrnimmt, übt sicher keine Gewalt aus, auch wenn er durch die Ausnutzung seiner Vorteile anderen Ländern wirtschaftliche Möglichkeiten nimmt und dadurch Hunger und Armut bewirkt. Hier hat also ein Verhalten, das beim besten Willen nicht als Gewalt bezeichnet werden kann, Folgen, die auf der Adressatenseite zu Recht als gewaltsam angesehen werden.

Das herkömmliche Friedensverständnis endet hier sowieso; wahrscheinlich wird deswegen die internationale Politik der Gegenwart, vor allem im Nord-Süd-Bereich, nicht als Friedensproblem angesehen. Der entwickelte Friedensbegriff zeigt aber sofort den Zusammenhang, zeigt, daß das, was als weitere Abnahme von Gewalt kaum plausibel zu machen ist, als Zunahme der Verteilungsgerechtigkeit unmittelbar einleuchtet und Dringlichkeit gewinnt. Blickt man unter diesem Aspekt, also vom anderen Ende des Kontinuums, auf diese dritte Phase, so zeigt sie, daß weitere Fortschritte eben nicht mehr als Gewaltminderung, sondern als Anhebung der Verteilungsgerechtigkeit verstanden werden müssen. Für sie gibt es keine politischen und schon gar keine rechtlichen Normen. Am ehesten greifen die ethischen Normen, deren Anwendung auf die Zunahme der Interdependenz, also die weitere

Verdichtung der intergesellschaftlichen Beziehungen angewiesen ist. So wird im Völkerrecht seit längerem von einem „Entwicklungsvölkerrecht" gesprochen[45], das sich auf die Errichtung einer gerechten Wirtschaftsordnung bezieht. Dieses Recht versteht sich interessanterweise nicht nur als formaler Rahmen, innerhalb dessen die entwicklungsrelevanten internationalen Verträge diskutiert werden können. Es formuliert als Rechtsgrundsätze schon Ziele, die nur noch unter ihrer Zugehörigkeit zur Verteilungsgerechtigkeit verstanden werden können: „1. Anerkennung der Entwicklungsprobleme als wichtige Gemeinschaftsaufgabe der Völkerrechtsgemeinschaft. 2. Festlegung der Entwicklungsziele: Wohlstand für alle; ausgewogene gemeinsame Wirtschaftsentwicklung; Verringerung des Wohlstandsgefälles ..."[46] Der Verzicht auf wirtschaftliche Ausbeutung und Unterprivilegierung wird also mit positiven Verhaltensanforderungen fortgeschrieben. Auch in völkerrechtlicher Sicht sind die weitere Abnahme von Gewalt und die Zunahme der Verteilungsgerechtigkeit komplementär.

Mit diesem Umschlag von der abnehmenden Gewalt hin zur zunehmenden Verteilungsgerechtigkeit eröffnet sich eine prinzipiell unbegrenzte Anzahl weiterer Phasen des Kontinuums. In ihnen ginge es nur noch rudimentär um die Beseitigung von Resten der Gewalt, substantiell schon um die Anhebung der Verteilungsgerechtigkeit. Dieser Prozeß hat, geschichtlich gesehen, kein Ende. Es werden mit der weiteren Erzeugung von verbesserten Existenzentfaltungsbedingungen stets weitere Felder eröffnet werden, auf denen die Verteilungsgerechtigkeit einzurichten ist.

---

[45] Albrecht Randelzhofer: Der normative Gehalt des Friedensbegriffs im Völkerrecht der Gegenwart: Möglichkeiten und Grenzen seiner Operationalisierung, in: Jost Delbrück (Hrsg.): Völkerrecht und Kriegsverhütung, Berlin 1979, S. 27.
[46] Ebenda, S. 28.

1.3 Das Kontinuum des Friedensprozesses

Schema der Prozeßmuster und der Phasen des Friedens

Organisierte militärische Gewaltanwendung, Blockaden, Entsendung von „Freiwilligen"	Gewaltandrohung, Boykotte, Sanktionen, Rüstungswettläufe, Aufrüstung, aber kein Krieg	Machtpolitische Konkurrenz mit latenter Gewaltandrohung. Abschreckung, Rüstungswettläufe	Machtpolitik mit Berücksichtigung der Interessen (politisch/wirtschaftlich) anderer. Enlightened self-interest. Reservefunktion des Militärs	Machtpolitik als wechselseitige Anpassung. Funktionslosigkeit des Militärs
Nicht-Frieden	Frieden Phase 1	Frieden Phase 2	Frieden Phase 3	Frieden Phase 4
z. B. Krieg	z. B. Kalter Krieg, Kanonenbootdiplomatie	z. B. Koexistenz, Rüstungskontrolle	z. B. Verhandlung, Entspannung, Abrüstung	z. B. Kooperation, Funktionale Integration

Krieg ← Zeit und Trend → Frieden

Diese Phase auf dem Kontinuum der zum Frieden führenden Prozeßmuster ist durch das Ende des Ost-West-Konflikts begonnen, aber nicht vehement genug vertieft worden. Um so wichtiger ist es, den Zusammenhang zwischen sich mindernder Gewalt und sich entfaltender Gerechtigkeit noch einmal aufzuzeigen, und zwar prozessual. Was im ‚negativen' und ‚positiven' Friedensbegriff als Alternativen gegenübergestellt wurde, erweist sich bei näherem Hinsehen als Stufenfolge. Sie beginnt, als conditio sine qua non, mit der Beseitigung organisierter militärischer Gewaltanwendung. Sie setzt sich fort als ein Prozeß weiter abnehmender Gewalt und weiter zunehmender Verteilungsgerechtigkeit.

Einen Blick auf die Prozesse einer vierten Phase eröffnet die Europäische Union. Hier geht es nicht mehr um Gewaltminderung, sondern schon um Integration. Sie wird, soweit es sich absehen läßt, nicht zum europäischen Superstaat, sondern zu einer Föderation führen[47], deren Aufbau funktional und subsidiär gegliedert sein wird. Die Macht, herrschaftlich wie sozial, wird gerechter verteilt sein – nur aufgrund und anhand eines solchen Fortschritts wird die Integration vorankommen und den Frieden zwischen den westeuropäischen Staaten weiter befestigen. Dem herkömmlichen Friedensverständnis will es nicht einleuchten, daß die europäische Integration als Teil des Friedensprozesses verstanden werden muß; im entwickelten Friedensbegriff ist dies evident. Gewalt und Verteilungsgerechtikeit sind prozessual negativ aufeinander bezogen. Wo die eine zunimmt, nimmt die andere ab. Krieg und Integration zeigen diesen Zusammenhang von entgegengesetzten Polen aus, wie das Schema auf Seite 65 zeigt.

Gewaltabnahme und Verteilungsgerechtigkeit sind aber auch kausal aufeinander bezogen: damit die eine zunehmen kann, muß die andere abnehmen. Geht es in der ersten Phase vornehmlich um die Vermeidung organisierter militärischer Gewaltanwendung, so

---

[47] Zum Stand von 1997 vgl. Rudolf Hrbek (Hrsg.): Die Reform der Europäischen Union. Positionen und Perspektiven anläßlich der Regierungskonferenz, Baden-Baden 1997.

1.3 Das Kontinuum des Friedensprozesses

wird sie sich nur über die Anhebung der Verteilungsgerechtigkeit institutionalisieren lassen. Diese Gerechtigkeit kann natürlich nur klein dimensioniert sein, aber sie zeigt die Richtung an, in die der Weg zum Frieden führt.

Was heißt also Verteilungsgerechtigkeit in dieser ersten Phase auf den drei Sachgebieten Sicherheit, Wohlfahrt und Herrschaft? Am leichtesten fällt die Bestimmung auf dem Gebiet der Sicherheit. Es zeigte sich schon in den achtziger Jahren, daß sie nicht mehr unilateral, auf Kosten der anderen Systemmitglieder, sondern nur zusammen mit ihnen verwirklicht werden konnte. 1990 wurde diese Einsicht in der „Charta von Paris für ein neues Europa" festgehalten und auch später noch wachgehalten, als diese Charta zu verblassen begann. Die NATO-Osterweiterung, die 1997 beschlossen wurde, beruhte schon wieder auf dem alten, dem Machtgleichgewicht verhafteten Denken in Militärallianzen. Die „Grundakte" zwischen NATO und Rußland vom 14. Mai 1997 vertraute die Sicherheit in Europa der Partnerschaft zwischen den beiden an. Aber der Widerspruch zwischen der Deklaration und der Operation wird sich nur besänftigen lassen, wenn die Instrumente des Gewaltverzichts, also Abrüstung und Rüstungskontrolle, rigoros benutzt werden.

Am schwersten fällt eine Beschreibung der Verteilungsgerechtigkeit auf dem Sachgebiet der Herrschaft und der Partizipation daran. Im internationalen System setzen die unterschiedlichen Größenverhältnisse der Staaten, in ihnen setzt das Souveränitätsprinzip, das die inneren Angelegenheiten externem Zugriff entzieht, fast unüberwindliche Schranken. Andererseits hat im internationalen System der Gleichverteilungsprozeß schon begonnen: die Konzeptualisierung und Realisierung der Internationalen Organisation sprechen allen Staaten eine „souveräne Gleichheit" zu (Art. 2 Ziff. 1 UN-Charter); in der Generalversammlung der UN hat jedes Mitglied eine Stimme.

Die realen Machtunterschiede werden dadurch natürlich nicht ausgeglichen. Sie würden aber dann nicht zu Buche schlagen, wenn die Herrschaftsordnung aller Staaten demokratisch und partizipatorisch wäre. Ihre ‚internationalisierende Politik' würde dann aufgrund ihrer Struktur zum Frieden beitragen. Darauf wurde oben, bei der Besprechung des Einzugsbereichs des Friedensbegriffes, hingewiesen. Um eine solche Gleichverteilung einzurichten, bedarf es einer Strategie, die auf die Herrschaftsordnungen der Staaten einwirkt, also gerade auf das Kernstück der „inneren Angelegenheiten". Sie ist schwierig[48], ist sicher nur langfristig wirksam, vielleicht sogar unmöglich; aber sie befindet sich, wenngleich meist implizit, in der Diskussion. Die UN-Charter verlangt von ihren Mitgliedern, daß sie „friedliebend" sein müssen (Art. 4 Abs. 1). Der Schutz der Menschenrechte, deren universale Gültigkeit nirgendwo in Frage gestellt wird[49], bedeutet nichts anderes als die Einrichtung der Grundrechte einer liberalen Demokratie. Unsere Welt ist also auf dem Wege, vielfach ohne es zu wissen, die Gleichverteilung von Herrschaft in den Staaten selbst zu befördern.

Mittelschwer gestaltet sich die Bestimmung der internationalen Verteilungsgerechtigkeit auf dem Gebiet der Wohlfahrt. Intern stellt sie die materiale Basis der Partizipation an der Herrschaft dar, gehört also in die Beeinflussung und Gestaltung der ‚internationalisierenden Politik'. Was aber bedeutet Verteilungsgerechtigkeit in den wirtschaftlichen Austauschbeziehungen? Herkömmlich wird diese Frage nur an die Beziehungen zwischen den Politischen Systemen gestellt und präsentiert sich dann als Forderung nach einer Weltwirtschaftsordnung[50], als Katalog der

---

[48] Zum Problemkreis vgl. Ernst-Otto Czempiel und Werner Link (Hrsg.): Interventionsproblematik aus politikwissenschaftlicher, völkerrechtlicher und wirtschaftswissenschaftlicher Sicht, Straßburg und Kehl 1985.

[49] Dazu Walter Odersky (Hrsg.): Die Menschenrechte: Herkunft, Gefährdung, Düsseldorf 1994.

[50] Vgl. Wolfgang Graf Vitzthum (Hrsg.): Europäische und internationale Wirtschaftsordnung aus der Sicht der Bundesrepublik Deutschland, Baden-Baden 1994.

1.3 Das Kontinuum des Friedensprozesses

Rechte und Pflichten der Staaten[51], schlägt sich nieder in Organisationen und Abkommen wie den GATT-Runden und der Welthandelsorganisation.[52] Konzepte wie das der ‚basic needs'[53] und ihre Erfüllung versuchen hier einen Minimalstandard von Verteilungsgerechtigkeit zu benennen.

Wichtiger in diesem Zusammenhang und weitaus umfangreicher sind die wirtschaftlichen Handlungszusammenhänge, die von Angehörigen der gesellschaftlichen Umfelder unterhalten werden. Sie gelten gemeinhin als privat, zeigen aber in dem hier verwendeten Modell der internationalen Politik sofort ihre politische Relevanz und ihre Bedeutung für die Prozeßmuster des Friedens. Über diese Handlungszusammenhänge werden die meisten Werte zugewiesen; das Problem der Verteilungsgerechtigkeit stellt sich in erster Linie hier. Woran soll sie gemessen werden?

In dieser Detaillierung ist diese Frage unter dem Aspekt des Friedens noch nicht aufgeworfen, geschweige denn beantwortet worden. Denkbar wäre, Gerechtigkeit als Gleichverteilung des in dem Handlungszusammenhang erzeugten Nutzens zu begreifen. Das Nutzenkonzept ist nicht unumstritten[54] und nicht einfach. Es ist andererseits bisher durch kein besseres ersetzt worden. Auch ist seine deskriptive Leistung anerkannt. Es könnte also durchaus

---

[51] Vgl. Harald Stemberger: Die Charta der wirtschaftlichen Rechte und Pflichten der Staaten, Berlin 1983.

[52] Insgesamt zum Beziehungskomplex zwischen Industrie- und Entwicklungsländern vgl. Peter J. Opitz (Hrsg.): Grundprobleme der Entwicklungsregionen. Der Süden an der Schwelle zum 21. Jahrhundert, München 1997.

[53] Das Konzept der Basic Needs lag auch der Entwicklungsstrategie der Vereinten Nationen zugrunde, vgl. die von Sozialwissenschaftlern erarbeitete Erklärung von Cocoyoc, abgedruckt in: Bundesministerium für wirtschaftliche Zusammenarbeit: Entwicklungspolitik. Materialien Nr. 49, Juli 1975.

[54] Zu den hier liegenden Problemen Wolfgang Rudzio: Eine Verwissenschaftlichung der Politikwissenschaft? in: Adolf Arndt et al. (Hrsg.): Konkretionen politischer Theorie und Praxis, Stuttgart 1972, S. 105 ff.

herangezogen werden zur analytischen Bestimmung von Gleichverteilungen. Wenn sie in einer wirtschaftlichen Austauschbeziehung vorherrschen, ist der unter dem Aspekt des Friedens zu erhebenden Forderung Rechnung getragen.

Dabei spielt nicht nur das Ausmaß und die Verteilung wirtschaftlicher Macht eine große Rolle. Transnationale Konzerne und transnationale Banken befinden sich in einer anderen Position als ein Gewerbebetrieb mittlerer Größe in einem Entwicklungsland. Die in diesem Machtunterschied angelegten Ungleichverteilungen können nur politisch korrigiert werden. Ansätze dazu fanden sich in dem von den Vereinten Nationen lange diskutierten, schließlich aber doch beiseite gelegten Code of Conduct für transnationale Unternehmen.[55] Aber auch die Politischen Systeme hätten, zumindest soweit die transnationalen Korporationen sich mit ihnen zum Zweck der Wertverteilung in Regimen verbinden[56], Steuerungsmöglichkeiten zur Hand. Politische Macht stellt, wird sie entsprechend eingesetzt, ein Instrument dar, mit dem sich Friedensbedingungen am schnellsten verwirklichen und relevante Prozesse am ehesten beeinflussen lassen.

Gerade in dieser ersten Phase des Kontinuums des Friedensprozesses, in der es um die Vermeidung des Krieges geht, muß nicht nur die zureichende Gleichverteilung von Sicherheit angestrebt, sondern auch die der Herrschaft und der Wohlfahrt wenigstens angelegt werden. Die Gewaltanwendung läßt sich nur dann vermeiden, wenn ihre Ursachen beseitigt werden und wenn sie als Austragsmodus ersetzt wird durch nicht-gewaltsame Formen. Wer den Krieg vermeiden will, muß die Strukturen des Frie-

---

[55] Der Diskussionsstand von 1984 findet sich im Bericht des Sekretariats des Wirtschafts- und Sozialrates der UN: Completion of the Formulation of the United Nations Code of Conduct on Transnational Corporations, E/C. 10/1984/S/5.

[56] Dazu Harald Müller: Die Chance der Kooperation. Regime in den Internationalen Beziehungen, Darmstadt 1993, S. 27 ff. Andreas Hasenclever, Peter Mayer, and Volker Rittberger: Theories of International Regimes, Cambridge 1997.

dens einrichten, und zwar gerade in jener ersten Phase des Kontinuums, in der es sich darum handelt, die richtigen Prozesse einzuleiten.

Darum fallen sie besonders schwer: sie haben scheinbar mit dem erstrebten Ziel der Kriegsvermeidung nichts zu tun, weil sie sich auf Herrschafts- und Wohlfahrtsordnungen, auf die Organisation des internationalen Systems beziehen. Das Schwierige am Frieden ist eben, daß er sehr schwierig einzurichten, auf die Veränderung zahlreicher Bedingungen, auf die Richtungsänderung zahlreicher Prozesse angewiesen ist. Er verlangt nichts weniger als ein neues, weit ausholendes und umfassendes Konzept, das Außenpolitik als Versuch zur Steuerung internationaler Systeme auf den Gebieten Sicherheit, Wohlfahrt und Herrschaft begreift. Das ist nicht einfach, und niemand leugnet, daß in der Forderung nach Beeinflussung von Herrschaftssystemen und nach der Verteilungsgerechtigkeit auf dem Gebiet des Wohlstands außerordentlich große und außerordentlich komplizierte theoretische und praktische Probleme stecken. Hatte UN-Generalsekretär Boutros Boutros-Ghali in seiner „Agenda für den Frieden" (Dok. 33) von 1992 auf diese Thematik aufmerksam gemacht, so hat er ihr 1994 seine „Agenda für Entwicklung" (Dok. 34) hauptsächlich gewidmet.

1.4 Friede als Systemwandel

Die Schwierigkeiten liegen aber noch auf einem weiteren Gebiet. Die Prozeßmuster des Friedens einzurichten heißt, sie gegen die überkommenen und noch herrschenden Muster durchzusetzen, deren Widerstand zu überwinden. Das Charakteristikum eines Prozeßmusters ist seine Dauer. Gerade deswegen muß der Friede definiert werden als ein solches, Dauer bzw. sogar Konstanz aufweisendes Prozeßmuster. Die ablaufenden und die in Zukunft ablaufenden Prozesse der internationalen Politik müssen in ihrer Tendenz auf die Abnahme von Gewalt und die Zunahme von

Verteilungsgerechtigkeit gerichtet sein. Dieses Kennzeichen muß ihnen innewohnen, muß das gemeinsame Muster aller Prozesse abgeben.

Dies kann nur dadurch gewährleistet werden, daß die Konstellation der Bedingungen und der Akteure so gebildet wird, daß diese Muster zustandekommen. Erst dann werden sie repetitiv in dem Sinne sein, daß sie sich von selbst in die Richtung auf immer höhere Grade der Verteilungsgerechtigkeit und immer niedrigere Grade der Gewalt, also in Richtung des Friedens, wiederholen. Sie bilden dann eine Struktur, die zwar nicht unveränderlich ist, aber eben doch nur langsam und nur gegen erheblichen Widerstand der sie bildenden Akteure und Aktionen verändert werden könnte.

Ist es diese Strukturqualität der Prozesse, in denen die Richtung auf den Frieden festgeschrieben werden kann, so liegt in eben dieser Qualität eines der größten Hindernisse. Denn auch die gegenwärtig ablaufenden Prozesse bilden eine Struktur, stellen ein Prozeßmuster dar. Sie lassen sich ebenfalls nur schwer und nur gegen großen Widerstand verändern. Diese Prozeßmuster sind keineswegs durchweg unfriedlich und nicht sämtlich gewalthaltig. Nach 1945 sind im internationalen System erhebliche Fortschritte in Richtung auf die Ächtung und die Verminderung der Gewalt und zumindest auf die Anerkennung von Verteilungsgerechtigkeit gemacht worden. Sie reichen nicht aus, sind gefährdet und müssen durch die Prozeßmuster des Friedens ersetzt werden. Das gilt vor allem für die Sicherheit, wo die Rüstungsdynamik die Kooperationsabsichten der NATO und Rußlands wieder relativieren könnte.

Wie immer die Situation im einzelnen eingeschätzt werden wird, sie stellt ein Prozeßmuster dar, in dem ganz bestimmte Akteure über ganz bestimmte Mengen von Macht und Einfluß verfügen, demzufolge Wertzuweisungen im gesellschaftlichen Umfeld und in der internationalen Umwelt vornehmen können, die im Zusammenhang mit den Aktionen anderer Systemmitglieder die Struktur der Interaktion im internationalen System der Gegenwart

1.4 Friede als Systemwandel

ausmachen. Sie ist ebenfalls repetitiv, reproduziert die Verteilungsmuster und bestärkt damit die Position der Akteure.

Der Widerstand, den diese Muster ihrer möglichen Veränderung bieten, läßt sich deutlich an dem Argument ablesen, daß eine Verhaltensänderung nur vorgenommen werden kann, wenn auch die Akteure der anderen Seite hierin folgen. Das Argument bezieht seine Triftigkeit aus der Logik der Interaktion. Sie kann nur verändert werden, wenn das Verhältnis aller Akteure sich ändert. Von dieser Selbst-Stabilisierung, die jedes Prozeßmuster kennzeichnet, wird später das des Friedens profitieren, nachdem es eingerichtet sein wird. Bis dahin ist der dem Prozeßmuster inhärente positive Feedback eines seiner größten Hindernisse. Die Rückkopplung kann zwar einseitig unterbrochen, gegen den Widerstand der anderen Systemmitglieder aber nicht verändert werden. Sie müssen also dazu bewogen werden, die Änderungen mitzumachen.

Selbst wenn er auch nur teilweise erfolgt, hat der Abbau eines solchen Musters, die Unterbrechung des Rückkopplungsprozesses eine Veränderung der Macht- und Einflußverteilung bei dem unterbrechenden Akteur zur Folge. Er muß also (falls ihm die Veränderung nicht von anderen Akteuren, zu deren Gunsten sie ausfällt, aufgezwungen wird) diese Veränderung, die in der Regel eine Minderung sein wird, selbst bewirken. Hier liegt die vermutlich am schwersten zu schaffende Voraussetzung für die Unterbrechung und spätere Veränderung existierender Prozeßmuster. Sie kollidiert mit jeglicher politischer Rationalität, die schließlich auf die Vergrößerung von Macht und Einfluß, nicht auf deren Verringerung gerichtet ist. Diese Widerstände muß eine Strategie, die sich auf den Frieden richtet, einkalkulieren und zu überwinden versuchen.

Das ist um so schwieriger, als sie nicht nur bei einem Systemmitglied, sondern bei allen anzutreffen sind. Ein neues Muster, das des Friedens, einzuführen, bedarf also nicht nur einer veränderten Aktion, sie muß so ausgerichtet sein, daß sie in dem

Zusammentreffen mit anderen Aktionen das Interaktionsmuster Frieden ergibt. Um hier Erfolge zu erzielen, ist innovatives Denken erforderlich. Wie muß sich derjenige, der das Prozeßmuster verändern will, verhalten, damit durch das Zusammentreffen seiner Aktion mit anderen Aktionen, auf die er unmittelbar keinen Einfluß hat, das neue Interaktionsmuster entsteht? Wie kann er bei den Systemmitgliedern, auf die er nicht direkt einwirken kann, dennoch die innergesellschaftlichen Verteilungsprozesse herbeizuführen versuchen, die für eine neue Politik erforderlich sind? Friede als Interaktion ist nur als Systemwandel zu bewirken, der die Aktion aller Systemmitglieder erfassen und die dafür erforderlichen innergesellschaftlichen Veränderungen besorgen muß.

Es ist angesichts dieser komplizierten Aufgaben unschwer zu erkennen, daß es sehr schwer sein und sehr lange dauern wird, bis wenigstens einige der wichtigsten Prozesse in einem internationalen System in Richtung auf den Frieden umgestellt sein werden.

Der Umbruch von 1989/90 und die Jahre danach veranschaulichen die Problematik. Es gelang Gorbatschow, durch einen dramatischen Verhaltenswechsel die im Kalten Krieg eingeübten und fast enttäuschungsfest gewordenen Verhaltensmuster zu durchbrechen, weil er auch im Innern der Sowjetunion radikale Änderungen vornahm. Er war dabei so erfolgreich, daß die Umbrüche in Osteuropa das Ende des Ost-West-Konflikts beschleunigten, in dessen Folge sogar die Sowjetunion aufgelöst und der Kommunismus abgeschafft wurde. Das gesamte System des Warschauer Paktes und seiner Binnenordnungen verschwand von der Bildfläche.

Was Gorbatschow und Jelzin nicht gelang, war, einen ähnlichen Wandel auch im Westen durchzusetzen. Er war natürlich nicht so erforderlich, weil hier immer schon liberale Systeme mit hohem gesellschaftlichen Konsens existierten. Er war aber auch nicht überflüssig, weil diese Systeme sich in den vierziger Jahren des Ost-West-Konflikts stark militarisiert hatten und re-zivilisiert werden mußten. Dieser Prozeß lief nur sehr langsam an und wurde seit 1994 durch die Bevorzugung der NATO, die mit ihrer Osterweiterung zum bestimmenden Ordnungsfaktor in Europa befördert wurde, wieder behindert. In dem Maße, in dem der Systemwandel sich nicht fortsetzt, könnte – wird – er den weiteren Reformfortschritt auch in Rußland erschweren.

1.5 Friedenspolitik

Es ist jetzt möglich, einen verfeinerten Ausdruck des Friedensbegriffs zu formulieren. Friede bedeutet, daß in einem internationalen System die auf den drei politisch relevanten Sachbereichen der Sicherheit, Wohlfahrt und Herrschaft verlaufenden Interaktionen zwischen den Politischen Systemen, zwischen den gesellschaftlichen Umfeldern, zwischen beiden, sowie die auf diese Interaktionen gerichteten innergesellschaftlichen Anforderungs- und Umwandlungsbeziehungen Muster von Wertverteilungsprozessen erzeugen, über Zeit beibehalten und verstärken, die gekennzeichnet sind durch abnehmende Gewalt und zunehmende Gerechtigkeit.

Eine Politik, die ein solches Prozeßmuster erzeugen will, muß mehrdimensional und komplex handeln. Daran sind wahrscheinlich die traditionell angebotenen Strategien gescheitert, die durchweg selektiv verfuhren und die Vielfältigkeit der relevanten Faktoren unterschätzten. So versuchte – und versucht – das Völkerrecht unmittelbar und direkt auf die Interaktion einzuwirken. Es vernachlässigt die Aktionen und ihre Entstehungsfaktoren, negiert die im System liegenden Handlungsbedingungen. Sie werden vom Konzept der Internationalen Organisation selektiv bevorzugt, das mit ihrer Berücksichtigung ebenfalls direkt auf die Interaktion einzuwirken versucht. Über den Souveränitätsbegriff bleiben die anderen Anlässe zur Aktion, zur Außenpolitik, ausgeklammert.

Auf interne, vor allem im Herrschaftssystem liegende Anlässe richten sich die Demokratisierungskonzepte, die ihrerseits das internationale System und die daraus fließenden Handlungszwänge sowohl wie deren Einfluß auf die Herrschaftsorganisation vernachlässigen. Das gleiche Defizit, sogar noch vergrößert, weisen diejenigen Konzepte auf, die den Frieden von einer Veränderung des Wirtschaftssystems erwarten. Ihnen entgehen nicht nur die internationalen Interaktionen, ihnen entgehen auch die herrschaftlichen Bestandteile des innergesellschaftlichen Verteilungsprozesses und der Zustand des internationalen Systems.

Der Aktion selbst gilt ein dritter Satz von Konzepten, er ist der größte und reichhaltigste. Er ist weniger theoretisch als vielmehr unmittelbar praktisch ausgestattet. Er reduziert den Frieden auf die äußere Sicherheit und versucht, sie durch eigene Aktionen, insbesondere Rüstung und Abschreckung, zu gewährleisten. Diesem Ansatz entgeht sowohl der Interaktionscharakter systemischer Prozesse, ihm entgehen die Beiträge gesellschaftlicher Akteure zu den Prozeßmustern; ihm entgeht schließlich der Einfluß der Beziehungen des Politischen Systems zu seinem gesellschaftlichen Umfeld auf das Verhalten beider in der internationalen Umwelt und der daraus resultierende Input für das Prozeßmuster.

In seiner wissenschaftlichen Gestalt ist dies der Ansatz des politischen Realismus, klassisch vertreten durch Hans J. Morgenthau und Kenneth N. Waltz[57] und in der amerikanischen Wissenschaft lange dominant, zunehmend stark umstritten.[58] Der Ansatz ist durch zwei Präferenzen gekennzeichnet (die die Parallele zur

---

[57] Hans J. Morgenthau: Macht und Frieden, Grundlegung einer Theorie der internationalen Politik, Gütersloh 1963. Kenneth N. Waltz: Theory of International Politics, Reading, Mass., 1979. Eine Auffrischung Morgenthaus und eine ausführliche Darstellung der Theorieansätze aus der Sicht des Münchener Neorealismus bietet Alexander Siedschlag: Neorealismus, Neoliberalismus und Postinternationale Politik. Beispiel internationale Sicherheit – Theoretische Bestandsaufnahme und Evaluation, Wiesbaden 1997.

[58] Vgl. Charles W. Kegley, Jr.: The Neoidealist Moment in International Studies? Realist Myths and the New International Realities, in: International Studies Quarterly 37, 2, Juni 1997, S. 131 ff.

1.5 Friedenspolitik

praktischen Politik offenbaren): für den Staat als Akteur und für die Macht als Mittel. Das ist weder falsch noch notwendig unfriedlich. Macht ist in der Tat das Medium der Politik, und Morgenthau möchte es nur zugunsten des „aufgeklärten Selbstinteresses", das auch die Interessen der anderen Seite berücksichtigt, einsetzen, Waltz für die Sicherheit.[59]

Die Schwäche dieses Ansatzes liegt, wie die der praktischen Politik auch, im Verzicht auf eine klare Zielbestimmung. Fehlt sie, kann Macht beliebig eingesetzt, deklaratorisch mit jedem Ziel in Verbindung gebracht und faktisch auch selbst zum Ziel werden. Der Realismus wird zur Realpolitik. Darauf hat ein anderer klassischer Realist, der allerdings sehr viel fester in der Tradition des europäischen Liberalismus verankert ist, immer wieder aufmerksam gemacht: John H. Herz.[60]

Die vom Realismus intendierten Beschränkungen lassen sich viel genauer einhalten, die außenpolitische Aktion läßt sich viel genauer steuern, wenn als Ziel der Außenpolitik eindeutig der Friede ausgewiesen wird. Er wird ohnehin nicht bestritten, und der entfaltete Friedensbegriff macht klar, wie wenig er mit einer verschwommenen Gesinnungsethik, wieviel er mit eindeutig benennbaren Teilzielen der Außenpolitik zu tun hat, die zu einem großen Ziel hinführen sollte: zur Vermeidung des Krieges. Ihr muß die Macht eindeutig dienen, die vom wissenschaftlichen Realismus und von der Praxis der Außenpolitik so in den Vordergrund der Aufmerksamkeit gerückt wird.

---

[59] Zur weiteren Diskussion siehe David A. Baldwin (ed.): Neorealism and Neoliberalism. The Contemporary Debate, New York 1993. Die Weiterführung der Diskussion in Moderne und Postmoderne aus kritisch-strukturalistischer Perspektive bietet Mathias Albert: Fallen der (Welt-)Ordnung. Internationale Beziehungen und ihre Theorien zwischen Moderne und Postmoderne, Opladen 1996.

[60] John H. Herz: Politischer Realismus und politischer Idealismus. Eine Untersuchung von Theorie und Wirklichkeit, Meisenheim am Glan 1959. Vgl. auch die Autobiographie des Autors: Vom Überleben. Wie ein Weltbild entstand, Düsseldorf 1984.

Der entfaltete Friedensbegriff erlaubt es, anhand des Modells der internationalen Politik als eines asymmetrischen, gebrochenen Gitters von Handlungszusammenhängen die ganze Komplexität dessen darzustellen, was sich hinter dem verkürzenden Begriff einer „Friedenspolitik" verbirgt. Abnehmende Gewalt und zunehmende Gerechtigkeit als Institutionalisierung der Situation des Nicht-Kriegs durch Einübung und Gebrauch von gewaltgeminderten, gewaltfreien Konfliktaustragsmodi ist zunächst zwischen den Politischen Systemen einzurichten (PS<–>PS). Dazu ist letztlich eine Strategie des Systemwandels erforderlich, die hier außer acht bleibt. Sie stellt eine zusätzliche Erschwernis dar, zu der ich mich an anderer Stelle geäußert habe.[61] Hier werden nur die strukturellen Folgen erörtert, die aus dem Friedensbegriff fließen.

Er verlangt für die Beziehungen zwischen den Politischen Systemen, daß sie zunehmend der organisierten militärischen Gewalt entkleidet werden. Sie bleiben weiterhin Machtbeziehungen, weil Macht das Medium der Politik bleibt. Macht kann aber, wie die Innenpolitik und wie weite Bereiche der internationalen Politik zeigen, ohne organisierte militärische Gewalt auskommen. Sie muß also vermindert, letztlich eliminiert und durch andere Austragsformen ersetzt werden.

Die Gewaltanwendung oder die Drohung damit entstammt zunächst der anarchischen Situation des internationalen Systems, das, bei allen Teilordnungen, unüberschaubar bleibt. Die Sicherheit der Systemmitglieder ist damit potentiell gefährdet; sie zu gewährleisten, bereiten die Politischen Systeme den Gewalteinsatz vor. Er entspringt also zunächst dem Sachbereich der Sicherheit. Soll dabei auf die militärische Gewalt verzichtet werden, so muß sie ersetzt werden durch andere Formen der Sicherheitsbeschaffung. Mit diesem Problemkreis hat sich die Friedenstheorie von Anfang an beschäftigt und zwei Lösungen diskutiert, die dementsprechend an erster Stelle zu behandeln sind. Das Völker-

---

[61] Ernst-Otto Czempiel: Schwerpunkte und Ziele der Friedensforschung, München 1972, S. 95 ff.

1.5 Friedenspolitik

recht und vor allem die Internationale Organisation wurden entwickelt, um unmittelbar auf die Interaktionen zwischen den Politischen Systemen einzuwirken. Friedenspolitik besteht dann darin, diese Einrichtungen weiterzuentwickeln, ihre Sicherheit gewährende Einwirkung auf die Interaktion zu verstärken und damit den aus der Systemstruktur resultierenden Anlaß zur Anwendung organisierter militärischer Gewalt zu beseitigen.

Er ist allerdings nicht der einzige. Gewalt wird im internationalen System von den Politischen Systemen auch aus anderen Gründen eingesetzt: zur Expansion von Herrschaft und zur Instrumentierung von Macht. Das wirft die Frage auf, ob physische Gewalt beiden inhärent ist, oder ob es Herrschaftsordnungen gibt, die keine oder nur wenig Gewalt in ihren Interaktionen mit der internationalen Umwelt anwenden. Wie sehen solche Herrschaftssysteme aus? Lassen sie vielleicht auch in ihrer Binnenstruktur, im Verhältnis von Politischem System zu seinem gesellschaftlichen Umfeld (PS<=>UF) geringe Gewaltgrade, ein hohes Maß an Partizipation erkennen? Gehen davon auch Einflüsse auf die sparsame Verwendung von Gewalt bei der Instrumentierung von Macht im internationalen System aus, eventuell sogar die Tendenz zur völligen Eliminierung dieser Gewalt? Tragen solche Systeme dann auch dazu bei, daß die aus der Sicherheit fließenden Bedürfnisse nach militärischer Gewalt minimal und nicht maximal formuliert und damit vor der Versuchung geschützt werden, auch zur Herrschaftstechnik benutzt werden zu können? Friedenspolitik hieße unter diesem Aspekt, solche Herrschaftssysteme einzurichten bzw. auszubauen, die auf die militärische Gewalt nicht angewiesen sind, weil sie weder stabilisiert werden müssen, noch expandieren wollen und weil sie Macht zwar effektiv, aber eben nicht militärisch-offensiv einsetzen.

Mit diesem Problem der Friedenspolitik hat sich die politische Theorie seit langem beschäftigt; man muß sie nur danach fragen, ebenso wie nach den Konsequenzen, die aus dem Friedensbegriff für den Sachbereich Wohlfahrt folgen. In ihm sind seit der europäischen Neuzeit vornehmlich gesellschaftliche Akteure tätig, die auch die Beziehungen zu anderen Akteuren in der internationalen Umwelt tragen (UF<–>UF): Diesen Akteuren steht per se militärische Gewalt nicht zur Verfügung; sie können sie aber von ihren jeweiligen Politischen Systemen anfordern, wenn anders ihre Gewinninteressen nicht zu realisieren sind. Ist aber die Verfolgung wirtschaftlichen Gewinns immer auf die Unterstützung durch die militärische Gewalt der Politischen Systeme angewiesen, so daß eine Friedenspolitik Wirtschaftsordnungen verlangt, in denen es weder gesellschaftliche Akteure noch Gewinninteressen gibt? Oder ist nicht, umgekehrt, gerade das private Interesse an der Erwirtschaftung von Gewinn ein Bestandteil von Friedenspolitik, weil es, um verwirklicht zu werden, die Kooperation des Partners braucht und ihn daher beteiligen muß? Die sich in der Gleichverteilung des Gewinns in einer Handelsbeziehung ausdrückende soziale Gerechtigkeit bedarf nicht nur nicht der Gewalt, sondern wirkt ihr entgegen.

Auf dem Sachbereich Wohlfahrt eine Friedenspolitik einzurichten, könnte dann bedeuten, wirtschaftliche Austauschbeziehungen zwischen gesellschaftlichen Akteuren in einer Gesellschaft und ihren Partnern in einer anderen zu intensivieren. Dabei müßte ihnen der Zugriff auf die Allokationskompetenzen der Politischen Systeme im Umfeld, und der auf das Instrument militärischer Gewalt in der Umwelt genommen, der private Charakter des Handels also sichergestellt werden. Seit dem Ausgang des 18. Jahrhunderts ist die politische Theorie systematisch der Frage nachgegangen, ob und in welcher Weise wirtschaftliche Austauschbeziehungen der Friedenspolitik zugute kommen.

Eine Friedenspolitik, die das Prozeßmuster abnehmender militärischer Gewalt und zunehmender Verteilungsgerechtigkeit einrichten will, verlangt also zunächst die Abschwächung der charakteristischen Eigenschaft des internationalen Systems, dann die Einrichtung von herrschaftlichen und wirtschaftlichen Struk-

1.5 Friedenspolitik

turen, die die in diesen Sachgebieten angelegten Antriebe zur Anwendung militärischer Gewalt beseitigen.

Gelingt beides, wären zwei der insgesamt drei Gewaltverursachungsgruppen von Außenpolitik so organisiert, daß sie nicht mehr das Mittel der organisierten militärischen Gewaltanwendung verlangen. Dies setzt freilich voraus, daß die Eigenschaften der Staaten die Interessen der Akteure jedenfalls im Hinblick auf den Mitteleinsatz determinieren. Das kann als wahrscheinlich gelten, müßte aber im einzelnen geprüft werden.

Diese zentrale These des Kapitels wie des ganzen Buches kontrastiert nur scheinbar mit den Ergebnissen der quantitativen Forschung. Zunächst sind sie selbst widersprüchlich, weisen einmal einen positiven Zusammenhang zwischen Demokratie und Frieden[62], ein andermal keinen Zusammenhang auf.[63] Auf die Datenprobleme soll nur hingewiesen, nicht eingegangen werden. Das hauptsächliche Defizit dieser Arbeiten besteht in der Isolierung des Herrschaftssystems als der ausschlaggebenden Variablen. Das führt zu der falschen Frage, ob Demokratien häufiger in Kriege verwickelt waren, als nicht-demokratische Staaten. Wenn sechs Verursachungsfaktoren auf die Außenpolitik einwirken, kann man sie nicht an einem überprüfen, zudem noch, wenn es sich dabei um eine Bedingungsstruktur handelt. Die richtige Frage kann nur lauten, ob und in welcher Weise im Syndrom der Verursachungsfaktoren die Herrschaftssysteme (und die Wirtschaftssysteme) auf außenpolitisches Verhalten einwirken, und ob partizipatorische und gleichverteilende Systeme in Richtung auf den Gewaltverzicht wirken.

Dies ist einer der beiden Fragenkomplexe, die hier näher erörtert werden, der andere bezieht sich auf die Organisation des in-

---

[62] John R. Oneal et al.: The Liberal Peace: Interdependence, Democracy, and International Conflict, 1950–85, in: Journal of Peace Research 33, 1, 1966, S. 1 ff.
[63] David E. Spiro: The Insignificance of the Liberal Peace, in: International Security 19, 1994/95, S. 50 ff.

ternationalen Systems. Das Buch behandelt – darauf kann nicht oft genug hingewiesen werden – also nur etwas mehr als die Hälfte der Verursachungsfaktoren, des Friedensproblems. Untersucht werden die Strategien, mit denen sich die Strukturen des internationalen Systems und der Herrschaftssysteme verändern lassen, die als wichtige Bedingungsfaktoren der Außenpolitik zu gelten haben.

2. Friede durch Einwirkung auf die Interaktion

Da der Friede – und sein Gegenstück, der Krieg – Interaktionen darstellen, liegt es historisch wie logisch nahe, daß die Friedensstrategien unmittelbar diese Beziehungen zu beeinflussen suchen. Erst aus sehr viel späterer und aus wissenschaftlicher Sicht ergibt sich, daß diese Interaktionen im wesentlichen ihre Ursachen nicht in sich selbst tragen. Sie sind Folgen, die aus dem Zusammentreffen zahlreicher Prozesse und Bedingungen bei den einzelnen Akteuren und im System entstehen. Daraus ergibt sich, daß eine Friedensstrategie, die unvermittelt und ausschließlich bei der Interaktion ansetzt, relativ wenig Erfolgsaussichten besitzt. Sie versucht, das Ergebnis zu kurieren, geht aber an seinen Entstehungsursachen vorbei.

Dennoch gibt es zwei große und wichtige Versuche in dieser Richtung: das Völkerrecht und das Konzept der Internationalen Organisation. Das Völkerrecht hat sich spätestens seit 1625, als Hugo Grotius seine „Drei Bücher vom Recht des Krieges und des Friedens" erscheinen ließ[1], immer auch als ein Friedensrecht verstanden. Es ist im Laufe seiner Entwicklung diesem Verständnis näher gekommen. Es versucht, die Interaktion dadurch zu beeinflussen, daß es ihre Normen kodifiziert.

Das Konzept der Internationalen Organisation, keineswegs jünger als das Völkerrecht, ist einen anderen Weg gegangen. Es wirkt auf die Interaktion dadurch ein, daß es ihren Kontext verändert. Es kann zwar die prinzipielle Offenheit des internationalen Systems, in dem sich die Souveränität und Handlungsfreiheit der Systemglieder widerspiegelt, nicht abschaffen, versucht sie aber einzuschränken. Der Kooperationskontext, der von einer Internationalen Organisation institutionalisiert wird, verändert das Feld, in dem die Interaktion stattfindet. Das Konzept der Internationalen Organisation rückt damit einem, aber eben nur einem, realen Be-

---

[1] Unter diesem Titel in deutscher Übersetzung hrsg. von Walter Schätzel, Tübingen 1950.

dingungsfaktor des Friedens zu Leibe: der Kontingenz des internationalen Systems. Sie zu beheben, oder abzuschwächen, ist wichtig, reicht aber nicht aus.

Dem Völkerrecht fehlt diese strategische Wirkung insgesamt. Sie ist in seiner normierenden Funktion angelegt, die aber, um wirksam zu werden, in die Realität vermittelt werden muß. Es ist in diesem Zusammenhang interessant, daß sich das Völkerrecht mehr und mehr des – ursprünglich nicht von ihm entwickelten – Konzepts der Internationalen Organisation und seiner Verwirklichung annimmt, es entfaltet und seine Kodifizierung mit besonderer Aufmerksamkeit betreibt. In der Politikwissenschaft, die sich in den Jahren nach dem Zweiten Weltkrieg intensiv damit beschäftigte, hat das Interesse eher nachgelassen.[2]

Über das Völkerrecht und seine friedensstrategischen Konzeptionen sind wir dank der Völkerrechtswissenschaft hervorragend informiert.[3] Das gilt in gewisser, vor allem die Quellen betreffender Weise auch für die Internationale Organisation.[4] In beiden Fällen wird daher hier auf die Dokumentation weitgehend verzichtet. Sie setzt in größerem Umfang erst in den Kapiteln ein, die sich mit den Beziehungen zwischen dem Frieden und der Veränderung gesellschaftlicher Strukturen befassen.

---

[2] Siehe aber Volker Rittberger: Internationale Organisationen. Politik und Geschichte, Opladen 1994.

[3] Die Arbeiten dazu sind Legion. Eine wichtige Dokumentation wurde herausgegeben von Jost Delbrück (Hrsg.), Friedensdokumente aus fünf Jahrhunderten, 2 Bde., Straßburg und Kehl 1984.

[4] Über deren Genese sind wir gleichfalls gut informiert. Vgl. Jacob ter Meulen: Der Gedanke der internationalen Organisation in seiner Entwicklung, 2 Bände., Haag 1917/1940. Von einer verbreiteten Rezeption dieser Kenntnisse sind wir allerdings weit entfernt.

2.1 Friede und Völkerrecht

Theoretisch läßt sich die Beziehung zwischen Frieden und Völkerrecht leicht bestimmen. Die Rechtsprechung ist die höchste und friedlichste Form der Konfliktregelung, weil sie Gewaltlosigkeit und Gerechtigkeit miteinander verbindet. Das Recht beherrscht daher mit Recht die andere, dem Krieg entgegengesetzte Seite des Kontinuums der Konfliktlösungen.[5] Das Recht zu kodifizieren, bedeutet nicht, es zu schaffen. Daraus ist dem Völkerrecht häufig der Vorwurf gemacht worden, es beschreibe und konserviere den jeweiligen Status des Unfriedens. Das ist nur bedingt richtig und nur aus der Retrospektive plausibel. Es hätte in der Tat wenig Sinn gehabt, reine Ideale zu postulieren.[6] Da es im internationalen System keine rechtsetzende und rechtsanktionierende Instanz gibt, kann das Völkerrecht nur festschreiben, was von den Staaten als Teilnehmern des Systems als verbindlich angesehen wird. Die schriftliche Fixierung des Fortschritts stellt, wie zu zeigen sein wird, einen weiteren Fortschritt dar.

Hat das Völkerrecht darüber hinaus keine eigenen, direkt auf den Friedensprozeß einwirkenden Leistungen erbracht? Es hat, erstens, den Konfliktaustragsmodus durch Schiedsspruch und Gerichtsurteil in die internationale Politik eingeführt und mit dem Ständigen Schiedshof 1899, dem Ständigen Internationalen Gerichtshof von 1921 und dem Internationalen Gerichtshof (IGH) Instanzen dafür eingerichtet. Das Völkerrecht hat, zweitens, wenn auch nur mit einigen Vorschriften in der Satzung des Völkerbundes und der der Vereinten Nationen, Ansätze zur friedlichen Ver-

---

[5] So Ernst-Otto Czempiel: Friede und Konflikt in den internationalen Beziehungen, in: Helga Haftendorn (Hrsg.): Theorien der internationalen Politik, Hamburg 1975, S. 92.
[6] Überzeugend argumentiert Otto Kimminich: Von der Bändigung des Krieges zum Postulat des Friedens. Wandlungen des Völkerrechts, in: Gerd-Klaus Kaltenbrunner (Hrsg.): Bereiten wir den falschen Frieden vor? Vom Gestaltwandel internationaler Konflikte, München 1976, S. 61 ff.

änderung von Unrechtszuständen entwickelt. Und es hat schließlich, drittens, durch die Entwicklung von neuen Rechtsnormensystemen Wege für die Fortschreibung des Völkerrechts gebahnt, die den Sachverhalten und dem Bewußtsein der Gegenwart weit vorauseilen. Diese Leistung ist vor allem nach dem Zweiten Weltkrieg, im Zusammenhang mit den Vereinten Nationen, anzutreffen. Freilich kann man argumentieren, daß die ersten beiden dieser drei Leistungen von den Staaten erbracht wurden, wenn auch unter Mithilfe des Völkerrechts, das durch die Völkerrechtswissenschaft personifiziert wird. Ihr ist die dritte Leistung ausschließlich zuzuschreiben. Ansonsten haben an der Weiterentwicklung des Völkerrechts auch politische Interessen ihren Teil: der europäische Pazifismus des 19. Jahrhunderts beispielsweise, der die Errichtung von internationalen Schiedsgerichten und Gerichtshöfen maßgeblich vorangetrieben hat; die Dritte Welt, die das Recht auf Entwicklung in das Völkerrecht hineingeschrieben hat. Mit dem Begriff des Völkerrechts, der hier als Kürzel beibehalten wird, werden also mehrere Akteure erfaßt: Staaten, Völkerrechtswissenschaft, Interessengruppen. Sie integrieren sich in dem Versuch, die Gewaltanwendung im internationalen System durch rechtliche Regelung der Interaktion einzuschränken, beziehungsweise zu beseitigen.

2.1.1 Friede durch Kodifizierung der Interaktion

Die bedeutendste Leistung des Völkerrechts liegt in der den Friedensprozeß begleitenden Kodifikation seiner einzelnen Stadien. Hier gilt zwar Grotius (1584–1645)[7] als der Begründer des modernen Völkerrechts, als Schöpfer der ersten umfassenden Kodifikation des geltenden Friedens- und Kriegsrechts; ihm um fast 100 Jahre voraus war der Dominikaner de Vitoria und, nur wenig später, der spanische Jesuit Suarez (1548–1617). Diese drei, vor

---

[7] Dazu Christian Gellinek: Hugo Grotius, Boston 1982, und Knud Haakonssen: Natural Law and Moral Philosophy. From Grotius to the Scottish Enlightment, Cambridge u.a. 1996.

2.1 Friede und Völkerrecht

allem Grotius, haben das Völkerrecht der Neuzeit begründet, indem sie es auf der Basis des Naturrechts zu einer Ordnung der zwischenstaatlichen Beziehungen der sich entwickelnden Territorialstaaten machten. Deren Heraufkunft und der sie begleitende absolute Souveränitätsanspruch hatten die vorangehende, die christliche Lösung unbrauchbar werden lassen.

Zum ersten Mal war das Römische Reich vor die Aufgabe gestellt gewesen, eine Art internationaler Ordnung zu entwickeln, um die Beziehungen zwischen den von ihm nur locker integrierten Völkern zu regeln. Dazu mußte vor allem der Krieg eingeschränkt, die politische Willkür beseitigt werden. Damit hatte schon Augustinus begonnen, nachdem die pazifistische Lösung des frühen Christentums, die von den Kirchenvätern Justin, Cyprian und Tertullian[8] vertreten worden war, sich als unbrauchbar für die Regelung kollektiven Verhaltens erwiesen hatte. Augustinus hatte dann versucht, den Krieg durch die Bedingung einzuschränken, daß er dem Frieden dienen, Unrecht bestrafen und von Gott oder einer anderen Autorität angeordnet sein mußte.[9]

800 Jahre später verschärfte Thomas von Aquin diese Einschränkung, indem er nur noch den gerechten Krieg für zulässig erklärte. Ihm mußte eine iusta causa und eine intentio recta zugrunde liegen, er durfte also nur zur Wiederherstellung verlorener Rechte, zur Förderung des Guten und zur Verhinderung des Bösen geführt werden. Dazu war nicht jedermann, sondern nur die auctoritas principis berechtigt, also der Fürst, der Staat.[10] Thomas legte damit den Grundstein zu der bellum iustum-Theorie, die das Denken der Scholastik, der Neu-Scholastik und der Katholischen Kirche bis in die Zeit nach dem Zweiten Weltkrieg bestimmt

---

[8] Vgl. dazu Roland H. Baiton: Christian Attitudes Toward War and Peace: A Historical Survey and Critical Re-evaluation, London 1961.
[9] Dazu Harald Fuchs: Augustin und der antike Friedensgedanke, München 1965².
[10] Ernst Reibstein: Völkerrecht. Eine Geschichte seiner Ideen in Lehre und Praxis, Bd. 1, München 1958, S. 139.

hat.[11] Als Rudiment ist sie in der sittlichen Rechtfertigung des Verteidigungskrieges erhalten geblieben.[12]

Die bellum iustum-Theorie diente dem Frieden, indem sie den Krieg unter erhebliche Einschränkungen stellte. Sie galten allerdings nur für den Innenraum der respublica christiana, verloren also ihre Friedensfunktion in dem Maße, in dem mit den Entdeckungen die nicht-christliche Welt für das Friedensproblem relevant wurde. Im 16. Jahrhundert, bei fortgeschrittener Territorialstaatenbildung, fand Gentiles heraus, daß die Gerechtigkeit in einem Konflikt nicht einseitig, sondern allseitig verteilt sein konnte (bellum iustum ex utraque parte). Die Rezeption des Naturrechts wies auch dem Nicht-Europäer Rechte zu, schwächte damit die Ordnungsfunktion des Ordo-Denkens weiter ab.

Auf dieses veränderte Problembewußtsein antwortete die Entwicklung des modernen Völkerrechts. De Vitoria beseitigte die Vogelfreiheit der Nicht-Europäer, und Grotius beseitigte die Aporie der bellum iustum-Theorie dadurch, daß er die Zulassung eines Krieges nicht mehr von der Legitimität seines Grundes, sondern von der Legalität der Kriegführenden abhängig machte. An die Stelle der iusta causa trat als Kriterium der iustus hostis.[13] Der Friede war nun nicht mehr die „Ruhe der Ordnung", als die Augustinus ihn verstanden hatte; nicht mehr das Werk der Gerechtigkeit, als das Thomas ihn angesehen hatte, er war nun ein Zustand

---

[11] Dazu Josef Rief: Die Bellum-Justum-Theorie historisch, und Harald Oberhem: Zur Kontroverse um die Bellum-Justum-Theorie in der Gegenwart, in: Norbert Glatzel und Ernst Josef Nagel (Hrsg.): Frieden in Sicherheit. Zur Weiterentwicklung der katholischen Friedensethik, Freiburg u.a. 1982, S. 15 ff., 41 ff.

[12] Vgl. Franz Böckle: Ethische Prinzipien der Sicherheitspolitik, in: ders. und Gert Krell (Hrsg.): Politik und Ethik der Abschreckung, Beiträge zur Herausforderung der Nuklearwaffen, Mainz und München 1984, S. 9 ff.

[13] Carl Schmitt: Der Nomos der Erde im Völkerrecht des jus publicum europaeum, Köln 1950.

der öffentlichen Ruhe geworden, der tranquilitas publica, in der die souveränen Staaten gegeneinander keine Gewalt anwendeten.

Er war allerdings nicht der einzige legitime Zustand des Staatensystems. Der Krieg war es genauso. Das ius ad bellum floß aus der Souveränität ebenso wie der Friede, der lediglich das Ende des Krieges darstellte (finis belli pax est). Der Krieg selbst wurde rechtlich geordnet (ius in bello), von der Kriegserklärung bis zum Friedensschluß, von der Schonung der Zivilbevölkerung bis zur Gefangenenregelung. Der Kernbegriff, auf dem das Völkerrecht der Neuzeit aufruhte, war der der Ordnung. Sie bewirkte nicht die Abschaffung des Krieges, wohl aber dessen „Hegung" (Carl Schmitt). Sie kam dem Frieden als Nicht-Krieg zweifellos zugute. Indem der Krieg begrenzt und geordnet wurde, verminderten sich die Schrecken, die die ungezügelte Gewaltanwendung mit sich gebracht hatte. Krieg wurde zum anerkannten Mittel der Politik, das begrenzt einsetzbar und daher erfolgreich sein konnte. Dessen Verwendung kodifizierte das klassische Völkerrecht, das bis zum Ersten Weltkrieg gültig blieb. Es enthielt keine Friedensstrategien im eigentlichen Sinne, sondern regulierte den Einsatz des Krieges. Es reflektierte damit die Interessen des Territorialstaats und des Absolutismus, die sich weniger auf die Vernichtung von Land und Leuten, als auf deren Zugewinn richteten.

Dazu konnten nicht nur gewaltsame, sondern auch gewaltfreie Mittel eingesetzt werden. Das Völkerrecht der Neuzeit entwickelte die Verhandlung (colloquium), das Abkommen (compromissum), auch das Los (lors).[14] Das wichtigste dieser Mittel war das Abkommen, eben der Kompromiß. Dessen damalige friedensstrategische Bedeutung darf nicht sehr hoch veranschlagt werden. Ließ sich ein Abkommen nicht auf gewaltfreiem Wege erreichen, stand der Krieg als akzeptierte Alternative stets zur Verfügung.

---

[14] Gerhard Möbus: Die politischen Theorien im Zeitalter der absoluten Monarchie bis zur französischen Revolution, Köln 1961, S. 82.

2. Friede durch Einwirkung auf die Interaktion

Seine Stellung als ‚ultima ratio regis' war im ius publicum europaeum unbestritten. Die Staaten und die darin lebenden Menschen galten als das Privateigentum der Fürsten, deren Beziehungen untereinander durch das Völkerrecht geregelt wurden. Die Fürsten verkörperten nicht den Staat, sie bildeten ihn – wie es Ludwig XIV. in seiner klassischen Formel ausgedrückt hat.

Insofern war das Völkerrecht als Strategie konsequent angelegt und ausgerichtet. Die internationalen Beziehungen der sich entwickelnden Neuzeit spielten sich, soweit sie politisch relevant waren, zwischen den Fürsten ab. Die gesellschaftlichen Umfelder wurden davon zwar betroffen, aber doch nur selektiv. Selbst der Krieg betraf nicht das ganze Land, sondern nur begrenzte, kleine Teile. Andererseits gab es, sieht man von den sich entwickelnden wirtschaftlichen Austauschbeziehungen ab, kaum nennenswerte Interaktionen zwischen den gesellschaftlichen Umfeldern. Noch bis in das 19. Jahrhundert hinein war das Pferd das schnellste Verkehrs- und Kommunikationsmittel. Das schränkte andererseits auch die Machtausübung des Absolutismus ein; aber er mediatisierte im Hinblick auf die politische Interaktion im System seine Untertanen völlig. Nur auf dieser herrschaftssoziologischen Basis konnten Frieden und Krieg gleichberechtigt im politischen und rechtlichen Bewußtsein der Neuzeit nebeneinander stehen.

Das änderte sich auch nicht sofort durch die Französische Revolution, die die Fürstensouveränität durch die des Volkes ersetzte. Sie hob die Mediatisierung des einzelnen nicht auf, verstärkte zunächst sogar die außenpolitische Kompetenz der Politischen Systeme. Sie vertraten die Ansprüche des Staates gegen die anderer Staaten, verlangten für die Gewährleistung der Sicherheit Unterordnung unter die Herrschaft. Allerdings mußte sie jetzt, und das ist eine Folge der Volkssouveränität, funktional begründet werden. Der durch die Französische Revolution bewirkte Aufstieg des einzelnen zum Subjekt der Politik hatte zunehmend die Forderung nach der Erhaltung seiner Existenz zur Folge. Sie wurde zunächst nur im Ausnahmefall des Krieges erhoben, wo der

2.1 Friede und Völkerrecht

Schutz und der Anspruch des Staates gleichermaßen ausrasteten; dementsprechend wurde das ius in bello erweitert. Diese Forderung aber dehnte sich im Laufe des 19. Jahrhunderts auf die gesamte Breite der Politik aus. Sie war es, die die Gleichrangigkeit von Krieg und Frieden beseitigt, den Frieden zum primären Sollzustand der internationalen Politik erklärt und schließlich die Gewaltanwendung im internationalen System de-legitimiert hat.

Dieser Prozeß der Demokratisierung, der von der Französischen Revolution ausgelöst wurde, der im Laufe des 19. Jahrhunderts langsam in Gang kommt, sich während des 20. Jahrhunderts beschleunigt und bei weitem noch nicht abgeschlossen ist, schlägt sich in der Entwicklung des Völkerrechts deutlich nieder. Die Pariser Seerechtsdeklaration von 1856 erweiterte das ius in bello, wurde damit zur Geburtsstunde des humanitären Völkerrechts.[15] Hier wurde zum ersten Mal sichtbar – und zeigte sich dann bei der ersten Genfer Rotkreuz-Konvention von 1864 und vor allem in der Haager Landkriegsordnung von 1907 –, daß der einzelne elementare Rechte besitzt, die durch den Staat nicht mediatisiert werden dürfen, sondern von ihm beachtet werden müssen.

Sicher ist das humanitäre Völkerrecht auch befördert worden durch die sich entwickelnde Waffentechnologie, die den einzelnen gleichzeitig wichtiger und verletzlicher werden ließ. Sein Interesse an der Erhaltung seiner Existenz und an deren Entfaltung gewann immer mehr an Boden gegenüber der Staatsräson, relativierte sie und diskriminierte das ihr zuzurechnende Instrument des Krieges. Die die Demokratisierung begleitende Entstehung der Friedensbewegung im 19. Jahrhundert forderte immer drängender den Verzicht auf den Krieg und seinen Ersatz durch friedliche Mittel der Streitschlichtung. Wenn auch nicht von ihr ausgelöst, so doch durch sie bewirkt, wurde am Ende des 19. Jahrhunderts

---

[15] Otto Kimminich: Humanitäres Völkerrecht – humanitäre Aktion, München 1982. Ders.: Schutz der Menschen in bewaffneten Konflikten: Zur Fortentwicklung des humanitären Völkerrechts, München 1979.

mit dem Ständigen Schiedshof zum ersten Mal ein Verfahren gewaltfreien Konfliktaustrags institutionalisiert. Am Ende des Ersten Weltkrieges wurde dann, wenn auch noch keineswegs vollständig, die einschlägige politische Konsequenz gezogen und die ‚Freiheit zum Kriege' erheblich eingeschränkt. Ihm wurden friedliche Schlichtungsverfahren und eine Wartezeit vorgeschaltet.

Damit neigte sich die klassische Phase des Völkerrechtes ihrem Ende zu. Krieg und Frieden standen jetzt nicht mehr als gleichberechtigte Zustände des internationalen Systems nebeneinander; vielmehr rief die Völkerbundsatzung dazu auf, „alle Maßregeln" zu treffen, „die geeignet sind, um den Völkerfrieden wirksam zu erhalten" (Artikel 11). Die Entwicklungslinie des Völkerrechts wurde dann weiter gezogen über den Entwurf des Genfer Protokolls von 1924 hin zum Kellogg-Pakt von 1928[16], der als abschließende Konsequenz den Verzicht der Staaten auf den Krieg als Instrument der nationalen Politik formulierte. Der Pakt war mehr von prinzipieller als von praktisch-politischer Bedeutung, zumal er die noch im Genfer Protokoll verfolgte Verbindung zwischen Gewaltverzicht und friedlicher Konfliktlösung aufgegeben hatte.[17] Aber er dokumentierte den Bewußtseinswandel, signalisierte das Ende des ius ad bellum.

Der durch den Zweiten Weltkrieg ausgelöste Bewußtseinsschub bewirkte dann, daß unter Führung der Vereinigten Staaten die Charta der Vereinten Nationen in Art. 2 Ziff. 4 nicht nur den Krieg, sondern die Anwendung militärischer Gewalt jenseits der Verteidigung verbot und sie durch die in den Kapiteln VI und VII vorgesehenen Regelungsmechanismen ersetzte. Mit Recht ist die Charta als die „kopernikanische Wende" des Völkerrechts be-

---

[16] Einzelheiten bei Friedrich Berber: Lehrbuch des Völkerrechts, Bd. II, München 1964, S. 32 ff.
[17] Karl-Ulrich Meyn: Kriegsverbot und Gewaltverbot, in: Delbrück (Anm. 3), I, S. 39.

zeichnet worden.[18] Weniger bemerkt wurde dabei, daß die Charta, indem sie die Wende vollzog, sich auch von den spezifisch rechtlichen Konfliktlösungsmodi des Internationalen Gerichtshofs und der Schiedsgerichtsbarkeit ab- und hinwandte zu den politischen Regelungsmechanismen, wie sie dem Sicherheitsrat zur Verfügung gestellt wurden. Die Konfliktregulierung, die die Charta der Vereinten Nationen vorsieht, sind daher im Kontext der Internationalen Organisation, nicht in dem des Völkerrechts zu besprechen.

Der Beitrag des Völkerrechts zu den Friedensstrategien besteht aber nicht nur darin, die verabredeten Vereinbarungen der Staaten zu kodifizieren. Diese Funktion ist schon wichtig genug. Sie verhinderte, daß das erreichte Stadium der Konfliktlösungsmodi unterlaufen oder vergessen wurde. So diskriminiert beispielsweise die Charta der Vereinten Nationen jeden Versuch, durch die Hintertür des Eintretens für eine „gerechte Sache", etwa für einen ‚nationalen Befreiungskampf', die internationale Gewaltanwendung wieder einzuführen, zur überholten Konzeption des bellum iustum zurückzukehren.

Das Völkerrecht hat aber eben nicht nur die verabredeten Vereinbarungen der Staaten, ihren Konsens kodifiziert. Es hat auch versucht, zur internationalen Konfliktregelung Institutionen auszubilden, die denen der innerstaatlichen Rechtsprechung nachgebildet oder analog waren. Sie haben auf den beiden Haager Konferenzen, zur Zeit des Völkerbundes und zu Beginn der Vereinten Nationen viel Aufmerksamkeit auf sich gezogen, sind seitdem aber deutlich vernachlässigt worden.

2.1.2 Friede durch Rechtsprechung

Die ansatzweise Institutionalisierung der Rechtsprechung als Konfliktlösungsstrategie gelang erst auf den beiden Haager Kon-

---

[18] Otto Kimminich: Einführung in das Völkerrecht, München 1975, S. 84.

ferenzen von 1899 und 1907, mit der Einsetzung des Ständigen Schiedshofes.[19] Damit waren 500 Jahre seit der Entwicklung dieser Idee und der ersten Phase ihrer Anwendung vergangen. Bereits Dante hatte in seiner Arbeit ‚De Monarchia' um 1310 die Schiedsgerichtsbarkeit gefordert[20], allerdings in Zusammenhang mit einer Weltregierung, die als Schiedsrichter fungieren sollte. Vier Jahre vorher hatte Pierre Dubois, ein Schüler Thomas von Aquins, ebenfalls die Schiedsgerichtsbarkeit vorgeschlagen, und zwar in seiner Hauptschrift „de recuperatione terre sancte". Sie wurde 1611 veröffentlicht, stammte aus dem Jahre 1306. Das Schiedsgericht steht hier, wie in den meisten der zahlreich nachfolgenden Pläne, im engen Zusammenhang mit einer Internationalen Organisation, der die eigentliche Friedensfunktion übertragen wird. Wie dann 1899 realisiert, sollten im Falle von Streitigkeiten die Parteien Schiedsrichter wählen können. Dubois hatte drei Prälaten und drei Laien für jede Partei vorgeschlagen, die dann den Schiedsspruch fällen sollten.[21]

Das Konzept tauchte aber nicht nur in zahlreichen mittelalterlichen Plänen zur Friedenssicherung auf, es wurde zwischen dem 13. und dem 15. Jahrhundert auch häufig angewendet, beispielsweise bei dem berühmten Schiedsgerichtsvertrag zwischen König Waldemar von Dänemark und dem schwedischen König Magnus von 1343.[22] Die erste Allianz der Schweizer Kantone von 1291 führte bereits die obligatorische Schiedssprechung zwischen den Allianzmitgliedern ein; die Utrechter Union von 1579 sah dreihundert Jahre später das gleiche vor, wenngleich hier der Übergang in einen Bundesstaat schon deutlicher ausgeprägt war. In der

---

[19] Dazu Jost Dülffer: Regeln gegen den Krieg? Die Haager Friedenskonferenzen von 1899 und 1907 in der internationalen Politik, Berlin 1981.
[20] Dante Alighieri: De Monarchia (Hrsg. Karl Witte), Wien 1874, bes. Buch 1, Kapitel 4, 5, 10 und 16.
[21] ter Meulen (Anm. 4), I, S. 104 ff.
[22] Arthur Nussbaum: A Concise History of the Law of Nations, New York 1947, S. 33 ff.

2.1 Friede und Völkerrecht

umgekehrt, in Richtung auf Abschwächung und Auflösung verlaufenden Geschichte des Heiligen Römischen Reiches Deutscher Nation kann das Reichskammergericht durchaus auch als Schiedsgericht verstanden werden.[23]

In der Praxis[24] wie in den politischen Theorien der Neuzeit hat das Schiedsgericht also eine bedeutende Rolle gespielt, wenngleich in den Konzepten der Übergang zur internationalen Rechtsprechung nicht immer trennscharf ausgestaltet wurde. Daß die Idee nach der Französischen Revolution verstärkt aufgegriffen wurde, lag weniger in den verbesserten Möglichkeiten als in den vermehrten Notwendigkeiten. Gerade weil die europäischen Gesellschaften den Krieg nunmehr stärker verspürten, verstärkte sich ihr Interesse an seiner Eindämmung und Beseitigung. Vor allem die Friedensgesellschaften nahmen sich dieses Interesses an und griffen dabei vermehrt auf die in Theorie und Praxis vorfindbaren Instrumente zurück. Je stärker – und theoretischer – das Interesse am Frieden ausfiel, desto mehr rückte der Akzent auf die internationale Rechtsprechung, auf die Einrichtung eines internationalen Gerichtshofs. Er spielte eine große Rolle in dem von der American Peace Society 1831–1834 veranstalteten Preisausschreiben, dessen Ergebnisse vom Vorsitzenden der Gesellschaft William Ladd veröffentlicht bzw. zusammengefaßt wurden.[25]

In den Enthusiasmus mischte sich hier aber schon die politische Analyse der Möglichkeiten. Mußte schon bei Ladd der Beschluß dieses Gerichtshofes nicht befolgt werden, weil er mehr moralischen als rechtlichen Charakter hatte, so verfuhr die britische Social Science Association noch sehr viel vorsichtiger. Sie schlug die Einrichtung eines Kongresses, also eines politischen Gremiums vor, das sich in erster Linie mit der Streitschlichtung

---

[23] ter Meulen (Anm. 4), passim.

[24] Alexander Maria Stuyt: Survey of International Arbitrations 1794–1972, Leiden 1972. Siehe auch Klaus Lionnet: Handbuch der internationalen und nationalen Schiedsgerichtsbarkeit, Stuttgart 1996.

[25] ter Meulen (Anm. 4), II, 1, S. 273 ff., 294 ff.

und der Vermittlung befassen sollte. Nur in Ausnahmefällen sollte das Problem einem kleineren, eigens zusammengesetzten Völkerrechts-Gerichtshof übertragen werden, allerdings nicht von den Parteien, sondern nur von dem Kongreß. Auch der auf diese komplizierte Weise hervorgerufene Spruch sollte lediglich aufgrund seiner moralischen Autorität wirken, nicht etwa mit Zwang durchgesetzt werden.[26]

Vorsicht und Zurückhaltung waren nur zu verständlich. Je mehr das Interesse der Gesellschaft am Frieden und an der friedlichen Streitschlichtung in den Vordergrund rückte, desto deutlicher zeigten sich die Begrenzungen dieses Instrumentes in politischen Einheiten, bei denen durch Industrialisierung und Demokratisierung die gesellschaftlichen Umfelder eine stets größere Aktivität in die internationale Umwelt hinein entfalteten und dort Interessen entwickelten. Hinzu trat die Notwendigkeit, Entscheidungen des Politischen Systems immer mehr in die gesellschaftlichen Umfelder hinein zu vermitteln.

In einem solchen Kontext erwies sich das Instrument der Schiedsgerichtsbarkeit, das auf die Interaktionen der beteiligten Akteure unmittelbar einzuwirken versucht, als wenig praktikabel. Auf diese Schwierigkeiten stießen die beiden Haager Friedenskonferenzen sehr rasch. Die Einberufung der ersten ging auf eine Initiative des russischen Zaren zurück, reflektierte aber das öffentliche Interesse am Frieden, das während des 19. Jahrhunderts durch die Friedensgesellschaften hervorgerufen worden war. Das Ergebnis fiel, sowohl im Hinblick auf die Rüstungskontrolle wie die Einrichtung einer internationalen Schiedsgerichtsbarkeit, sehr mager aus. Der Ständige Schiedshof war weder ständig noch

---

[26] Ebenda, Bd. II, 2, S. 66 ff. Andererseits hat noch 1944 Hans Kelsen dafür geworben, die neue Internationale Organisation um das Zentrum eines Weltgerichtshofes zu konstruieren, dem alle Konflikte zu unterbreiten wären und dem zur Durchsetzung eine internationale Streitmacht zur Verfügung stehen sollte: Hans Kelsen: The Strategy of Peace, in: The American Journal of Sociology, Vol. XLIX, 5, März 1944, S. 381 ff.

wirklicher Hof. Er existierte nur als eine Namensliste, aus der die Konfliktparteien die ihnen genehmen Schiedsrichter aussuchen konnten. Darüber hinaus war auch die Aufgabenstellung dieses Schiedshofes stark eingeschränkt. Er sollte nur dann angerufen werden können, wenn die Parteien sich nicht anders einigen konnten. Seine Zuständigkeit war noch enger gefaßt, sie beschränkte sich auf Rechtsfragen und Fragen der Auslegung oder der Anwendung internationaler Vereinbarungen.[27]

Betrachtet man das Schiedsverfahren nicht nur in seiner Nähe zur internationalen Rechtsprechung, die in der Satzung des Völkerbundes und in der der Vereinten Nationen verankert worden ist, sondern in der Perspektive der Vermittlung und der ‚guten Dienste', so zeigt es eine positivere Bilanz. Die Idee, in die Regelung internationaler Konflikte eine dritte Partei als Vermittler einzuschalten, ist alt; sie wurde schon von Pufendorf und Vattel entwickelt und behandelt.[28] Diese Instrumente sind auch in der Gegenwart noch unentbehrlich, was um so interessanter ist, als der Ständige Schiedshof nach 1907 zwar eine Reihe von Streitfällen zu schlichten im Stande war[29], nach 1945 aber kaum angerufen wurde.

Vermittlung und ‚gute Dienste' richten sich zwar, wie das Schiedsverfahren auch, ausschließlich an die Politischen Systeme, waren deswegen in der monarchisch-feudalen Periode besonders erfolgreich. Weil sie flexibler vorgehen, können sie aber auch die innenpolitische Rückkopplung internationaler Konflikte eher reflektieren, lassen sich daher auch noch unter den modernen Bedingungen einsetzen. Sie können sogar infolge dieser Rückkopplungen in Notfällen, in denen der bewaffnete Konflikt kurz-

---

[27] Berber (Anm. 16), Bd. III, S. 44.
[28] Walter G. F. Phillimore: Schemes for Maintaining General Peace, in: Peace Handbooks, Vol. XXV, London 1920, Neudruck: Wilmington 1973, S. 12 ff.
[29] Vgl. die Liste der erfolgreich behandelten Fälle bei Berber (Anm. 27), Bd. III, S. 44.

fristig bevorzustehen scheint, besonders effektiv sein, weil sie das Interesse der Gesellschaften, nicht in einen Krieg verwickelt zu werden, unmittelbar in die Auseinandersetzung zwischen den Politischen Systemen hineinvermitteln.[30] Ist eine solche gesellschaftliche Übereinstimmung vorhanden, kann sie vom Vermittler ausgenutzt werden für den Versuch, durch geschicktes Einwirken auf die Konfliktparteien, etwa im Wege der ‚controlled communication' oder auf dem ‚track two'[31] die jeweiligen bürokratischen Entscheidungsprozesse von dem Konfrontationskurs abzubringen. Für die Fälle von Krisen oder unmittelbar bevorstehender militärischer Gewaltanwendung sind und bleiben daher die Strategien der ‚guten Dienste' und der Vermittlung unentbehrlich und von hohem Wert.

Er ist ungleich geringer bei den Schiedsverfahren, dem Schiedsgericht und – später – der internationalen Gerichtsbarkeit. Die Schwierigkeiten zeigten sich schon bei den beiden Haager Konferenzen, deren Bilanz „insgesamt negativ"[32] war. Die polternde Politik des Wilhelminischen Reiches hatte dazu nur symptomatisch, nicht ursächlich beigetragen. In einem offenen System, das durch das Fehlen einer Zentralinstanz und deren Sanktionsmöglichkeiten gekennzeichnet ist, lassen sich Konfliktbearbeitungsstrategien, die die Entscheidungskompetenz der Systemmitglieder a priori relativieren, bei politisch relevanten Konflikten nicht durchsetzen. Zudem werden die Grenzen dessen, was als relevant gilt, sehr weit gezogen.

Strategien dieser Art sind deswegen nicht vollkommen wertlos. Zunächst dokumentieren und symbolisieren sie den Wunsch nach gewaltloser Konfliktlösung und grenzen damit die Moderne und die Postmoderne gegenüber der vorausgehenden Zeit deutlich

---

[30] Dazu Thania Paffenholz: Zivile Konflikttransformation durch Vermittlung. Diss. phil., Frankfurt 1996.
[31] Dazu Luise Diamond/John McDonald: Multi-Track Diplomacy. A Systems Approach to Peace, Washington, D.C., 1993.
[32] Dülffer (Anm. 19), S. 336.

ab. Sodann muß jeder Versuch, die Offenheit des internationalen Systems abzubauen, positiv bewertet werden, auch wenn er nicht für das gesamte internationale System Gültigkeit besitzt. Während der Ständige Schiedshof, wie erwähnt, an Bedeutung zunehmend verlor und nach dem Zweiten Weltkrieg kaum noch angerufen wurde, nahm die Zahl der bi- und multilateralen Schiedsvereinbarungen erheblich zu. Sie betrafen nicht nur Grenzstreitigkeiten, sondern zunehmend Konflikte aus den Wirtschafts- und Handelsbeziehungen.[33] Am 14. November 1958 verabschiedeten die Vereinten Nationen die „Modellregel für die Schiedsgerichtsbarkeit"[34], die die Anwendung des Verfahrens erleichtern und ausweiten sollen. Daß die Schiedsgerichtsbarkeit zumeist fakultativ und nicht obligatorisch ausgestaltet ist[35], fällt angesichts der politisch nur geringfügigen Unterschiede zwischen diesen beiden Formen weniger ins Gewicht.

Dieser Unterschied spielt freilich eine Rolle bei der Weiterentwicklung der Schiedsgerichtsbarkeit hin zur internationalen Rechtsprechung. Sie lag in deren Logik und wurde von den Vereinigten Staaten schon auf der Zweiten Haager Friedenskonferenz von 1907 vorgeschlagen, aber erst vom Völkerbund in Gestalt des Ständigen Internationalen Gerichtshofs 1921 verwirklicht. Er bestand bis 1946, bis zu seiner Ablösung durch den Internationalen Gerichtshof, der als Organ der Vereinten Nationen geschaffen wurde, sich aber in Aufbau und Funktion von seinem Vorgänger kaum unterschied.

Der Ständige Internationale Gerichtshof hat in den Jahren 1921 bis 1939 (im Zweiten Weltkrieg wurde er nicht angerufen) 32 Urteile gefällt und 27 Gutachten erstellt. Sein Nachfolger hat

---

[33] Eberhard Menzel und Knut Ipsen: Völkerrecht, München 1979, S. 485.
[34] UN-Res. 1262 (XIII).
[35] Sonja Sager: Der Platz der internationalen Schiedsgerichtsbarkeit im Prinzip der friedlichen Streitbeilegung, Diss. A., Berlin (Ost) 1979, S. 69.

in einer mehr als doppelt so langen Zeitspanne, von 1947 bis 1989, 51 Urteile und 1 Gutachten produziert.[36] Die Relation veranschaulicht die abnehmende Bedeutung des Internationalen Gerichtshofs. Sie wird noch unterstrichen dadurch, daß bis 1972 nur 46 Staaten die obligatorische Rechtsprechung des IGH akzeptierten, also sich bereit erklärten, sich von vornherein dem Urteil gegenüber jedem anderen Staat zu unterwerfen, der dazu ebenfalls bereit war. Zu beachten ist, daß es sich dabei nach Artikel 36 Abs. 2 der UN-Satzung ohnehin nur um die Gebiete der Vertragsauslegung, des Völkerrechts, der Verletzung internationaler Verpflichtungen sowie gegebenenfalls der daraus resultierenden Wiedergutmachungspflichten handelt, also um weitgehend unpolitische, judiziable Sachverhalte. Wird eine Vertragsauslegung unter veränderten Umständen politisch brisant, wie im Fall der Verminung nicaraguanischer Häfen mit verdeckter amerikanischer Hilfe, in dem Nicaragua 1983 den IGH anrief, wird in der Regel die Zuständigkeit vom betroffenen Staat bestritten.

Auf der universalen Ebene des internationalen Systems ist nichts anderes zu erwarten, weil wegen dessen Unberechenbarkeit kein Staat seine Handlungsfreiheit von vornherein einschränken lassen wird. Auf der regionalen Ebene hingegen ist wegen des hohen Maßes an Interdependenz und Interessenidentität diese Überschaubarkeit gegeben; die Rechtsprechung des ‚Gerichtshofs der Europäischen Union' ist für die EU-Mitglieder verbindlich, desgleichen die des Einheitlichen Gerichtshofs für Menschenrechte für die Mitglieder des Europarats. Sie werden darüber hinaus durch die Europäische Konvention über die friedliche Beilegung von Streitigkeiten von 1957 verpflichtet, alle völkerrechtlichen Konflikte dem Internationalen Gerichtshof vorzulegen. Zieht man diese Linie weiter aus, so wird der Gerichtshof der EU mit Zunahme der Integration innerhalb der Europäischen Union weitere Kompetenzen erhalten und schließlich alle Funktionen eines

---

[36] Bruno Simma (Hrsg.): Charta der Vereinten Nationen, Kommentar, München 1991, S. 952.

obersten innerstaatlichen Gerichtes ausbilden. Im regionalen Bereich hat daher die Rechtsprechung, oder doch ihr Analogon, die größten Aussichten, zur gewaltlosen Konfliktregelung beizutragen.

Im internationalen System, auf globaler Ebene, ist eine solche Entwicklung nicht zu erwarten. Hier herrscht nicht Interdependenz, sondern Fragmentierung. Die Dritte Welt steht dem europäisch geprägten Völkerrecht reserviert gegenüber. Darüber hinaus ist die universale Integration, also die Herstellung eines Weltstaats, wie erwähnt, unter dem Aspekt des Friedens auch nicht wünschbar. An diesem Handikap leiden jene zahlreichen Arbeiten, die den Weltfrieden dem Recht anvertrauen wollen[37] und die dafür erforderlichen politischen und gesellschaftlichen Voraussetzungen für realisierbar und wünschbar halten. Demgegenüber muß Rechtsprechung als Strategie der Konfliktregelung im internationalen System wegen dessen Struktur als unbrauchbar gelten. Sie kann nicht funktionieren, weil ihrer Konzeption eine falsche Analogie zugrunde liegt.

Der Wert des Völkerrechts für die Konfliktregelung wird davon nicht betroffen. Die Verrechtlichung der zwischenstaatlichen Beziehungen hebt den Charakter des internationalen Systems nicht auf, produziert jedoch Übersichtlichkeit und Ordnung, verbessert damit die Voraussetzungen für die weitere Abnahme von Gewalt. Denn bei der zunehmenden Verrechtlichung und Verregelung der zwischenstaatlichen Beziehungen können Ungleichverteilungen und Ungerechtigkeiten sehr viel genauer formuliert werden, als dies zuvor der Fall war. Dadurch entsteht zwar kein Rechtsanspruch auf die Veränderung, wohl aber eine bessere Voraussetzung dazu. Läßt sich die Notwendigkeit eines Wandels überzeugend demonstrieren, steigen die Chancen für seinen friedlichen Vollzug.

---

[37] Vgl. beispielsweise Grenville Clark und Louis B. Sohn: World Peace Through World Law, Cambridge/Mass. 1969.

Ein Anschauungsbeispiel dafür bildet der Entkolonialisierungsprozeß nach dem Zweiten Weltkrieg, der mit dem Anspruch auf Unabhängigkeit und Souveränität der Länder der Dritten Welt verbindlich begründet werden konnte. Ein erster Versuch, das Rechtsbewußtsein für die Verringerung von Unrecht einzusetzen, findet sich im Artikel 19 der Völkerbundsatzung, der die regelmäßige „Nachprüfung" unanwendbarer oder friedensgefährdender Verträge und Verhältnisse vorsah.[38] Nach Artikel 14 der UN-Charta kann die Generalversammlung „Maßnahmen zur friedlichen Bereinigung jeder Situation empfehlen ..., wenn diese Situation ... das allgemeine Wohl oder die freundschaftlichen Beziehungen zwischen Nationen" zu beeinträchtigen droht.

Interessant ist indes in beiden Fällen, daß der friedliche Wandel nicht dem Gerichts- oder einem Schiedshof, überhaupt nicht der Sphäre des Rechts, sondern der der Politik überantwortet wird. Angesichts dessen erscheint es als wenig sinnvoll, den Problemkreis des ‚peaceful change' als „rechtliche Möglichkeiten der Abänderung bestehenden Rechts"[39] zu definieren. Das Völkerrecht kann den hier bestehenden Konfliktlösungsbedarf konstatieren, ihn auch, wie in den genannten Fällen, dekretieren. Seine Deckung kann jedoch nur politisch bewirkt, nicht durch das Völkerrecht erzwungen werden. Die Prozesse des ‚peaceful change' gehören daher in den Kontext der Internationalen Organisation, auch in den der Macht. Das Recht kann „im internationalen Bereich seine konfliktverhindernde und konfliktlösende Kraft erst dann voll entfalten ..., wenn auch in diesem Bereich die Herrschaft des Rechts unverrückbar feststeht ...".[40] Da das internationale System von einer solchen Situation weit entfernt ist, bleibt es

---

[38] Berber, (Anm. 16), Bd. III, S. 122.
[39] Ebenda, S. 123.
[40] Otto Kimminich: Die Funktion des Rechts bei der Verhinderung, Verursachung und Beilegung von Konflikten, in: Rudolf Weiler und Valentin Zsifkovits (Hrsg.): Unterwegs zum Frieden, Wien 1973, S. 467–468.

bei „einer grundlegenden Skepsis gegenüber der konfliktlösenden Funktion des Völkerrechts".[41]

Dementsprechend gering sind die Möglichkeiten des Völkerrechts, direkt auf die Gewaltverminderung und die Erhöhung der Gerechtigkeit beim Konfliktaustrag einzuwirken. Die Kooperationsverweigerung der Politischen Systeme dokumentiert, daß die sozioökonomische Basis für eine globale Effektivität des Völkerrechts nicht gegeben ist.

Die Verwendung des Rechtsbegriffs erlaubt immer wieder zwei Täuschungen: erstens darüber, daß im internationalen System der Friede nur politisch hergestellt werden kann, und, zweitens, darüber, daß diese Herstellung nicht erst und nicht nur beim Konflikt selbst, also bei der Interaktion anzusetzen hat. Was bei der innerstaatlichen Rechtsprechung lediglich als Umstand des Tatbestands gilt, muß im internationalen System als Bedingung von Verhalten aufgefaßt und dementsprechend berücksichtigt werden. Die Konzentration auf die Politischen Systeme und deren Aktion bzw. Interaktion greift viel zu kurz. Die Schwächen der Weiterverwendung des Modells der Welt als einer Staatenwelt, die für das Völkerrecht, das nur den Staaten Subjektcharakter zuweist, konstitutiv ist, wirken sich hier besonders aus.

2.1.3 Friede durch Normbildung

Neben der Kodifizierung des internationalen Rechts, dem versuchten Einsatz von Schiedsgericht und Rechtsprechung, läßt sich eine dritte friedensrelevante Funktion des Völkerrechts nachweisen: die Weiterentwicklung der Normen. In gewisser Weise findet sie schon bei der Kodifikation statt, sie tritt auch in den Formulierungen internationaler Verträge auf. Andererseits bietet die zunehmende Gestaltungsbedürftigkeit sich vermehrender Sachprobleme in der internationalen Politik zahlreiche Gelegenheiten, das Völkerrecht fortzubilden, die Verteilungsgerechtigkeit

---

[41] Ebenda, S. 465.

zu erhöhen und die Gewalt zu mindern. Die Charta der Vereinten Nationen schreibt in Artikel 13 Abs. 1 Buchst. a) der Generalversammlung vor, Untersuchungen und Empfehlungen in Auftrag zu geben, die die „fortschreitende Entwicklung des Völkerrechts sowie seine Kodifizierung ... begünstigen". An dieser Funktion sind nicht nur die Staaten und ihre politischen Vertreter, sondern ist auch die Völkerrechtswissenschaft maßgeblich beteiligt. Sie ist in der International Law Commission der Vereinten Nationen, der Völkerrechtskommission, vertreten; Wissenschaftler nehmen häufig an deren internationalen Konferenzen teil.

Das Vorbild dazu lieferte der russische Völkerrechtler de Martens, der schon auf den beiden Haager Friedenskonferenzen die Kompromißfähigkeit der einzelnen Staaten auslotete und vergrößerte. In der jüngeren Vergangenheit konnte am Beispiel der Seerechtskonferenz gezeigt werden, wie die Arbeit von Wissenschaftlern die Konsenserzeugung begünstigen kann[42]. Andererseits erwies gerade die Ablehnung der auf diese Weise entstandenen Seerechtskonvention durch die Bundesrepublik Deutschland und andere Staaten, daß auch dieser friedensrelevanten Leistung des Völkerrechts deutliche und politische Grenzen gesetzt sind. Experten können sie, weil die Kompliziertheit der Materie gewisse Freiräume bildet, etwas dehnen, aber kaum wirklich verschieben. Im Unterschied dazu verfügt hier die Politik über ganz andere Möglichkeiten.[43] Dem UN-Generalsekretär Dag Hammarskjöld gelang es in der Suez-Krise von 1956, die Konsensbereitschaft der Sowjetunion so weit zu dehnen, daß in dieser Nische die Friedenssicherungsfunktion der Vereinten Nationen eingerichtet werden konnte.

---

[42] Wolfgang Graf Vitzthum: Friedlicher Wandel durch völkerrechtliche Rechtssetzung, in: Jost Delbrück (Hrsg.): Völkerrecht und Kriegsverhütung, Berlin 1979, S. 123–177.

[43] Von politologischer Seite siehe dazu Manfred Knapp: Die Vereinten Nationen und das Problem des friedlichen Wandels, in: Gert Krell und Harald Müller (Hrsg.): Frieden und Konflikt in den internationalen Beziehungen, Frankfurt 1994, S. 254 ff.

An der fortschreitenden Entwicklung des Völkerrechts durch die Diskussion und Formulierung von Normen ist die Völkerrechtswissenschaft gleichfalls beteiligt. Auch hier hat sie kein Monopol; beispielsweise verstehen die Entwicklungsländer die von ihnen in den UN eingebrachten Resolutionen zur Neuen Weltwirtschaftsordnung auch als Weiterentwicklung der Prinzipien des Völkerrechts. Eine solche Normbildung stellt keinesfalls einen akademischen Prozeß dar, der ohne Bezug zur Wirklichkeit verläuft. Es gibt sehr wohl die „normative Kraft der Normen"[44], die über Zeit auf die Realität einwirken und sie gestalten. Anders läßt sich die Entstehung und die Wirksamkeit eines ‚Entwicklungsvölkerrechts' gar nicht erklären.[45] Anders lassen sich auch die – wenn auch begrenzten – Fortschritte nicht verstehen, die die Vereinten Nationen bei der Bestimmung der Aggression gemacht haben.[46] Völkerrechtler haben maßgeblich dazu beigetragen, daß der ebenfalls schwer abzugrenzende Vorgang der Intervention wenigstens in seinen Umrissen besser beschrieben werden kann[47]. Die Resolution der Vereinten Nationen vom 9. Dezember 1981 über die „Unzulässigkeit der Intervention und Einmischung in die inneren Angelegenheiten von Staaten" stellte einen weiteren Versuch dar, durch Präzisierung eine Erweiterung der völkerrechtlichen Normen zu erreichen.[48]

---

[44] Kimminich (Anm. 40), S. 449.

[45] Martin Ruge: Der Beitrag der UNCTAD zur Herausbildung des Entwicklungsvölkerrechts, Frankfurt 1976.

[46] Simma (Anm. 36), S. 74 ff.

[47] Hanspeter Neuhold: Die Intervention aus völkerrechtlicher Sicht, in: Ernst-Otto Czempiel und Werner Link (Hrsg.): Interventionsproblematik aus politikwissenschaftlicher, völkerrechtlicher und wirtschaftswissenschaftlicher Sicht, Straßburg und Kehl 1984, S. 33 ff. Von englischer Seite Hedley Bull (ed.): Intervention in World Politics, Oxford 1984.

[48] UN-Res. 36/103. Dazu Christian Tomuschat: Neuformulierung der Grundregeln des Völkerrechts durch die Vereinten Nationen: Bewegung, Stillstand oder Rückschritt?, in: Europa-Archiv 23, 1983, S. 729 ff.

Die Weiterentwicklung des Völkerrechts durch die Formulierung neuer Grundsätze und Normen läßt sich, ebenso wie der Beitrag der Völkerrechtswissenschaft dazu, besonders anschaulich ablesen an dem Versuch, die Menschenrechte international als geltendes Recht zu verankern. Sie waren zwar in der Satzung der Vereinten Nationen erwähnt worden: in der Präambel, im Artikel 1 Abs. 3 und schließlich im Artikel 13 der Charta. Sie waren am 10. Dezember 1948 in der Allgemeinen Erklärung der Menschenrechte von den Vereinten Nationen allgemein verkündet worden. Ihre Umsetzung in bindendes Völkerrecht gelang jedoch erst 1976, als die beiden „Menschenrechtspakte" über die bürgerlichen und politischen Rechte sowohl wie über die wirtschaftlich-sozialen in Kraft traten. Bis 1994 kamen mehr als 60 weitere Konventionen zum Schutz der Menschenrechte hinzu.[49] Zumindest für die Unterzeichner dieser Konventionen waren damit die Menschenrechte geltendes Recht geworden, wenngleich über dessen Einhaltung die Staaten selbst befinden. Die daraus folgenden Einschränkungen sind also beträchtlich, vor allem für die Durchsetzung der praktischen Beachtung der Menschenrechte. Genauso beträchtlich aber ist der Fortschritt, der durch diese Konventionen erzielt wurde. Er dokumentiert die Existenz eines allgemeinen, die vertikale Struktur des internationalen Systems durchbrechenden und die Souveränität der Staaten relativierenden Rechtsbewußtseins. In ihm ist der einzelne zum Subjekt der Politik geworden mit genuinen, durch staatliche Autorität nicht zu vermindernden Rechten und Ansprüchen.[50] Sie drücken aus, daß es bei aller soziokulturellen Verschiedenheit politische Grundinteressen gibt, die allen Menschen auf der Welt gemeinsam sind. Daß sie zur Artikulation drängen, zeigt das neue politische Erwachen der Menschheit, zeigt, daß sich zumindest

---

[49] Helmut Vogler: Die Vereinten Nationen, München und Wien 1994.
[50] Vgl. zu dieser Problematik Ernst-Otto Czempiel: Menschenrechte und Staatsräson. Zum Verhältnis von Norm und Interesse in der Außenpolitik, in: Johannes Schwartländer (Hrsg.): Menschenrechte, Tübingen 1978, S. 187 ff.

eine politische Grundnorm herausgebildet hat, die weltweit beachtet werden will. Sie formuliert und zur internationalen Norm erhoben zu haben, stellt eine der bedeutenden Leistungen des Völkerrechts und der daran beteiligten Völkerrechtswissenschaftler dar. Veränderte Normen verändern das Bewußtsein und beeinflussen damit, wenn auch indirekt und langfristig, Verhalten; sie tragen insofern zum Frieden bei.

Andererseits dürfen die Kodifikation des Völkerrechts und seine Weiterentwicklung funktional nicht überschätzt werden. Die wichtigsten Gründe dafür wurden bereits genannt. Das Völkerrecht ist und bleibt ein Konsensrecht, das darauf angewiesen ist, von den beteiligten Staaten akzeptiert zu werden. Seine Friedensleistung ist nur so groß, wie die Systemmitglieder dies zulassen. Bei ihnen liegt daher die Entscheidung darüber, ob und in welchem Maße das Völkerrecht den Frieden voranbringen kann.

Die Entscheidung der politischen Einheiten darüber hängt von ihrer soziopolitischen Struktur und von den Akteuren ab, die an den Verteilungsleistungen der Einheit beteiligt sind. Die Entscheidung hängt aber auch ab von dem internationalen Kontext, in den die politischen Einheiten eingebettet sind. Das Völkerrecht hat in der zweiten Hälfte des 20. Jahrhunderts dort besondere Fortschritte gemacht, wo Interaktionen sich besonders verdichtet hatten, also in Regionen wie der der Europäischen Union oder, wenngleich sehr viel schwächer, der der Organisation Amerikanischer Staaten. Die friedensstiftende Wirkung solcher Interaktionsdichten wurde in der politischen Theorie sehr früh erkannt, viel früher als die des Völkerrechts.

Seit dem Beginn des 13. Jahrhunderts ist immer wieder die Theorie aufgestellt worden, daß die – modern ausgedrückt – Strukturveränderung des internationalen Systems durch eine Internationale Organisation eine gewisse Einschränkung seiner prinzipiellen Offenheit und damit eine wichtige Friedensstrategie enthalten kann. An der Aktualität und generellen Brauchbarkeit dieser Theorie hat sich bis heute nichts geändert. Wenn schon internationale Konferenzen als „unersetzbare ‚pädagogische Provinz' "[51] gelten, weil sie allgemeines Vertrauen schaffen und Adaptions- und Einbindungseffekte auslösen, so gilt dies um so mehr für die ständige Einrichtung einer Internationalen Organisation. Sie bewirkt nicht nur eine Verrechtlichung der Beziehungen, sondern beeinflußt durch die kontinuierliche Aufrechterhaltung einer solchen Beziehung die Politik der Mitglieder. Unter denjenigen Strategien, die den Frieden durch die unmittelbare Einwirkung auf die Interaktion der Systemglieder bewirken wollen, ragt die Strategie der Einrichtung Internationaler Organisationen nicht nur als die früheste, sondern auch als die beste hervor. Zwar setzt sich die Interaktion aus Aktionen der Systemglieder zusammen, doch werden sie, wie die Aktionen und die Interaktionen, durch den Kontext bestimmt, in dem sie sich befinden oder ablaufen. Über ihn und seine Veränderung lassen sie sich also auch beeinflussen.

Mit dem Begriff der Internationalen Organisation werden hier nur solche zwischenstaatlichen Organisationen erfaßt (Intergovernmental Organizations, IGOs), die auf die Konfliktregelung zwischen ihren Mitgliedern ausgerichtet sind. Diese Einschränkung ist wichtig. Als Internationale Organisationen werden gemeinhin alle zwischenstaatlichen Staatenverbindungen begriffen, unabhängig davon, welchem Zweck sie dienen.[52] In historisch-systematischer Perspektive verfolgte die Konzeptualisierung der Internationalen Organisation ausschließlich das Ziel der friedlichen Streitbeilegung zwischen den Mitgliedstaaten. In dieser Tradition wurden Völkerbund und UN gegründet, die daher in erster Linie diskutiert werden – obwohl, beispielsweise, die OAS und OSZE ebenfalls die Konflikte zwischen ihren Mitgliedern zu regulieren versuchten.

---

[51] Vitzthum (Anm. 42), S. 172.
[52] Vgl. die Diskussion und die Literatur bei Volker Rittberger: Internationale Organisationen. Politik und Geschichte, Opladen 1994.

2.2 Friede und Internationale Organisation

Es fällt in der Tat schwer, die Veränderungen im Konfliktverhalten zu überschätzen, die durch die Einrichtung einer Internationalen Organisation bewirkt werden können. Nicht umsonst haben sich über Jahrhunderte der europäischen Geschichte hin die Theoretiker mit diesem Konzept beschäftigt. Nicht umsonst wurde nach dem Ersten und wiederum nach dem Zweiten Weltkrieg die Strategie zur Kriegsvermeidung jeweils in die Form der Errichtung einer Internationalen Organisation gegossen. Die damit beabsichtigte Veränderung des internationalen Kontextes, die Abschwächung bzw. Aufhebung der anarchischen Struktur des internationalen Systems wurde mit Recht als Beseitigung einer der großen Gewaltursachen angesehen. Der Ost-West-Konflikt, beispielsweise, wäre ganz anders verlaufen, hätte man ihn 1947/49 weiterhin im Rahmen der Vereinten Nationen bearbeitet, anstatt ihn dort herauszunehmen und dem veralteten System von Verteidigungsallianzen anzuvertrauen.[53] Der Fortschritt, den die Gründung der Vereinten Nationen für die friedliche Konfliktlösung gebracht hatte, ging damit wieder verloren. Er konnte erst 10 Jahre später, und dann auch nur im Hinblick auf Konflikte in der Dritten Welt, mit dem Konzept des Peace-Keeping wenigstens zum Teil restauriert werden.

Die Gründung der Vereinten Nationen 1945 muß als eine jener Umwälzungen der Denkweise bezeichnet werden, die fortwirkende Umwälzungen in der Kulturgeschichte hervorgebracht haben. Sie erhob nicht nur den Gewaltverzicht zur Rechtsnorm, sie schuf auch den Kontext, der die Beobachtung dieser Norm erleichtern sollte. Sie verfolgte den Zweck, wie Cordell Hull 1944 gesagt hat, die „Notwendigkeit für Einflußsphären, für Allianzen, für Machtgleichgewichte oder jedes andere spezielle Arrangement

---

[53] Die Wirkung von Allianzen auf den Frieden ist in der wissenschaftlichen Diskussion umstritten. Vgl. Emerson M. S. Niou und Peter S. Ordeshook: Alliances in Anarchic International Systems, in: International Studies Quarterly 38, 2, Juni 1994, S. 167 ff.

(zu beseitigen), durch die die Staaten in der unglücklichen Vergangenheit ihre Sicherheit zu gewährleisten oder ihre Interessen zu fördern versuchten".[54]

Der Gedanke war völlig richtig. Die Mitgliedschaft aller Staaten in einer universalen Organisation drückt die multilaterale Anerkennung der Existenzberechtigung aus, ergänzt den Gewaltverzicht positiv. Sie erleichtert ihn, indem sie auf der Ebene der Politischen Systeme deren kontinuierlichen Kontakt institutionalisiert und stimuliert. In der Zusammenarbeit in den Organisationen der Vereinten Nationen reflektiert sich schon die Einsicht, daß Gewaltverzicht und Friede nur durch Kooperation, nicht durch Konflagration zu erreichen sind. Damit werden Konflikte weder verkleinert noch gar beseitigt. Sie verändern jedoch ihr Erscheinungsbild. Ohne eine Internationale Organisation gelten sie als absolut; sie separieren die Gegner und machen damit auch perspektivisch deren Vernichtung möglich. Genau diese Perspektive wird durch die Internationale Organisation aufgehoben. Kontinuierliche Kommunikation und Kooperation bauen die Ungewißheit ab, schaffen Information und Vertrauen. Sie dokumentieren einen kontinuierlichen Bestand an Gemeinsamkeit, der die Existenzaufhebung nicht mehr zuläßt. Er verweist den Konfliktaustrag auf nicht-gewaltsame Mittel, jedenfalls auf gewaltgeminderte Mittel. Im gleichen Ausmaß werden die Konflikte relativiert: Ihr Austrag kann nicht mehr die Existenz des Gegners, sondern lediglich dessen Entfaltungschancen betreffen.

Die friedensstrategischen Konsequenzen dieser funktionalistischen Einschätzung der Wirkungen der Internationalen Organisation werden später erörtert werden. Sie wurden zu Beginn des Kapitels erwähnt, weil sie dessen Fluchtpunkt bezeichnen, als Wegweiser dienen können durch die Fülle von Konzepten der unterschiedlichsten Art, die der Internationalen Organisation gewidmet worden sind. Während sie auf regionaler Ebene den Ein-

---

[54] Statement Hull, Documents on American Foreign Relations (DAFR), Bd. VI, S. 12.

2.2 Friede und Internationale Organisation

stieg in die Integration bedeuten kann, bleibt ihre Wirkung im Weltsystem darauf beschränkt, dessen Kontext zu verändern.

Dies ist in der Abfolge der Konzepte nicht, bzw. erst nach 1956 so gesehen worden. Die Denktradition wird beherrscht von Konzepten zur Bildung von Internationalen Organisationen, die der politischen Einheit, dem Staat, nachgebildet waren. Das war im Mittelalter verständlich, wo Kaiser und Papst die Einheit des christlichen Reiches versinnbildlichten, die politische Weltordnung als Abbild der göttlichen Weltordnung verstanden wurde. Darin wurde auch das Charakteristikum des internationalen Systems aufgehoben, nämlich seine Anarchie und seine prinzipielle Offenheit. Zu Beginn des 17. Jahrhunderts führte Crucé und zum Ende dieses Jahrhunderts führte William Penn als Ursachen der Kriege die Suche nach Ehre, materiellen Vorteilen und Wiedergutmachung erlittenen Unrechts, also Gründe an, die auch für innenpolitisches Verhalten gelten.[55]

In diesem Weltbild lag es nahe, den Frieden zu sichern durch einen Staatenbund, eine Weltorganisation. Es lag sogar der Weltstaat nahe, entweder unter dem Papst oder unter dem Kaiser; interessanterweise wurde diese Idee nur ganz selten und nicht von Theoretikern der Politik geäußert. Dante hat ihn berühmt gemacht[56]; er taucht dann, wenn auch nicht als Weltmonarchie, so doch als Weltstaat nach dem Zweiten Weltkrieg wieder auf, wenn auch nur vereinzelt. Clark und Sohn wollten den Frieden einem Weltrecht anvertrauen[57], das einen Weltstaat voraussetzt. Georg Picht verlangte eine supranationale Verwaltung der Ernährungs-

---

[55] Emeric Crucé: Der neue Kineas, 1623, in: Kurt von Raumer: Ewiger Friede. Friedensrufe und Friedenspläne seit der Renaissance, Freiburg 1953, S. 294. William Penn: Essay über den Frieden Europas, 1693, ebenda, S. 328 ff.
[56] Dante Alighieri: Über die Monarchie, Berlin 1872.
[57] Grenville Clark und Louis B. Sohn: World Peace Through World Law, Boston 1964. So auch Emery Reves: Die Anatomie des Friedens, Zürich 1947.

und Rohstoffquellen sowie des Umweltschutzes.[58] Carl Friedrich von Weizsäcker ließ sich bei seiner Suche nach Wegen aus der wirtschaftlichen und der militärischen Gefahr zweimal „zur Konsequenz der Forderung einer staatsähnlichen Weltorganisation" führen.[59]

Das Konzept ist sachlogisch richtig und verführerisch. Der Weltstaat könnte den heute vorfindbaren Interdependenzen gerecht werden, und er würde das Problem des Friedens lösen, indem er es auflöste und durch die „Weltinnenpolitik"[60] ersetzte. Weizsäcker hat aber auch gesehen, daß die Bedingungen für einen Weltstaat auch heute noch nicht gegeben sind, die Forderung als „utopisch" zu gelten hat. Auch den verwandten Begriff der Weltinnenpolitik will Weizsäcker nicht realpolitisch, sondern nur sozialpsychologisch, als „entstehende Bewußtseinsebene"[61] verstanden wissen.

Blieb das Konzept des Weltstaats also die vereinzelte Ausnahme, so breitete sich das des Staatenbundes, der Internationalen Organisation in den verschiedensten Schattierungen, rasch aus. Es beherrschte bis zur Gründung der Vereinten Nationen das Denken über die Strategie des Friedens.

2.2.1 Friede durch Errichtung eines Staatenbundes

Entstehung und Entwicklung dieser Konzepte brauchen hier nicht im einzelnen nachgezeichnet zu werden; sie sind bekannt.[62] Wäh-

---

[58] Georg Picht: On the Concept of Peace, in: Social Research, Vol. 42, Nr. 1, Frühjahr 1975, S. 109 ff.
[59] Carl Friedrich von Weizsäcker: Wege in der Gefahr. Eine Studie über Wirtschaft, Gesellschaft und Kriegsverhütung, München 1979.
[60] Ebenda, S. 243 f.
[61] Ebenda.
[62] Grundlegend und noch immer unentbehrlich ter Meulen (Anm. 4); von Raumer (Anm. 55); Hans-Jürgen Schlochauer: Die Idee des Ewigen Friedens. Ein Überblick über Entwicklung und Gestaltung des Friedenssicherungsgedankens auf der Grundlage einer Quellen-

2.2 Friede und Internationale Organisation

rend die frühen Projekte, etwa von Dubois und Podebrad mehr machtpolitische als friedenspolitische Ziele verfolgten, der „Grand Dessein" Sullys sich gegen die Vorherrschaft Habsburgs richtete, legten erstmals Cruce 1623 und dann Abbé de Saint-Pierre1711 bis 1716 Pläne zu einer Internationalen Organisation vor, die nicht nur das christliche Abendland, sondern auch die Türkei und andere nicht-europäische Staaten als Mitglieder vorsahen.

Das System der europäischen Territorialstaaten lag zu Beginn des 18. Jahrhunderts ausgebildet vor; es wurde im Westen flankiert durch die Neue Welt, im Osten bedrängt durch das Osmanische Reich, wenn auch dessen Expansion 1683 und 1699 gestoppt worden war. Damit hatte sich das Weltbild entscheidend verändert.[63] Es zeigte nicht mehr die vertrauten Züge einer Einheit des Reiches unter Kaiser und Papst; es zeigte das moderne internationale System, in dessen anarchischer Struktur souveräne Staaten den Kampf aller gegen alle fochten. Es war gekennzeichnet durch Unsicherheit und Unüberschaubarkeit.

Dieses Fehlen von Sicherheit, schrieb Jean-Jacques Rousseau 1761 in seinem „Auszug aus dem Plan des Ewigen Friedens des Herren Abbé de Saint-Pierre", beweist, daß „jeder, wenn er nicht bestimmt weiß, daß er dem Krieg aus dem Weg gehen kann, wenigstens versucht, ihn zu seinem Vorteil zu beginnen, wenn die Gelegenheit ihn begünstigt, einem Nachbarn zuvorzukommen, der seinerseits nicht verfehlen würde, ihn bei umgekehrter Gelegenheit zu überrumpeln. Daher sind viele Kriege, selbst Angriffskriege, viel eher unrechtmäßige Akte der Vorsicht, um das eigene Gut zu sichern als Mittel, um das der anderen zu rauben"[64]. Von

---

auswahl, Bonn 1953. Clive Archer: International Organizations, London 1983.

[63] Vgl. dazu Heinz Gollwitzer: Geschichte des weltpolitischen Denkens, Bd. I: Vom Zeitalter der Entdeckungen bis zum Beginn des Imperialismus, Göttingen 1972.

[64] Abgedruckt bei von Raumer (Anm. 55), S. 362.

den 13 Eigenschaften, die Rousseau in dieser brillanten Analyse dem internationalen System bescheinigte, bezogen sich acht allein auf die Unsicherheit und deren Folgen, die zu Rüstungen, Störungen des Handels und wirtschaftlichen Belastungen führten, ohne indes Sicherheit zu bewirken.[65]

Auf welche Weise ließ sich in einem solchen System der Friede einrichten? Wie konnten Ordnung und Recht geschaffen werden, wo doch jeder Staat der legitime Träger seines eigenen Rechtes war und der Krieg – wie Hegel später schrieb – darüber zu entscheiden hatte, „nicht, welches Recht der von beiden Teilen behaupteten das wahre Recht ist, – denn beide Teile haben ein wahres Recht –, sondern welches Recht dem anderen weichen soll"[66]? Darauf versuchte das Projekt des Charles Irénée de Saint-Pierre eine Antwort zu geben, das er in mehreren Versionen seiner „Memoires pour rendre la paix perpétuelle en Europe" zuerst 1711, dann 1713 und 1716 veröffentlicht hat. Der Abbé (1658–1743), der Sekretär der französischen Delegation beim Frieden von Utrecht gewesen war, kritisierte die Strategie des Gleichgewichts, das die Kriegsursachen nicht beseitigen und die Unsicherheit nicht aufheben könne. Dazu sei die Internationale Organisation im Stande, wenn sie analog zur Lage der Familien in einem Staat gebildet werde. So wie diese Familien Sicherheit genießen, ohne zu den Waffen greifen zu müssen, könnten in einer Internationalen Organisation, die die gleiche Sicherheit bietet, alle Probleme durch einen Gerichtshof anstatt durch den Krieg geregelt werden.[67]

Der Grundgedanke des Abbé bestand darin, durch einen Staatenbund, in dem sich die Fürsten eine Besitzstandsgarantie gaben, die Qualität des internationalen Systems und damit den Kontext der Interaktion zu verändern. Indem die Union die Si-

---

[65] Ebenda, S. 366–367.
[66] Georg Lasson (Hrsg.): Hegels Schriften zur Politik und Rechtsphilosophie, Leipzig 1913, S. 99 ff.
[67] Saint-Pierre, zit. nach ter Meulen (Anm. 4), Bd. I, S. 188–189.

cherheit gewährleistet, erlaubt sie eine andere Außenpolitik, den Verzicht auf Krieg. Der Plan, den der Abbé vorlegte, mutet durchaus als modern an. Er enthielt 12 Grundsatzartikel, die nur mit Zustimmung aller Mitglieder verändert werden durften; unter ihnen enthielt der Artikel 2 die Besitzstandsgarantie. Die folgenden acht wichtigen Artikel konnten die Mitglieder mit Dreiviertelmehrheit verändern; darin wurden der Sitz der Union, die Bundesexekution usw. festgelegt. Acht „nützliche Artikel" beschrieben die Organe der internationalen Gemeinschaft.[68]

In dem Bund waren die Fürsten vertreten durch ständige Repräsentanten, die in der „Stadt des Friedens", eben Utrecht, permanent tagten. Sie waren die Adressaten bei Streitigkeiten zwischen den Mitgliedern. Scheiterte der Versuch einer Vermittlung durch eine Kommission, so wurde die Entscheidung durch den Senat mit Dreiviertelmehrheit getroffen. Sie war bindend. Wer vor der Entscheidung die Waffen ergriff oder sie mißachtete, unterlag der Bundesexekution. Im Artikel 8 war ein totales Gewaltverbot enthalten; Feindseligkeiten durften nur gegen diejenigen eröffnet werden, die zum Feind der Organisation erklärt worden waren. Um die Ausführung der Beschlüsse der Organisation zu überwachen, unterhielt der Senat in allen Mitgliedstaaten ständige Repräsentanten. Der Senat kümmerte sich auch um den Handel. Er besaß Handelskammern in den beteiligten Staaten und regelte den Handel auf der Basis gleicher und reziproker Rechte.

Der Plan des Abbé de Saint-Pierre wurde hier etwas ausführlicher dargestellt, und zwar aus zwei Gründen. Als einer der frühen Pläne hat er als einer der vollständigsten zu gelten, der mit Recht Berühmtheit zu seiner Zeit[69] und danach erlangt hat. Dazu

---

[68] Kurzfassung ebenda, S. 190 ff.
[69] Gottfried Wilhelm Leibniz: Bemerkungen über das Projekt eines ewigen Friedens des Abbé de Saint-Pierre; in: ter Meulen (Anm. 4), Bd. I, S. 205 f. Eine moderne Würdigung bietet Olaf Asbach: Politik und Frieden beim Abbé de Saint Pierre: Erinnerung an einen (fast) vergessenen Klassiker der politischen Philosophie, in: Karl Graf

hat nicht unwesentlich die straffende Zusammenfassung und die kritische Beurteilung durch Rousseau beigetragen. Sodann enthält der Plan des Abbé alle Grundelemente der Internationalen Organisation als Staatenbund, die in den nachfolgenden Plänen anderer Autoren lediglich variiert, nicht prinzipiell verändert worden sind. Selbst die Gründung des Völkerbundes und die der Vereinten Nationen sind nicht über die Konstruktion des Abbé hinausgegangen, die in bezug auf die Bundesexekution den Vökerbund und im Hinblick auf die Schiedsgerichtsbarkeit sogar noch die Vereinten Nationen überholte.

Stets geht es um Varianten des Staatenbundes, dessen Zustandekommen als Zusammenschluß der potentiellen Feinde den eigentlichen Friedensakt darstellt. Er verändert das internationale System, indem er dessen Anarchie aufhebt und durch Überschaubarkeit und Ordnung ersetzt. Der Staatenbund wirkt damit ähnlich, wenn auch schwächer, wie ein Weltstaat. Durch den Zusammenschluß wird die hobbesianische Situation der internationalen Politik beseitigt, die Notwendigkeit des Kampfes aller gegen alle aufgehoben. Damit entfallen die Anlässe, damit entfällt auch die Notwendigkeit zum Krieg. Er kann durch andere Austragsmodi, durch Mehrheitsbeschluß, durch Rechtsprechung usw. ersetzt werden.

Die Varianten haben über Zeit gewechselt, das Konzept ist prinzipiell unverändert geblieben. Es ist auch logisch. Der Krieg entsteht als Folge der Beziehungen zwischen unabhängigen, souveränen politischen Einheiten. Wer ihn beseitigen will, muß die Struktur dieser Beziehungen ändern. Dazu ist, abgesehen vom Weltstaat, nur die Internationale Organisation im Stande, als deren eine Form der Staatenbund zu gelten hat. Zu keiner Zeit und von keinem Theoretiker ist je eine Alternative angeboten worden, die direkt auf die Interaktion einzuwirken im Stande sein sollte. Zur Diskussion stand lediglich, ob und wodurch die Internationale

---

Ballestrem et al. (Hrsg.): Politisches Denken, Jahrbuch 1995/96, Stuttgart 1996, S. 133–163.

Organisation verwirklicht werden, wie sie aufgebaut sein und wie sie funktionieren würde. Darauf, und nur darauf sind im Laufe der Zeit, vor allem ausgangs des 18. und während des 19. Jahrhunderts unterschiedliche Antworten gegeben worden.

Kant hatte darauf schon eine doppelte Antwort gegeben, eine klassisch rechtsphilosophische und eine schon politiksoziologische. Zunächst leitete er die Notwendigkeit der Internationalen Organisation aus der Analogie zur Staatenbildung ab. Hatten sich die Menschen einer staatsbürgerlichen Verfassung und öffentlichen Gesetzen unterworfen, um den Kampf aller gegen alle aufgeben zu können, so müssen die Staaten das Gleiche tun, wenn sie den allgemeinen Kriegszustand überwinden wollen.[70] Ähnlich hat er sich auch an anderen, verstreuten Stellen geäußert.[71] Im Traktat „Zum Ewigen Frieden" wiederholte Kant diese Argumentation[72], stellte sie aber in einen politiksoziologischen Zusammenhang, aus dem er auch den Modus ihrer Verwirklichung ableitete. Die drei Definitivartikel seines Traktats sind um den Republikanismus herumgruppiert, der das Organisationsprinzip sowohl des Staates wie des internationalen Systems im engeren und im weiteren Sinne abgibt.

Hatte Kant im ersten Definitivartikel dekretiert: „Die bürgerliche Verfassung in jedem Staate soll republikanisch sein", so verlangte er im zweiten Definitivartikel: „Das Völkerrecht soll auf einen Föderalism freier Staaten gegründet sein." Dieser Friedensbund der Staaten wurde analog zur Unterwerfung des einzelnen unter einen Staat gebildet, weil er keine Macht über die Mitgliedstaaten besitzen, sondern nur deren Freiheit bewahren soll. Es ist ein Bund „von besonderer Art", der „Friedensbund (foedus pacificum), der alle Kriege auf immer zu endigen suchte".

---

[70] Immanuel Kant: Über den Gemeinspruch: Das mag in der Theorie richtig sein, taugt aber nicht für die Praxis, in: Werke (Ed. Wilhelm Weischedel), Bd. VI, Darmstadt 1964, S. 169–170.
[71] Vgl. dazu ter Meulen (Anm. 4), I, S. 314 ff.
[72] Werke (Anm. 70), S. 210 ff.

Diese Föderation freier Staaten kann nicht universal, nicht weltweit sein, wenn sie auch stets an Größe zuzunehmen vermag. Zwar hätte Kant die Weltrepublik bevorzugt, die er als positive Idee bezeichnete. Da sie aber aus politischen Gründen nicht zustande kommen werde, beschränkte er sich auf das „negative Surrogat eines den Krieg abwehrenden, bestehenden, und sich immer ausbreitenden Bundes", auf die freie Föderation der Staaten.

Auf der Ebene des einzelnen aber kehrte die Universalität wieder, kehrte auch, insofern Kant diese Ebene deutlich betont, der Republikanismus global wieder. Kant forderte im dritten Definitivartikel ein „Weltbürgerrecht", das er allerdings auf die „Bedingungen der allgemeinen Hospitalität eingeschränkt" sehen wollte.[73] Auf dieser Ebene wurde die mediatisierende Funktion der Staaten unterlaufen, wurde aus dem Recht „des gemeinschaftlichen Besitzes der Oberfläche der Erde" das Besuchsrecht abgeleitet, das weder vom einzelnen noch vom Staat verweigert werden darf. Auf dieser nichtpolitischen Ebene wurde die Weltrepublik, die es nach Kant nicht geben kann, verwirklicht. Der Kreis, der die republikanische Organisation des Staates mit der republikanischen Organisation des Staatenbundes verbindet, schloß sich über die Weltbürgerrechte des einzelnen.

Mit diesen Überlegungen ist Kant weit über die Bedeutung der Internationalen Organisation für eine Friedensstrategie hinausgegangen. Darin liegt sogar die eigentliche Bedeutung seines Traktates. Über die Internationale Organisation selbst wird wenig ausgesagt; über ihre Figur und ihre Wirkungsweise, die bei Saint-Pierre und Rousseau einen so großen Platz einnahmen, so gut wie nichts. Dafür hat Kant die Forderung nach einer Internationalen Organisation politologisch aus dem Republikanismus abgeleitet, in dem er, wie in Kapitel 3.1 zu zeigen sein wird, den eigentlichen Antrieb einer Friedenspolitik ohnehin vermutet. Von ihm erwartete Kant auch die Einrichtung der Internationalen Organisation.

---

[73] Ebenda, S. 213 ff.

2.2 Friede und Internationale Organisation

Das Volk, das sich in einem republikanisch aufgebauten Staat formiert, um die internen Streitigkeiten friedlich ausgleichen zu können, kann die zwischenstaatliche Situation des Nicht-Krieges nur auf das „Surrogat des bürgerlichen Gesellschaftsbundes", den freien Föderalismus gründen, „den die Vernunft mit dem Begriff des Völkerrechts notwendig verbinden muß, wenn überall etwas dabei zu denken übrigbleiben soll"[74]. Freie Republiken bilden eine Föderation freier Republiken – darin liegen Norm und Analyse zugleich. Die Internationale Organisation der Staaten kann nur als Analogon zur bürgerlichen Gesellschaft gebildet werden, und sie wird erst dann zustande kommen, wenn es überall republikanische Gemeinwesen gibt. Kant hat damit vorweggenommen, was sich im Völkerbund und in den Vereinten Nationen bewahrheitet hat: sie sind ein Geschöpf liberaler Demokratien.

Ganz logisch, wenn auch nur knapp und im Vorübergehen skizzierte Kant auch die Strategie, durch die eine solche Internationale Organisation zustande kommen könnte. Es ist die Nachahmung. „Denn wenn das Glück es so fügt, daß ein mächtiges und aufgeklärtes Volk sich zu einer Republik (die ihrer Natur nach zum ewigen Frieden geneigt sein muß) bilden kann, so gibt diese einen Mittelpunkt der föderativen Vereinigung für andere Staaten ab, um sich an sie anzuschließen, und so den Freiheitszustand der Staaten, gemäß der Idee des Völkerrechts, zu sichern, und sich durch mehrere Verbindungen dieser Art nach und nach immer weiter auszubreiten."[75]

Die Überlegungen Kants und die sich daran anschließende Diskussion bezeichnen einen Kreuzungspunkt, an dem sich ver-

---

[74] Ebenda, S. 212.
[75] Ebenda, S. 211–212. Vgl. zu Kant in diesem Zusammenhang Otfried Höffe (Hrsg.): Immanuel Kant. Zum Ewigen Frieden, Berlin 1995. Volker Gerhard: Immanuel Kants Entwurf „Zum Ewigen Frieden". Eine Theorie der Politik, Darmstadt 1995. Politologisch besonders interessant, weil theorieorientiert, argumentiert Wade L. Huntley: Kant's Third Image. Systemic Sources of the Liberal Peace, in: International Studies Quarterly 40, 1, März 1996, S. 45 ff.

schiedene Friedensstrategien treffen und danach weiter verzweigen. Die Internationale Organisation bildete nicht nur die Strategie, die auf die Interaktion der Staaten einzuwirken vermochte; sie stellte sich dar als das Produkt der Herrschaftsstruktur der Staaten. Sie konnte, in der Tradition Rousseaus, dazu dienen, kleinen Republiken zur Verteidigungsmöglichkeit zu verhelfen. Sie konnte die Basis abgeben für einen Plan der Vereinigten Staaten von Europa, und sie konnte die Form bilden, in der sich Pazifisten und Sozialisten international zusammenschlossen.

Will man die Internationale Organisation als Strategie zur Beeinflussung der Interaktion weiterverfolgen, so muß man sie abschirmen gegen solche neuen Funktionen, muß sie auch verstärken gegen eine gewisse Vernachlässigung, die dem Konzept im Verlauf des 19. Jahrhunderts insofern beschieden war, als die Probleme der Industrialisierung, der Nationalstaatsbildung und der sozialen Frage in den Vordergrund der Aufmerksamkeit traten. Denn für das sich im Gefolge der Französischen Revolution emanzipierende Bürgertum wurde statt des Friedens die Bildung des republikanischen Nationalstaats zum obersten Ziel, das zwar 1848 scheiterte, im Frankreich der Dritten Republik jedoch verwirklicht und in Deutschland vom entschiedenen Liberalismus weiterhin angestrebt wurde. Dahinter meldete, ebenfalls ausgelöst durch die Französische Revolution, die Arbeiterklasse ihre Ansprüche an und verfolgte sie im proletarischen Internationalismus, der auf die Überwindung des Kapitalismus ausgerichtet war. Erst mit den Spannungen zwischen Deutschland und Frankreich und dem Krieg 1870/71 rückte das Konzept der Internationalen Organisation wieder stärker in den Vordergrund der Aufmerksamkeit, die von der Forderung nach Abrüstung und Schiedsgerichtsbarkeit beherrscht wurde.

Während des größten Teiles des 19. Jahrhunderts aber war der Gedanke an eine Internationale Organisation zurückgetreten vor den neuen großen Problemstellungen. Als der Gedanke wieder

2.2 Friede und Internationale Organisation 121

aktiviert wurde, nahm er Teile dieser neuen Konstellation in sich auf.

Die Diskussion im ersten Drittel des 19. Jahrhunderts schloß im wesentlichen an die grundlegende Arbeit von Kant an. Mit ihr haben sich Fichte, Schlegel und Görres auseinandergesetzt[76], wobei sie die republikanische Idee und die Rolle Frankreichs bei deren Verwirklichung unterschiedlich beurteilten. Saint-Simon und die ihm folgenden Frühsozialisten berücksichtigten zwar die durch die Industrialisierung eingetretenen sozialen Verschiebungen, vertrauten aber dennoch auf die friedensstiftenden Folgen der Internationalen Organisation und ihrer Institutionen. Das gilt für Saint-Simon selbst[77] wie für Robert Owen, Charles Fourier und seine Schüler. Auch Pecqueur, Vidal und Louis Blanc haben sich, obwohl sie in ihren Sozialismen stark voneinander abwichen, durchweg positiv gegenüber der Internationalen Organisation geäußert. Lediglich Blanc hat auf die gesellschaftliche Ordnung hingewiesen, die die Nationen zum Krieg veranlaßt. Die anderen Frühsozialisten haben der Strategie der Internationalen Organisation soweit vertraut, daß sie deren gesellschaftliche und politische Voraussetzungen nicht mitreflektierten.

Auch die erste Phase der internationalen Friedenskongresse, beginnend mit dem Treffen 1843 in London, verblieb in dieser Tradition. Angeregt durch amerikanische Pazifisten wie Charles Sumner und Elihu Burritt, wandelte diese erste Phase der Friedenskongresse, die bis in die Mitte der fünfziger Jahre andauerte, die Idee der Internationalen Organisation um in eine politische Forderung, die den Regierungen zugestellt wurde. Darin wurden die klassischen Elemente des Konzeptes wieder aufgenommen, aber formuliert in den Begriffen des 19. Jahrhunderts und ange-

---

[76] Dazu die Einführung und die Dokumentation bei Zwi Batscha und Richard Saage (Hrsg.): Friedensutopien: Kant, Fichte, Schlegel, Görres, Frankfurt 1979.

[77] Edmund Silberner: The Problem of War in 19th Century Economic Thought, New York und London, Garland Edition 1972, S. 216 ff.

paßt an dessen Bedingungen. Die Abschaffung des Krieges wurde der friedlichen Streitbeilegung im Wege der Schlichtung, einem Völkerkongreß und der Abrüstung anvertraut.[78] Verstärkt durch Schriftsteller wie Victor Hugo und Politiker wie Richard Cobden, gewann das Konzept politisches Profil, erregte öffentliche Aufmerksamkeit und fand Eingang in die Parlamente.[79]

Die zweite Phase der Friedensbewegung wurde durch die 1867 fast gleichzeitig erfolgende Gründung der Ligue Internationale de la Paix et de la Liberté und der Ligue Internationale et Permanente de la Paix gekennzeichnet. Sie stützten ihre Friedenskonzeption zwar auch auf die Internationale Organisation, verknüpften sie aber sehr stark mit dem Republikanismus, in dem sie die herrschaftliche Organisation des Friedens erblickten. Unter den Modernen hatte Kant zum ersten Mal diese Verknüpfung hergestellt, war dabei jedoch sehr abstrakt geblieben. Die beiden Ligen wurden indes sehr konkret, vor allem die Internationale Friedens- und Freiheitsliga. Sie wählte als Motto für ihre Arbeit: „Si vis pacem, para libertatem" und ergänzte den Wahlspruch 1885 noch durch den Zusatz „et iustitiam"[80]. Dieses dezidierte Votum für die liberale Politik vertiefte das Schisma zwischen Republikanern und Sozialisten, die in der Friedens- und Freiheitsliga zunächst mitgearbeitet, sich seit 1869 daraus zurückgezogen hatten.[81]

Während die Sozialisten das Konzept der Internationalen Organisation für den Rest des Jahrhunderts völlig vernachlässigten und den Klassenkampf betonten, wandte der demokratische Republikanismus dieses Konzept auf Europa an.[82] Europa sollte in

---

[78] ter Meulen (Anm. 4), Bd. II, 1, S. 311.
[79] Alfred H. Fried: Handbuch der Friedensbewegung, Teil II, Berlin und Leipzig 1913, S. 70.
[80] Alvin Hanschmidt: Republikanisch-demokratischer Internationalismus im Neunzehnten Jahrhundert. Historische Studien, Heft 430, Husum 1977, S. 88 und Anm. 184.
[81] Ebenda, S. 93.
[82] ter Meulen (Anm. 4), Bd. II, 2, S. 36.

einem großen Bund demokratischer Republiken seinen Frieden finden. Dies erschien gerade nach dem deutsch-französischen Krieg so wichtig, obwohl er in Frankreich die Republik wieder installiert und damit einen großen Programmpunkt des Republikanismus erfüllt hatte.

Das Konzept einer europäischen Föderation wich von dem der Internationalen Organisation nur im Hinblick auf die Reichweite ab. In der Intensität übertraf sie es bei weitem. Durch die Beschränkung auf die europäische Region konnte die Internationale Organisation als Staatenbund durchaus auch in einen Bundesstaat verwandelt werden, entsprechend dem Vorbild, das die Vereinigten Staaten, auch die Schweiz, gegeben hatten. Andererseits war das Friedensproblem vor allem in Europa akut; auch die früheren Pläne zur Internationalen Organisation hatten, wenn auch weltweit angelegt, besonders Europa im Auge. Die Idee einer europäischen Föderation war im 19. Jahrhundert fast regelmäßig mit dem demokratischen Republikanismus verbunden, als Voraussetzung für dessen Erfolg und gleichzeitig auch als dessen Folge. Das galt besonders nach dem Scheitern der Revolution, etwa für das von Mazzini gegründete „Comité Central Démocratique Européen"[83], aber es galt für das gesamte 19. Jahrhundert.[84] Die Konzepte der Europäisierung, der Demokratisierung und der Pazifizierung gingen Hand in Hand, weil sie eine theoretische Einheit bildeten.

Diese Verknüpfung von Friedensstrategien, die gleichzeitig an der Interaktion und an der herrschaftlichen Organisation der Systemmitglieder ansetzten, enthielt einen bedeutenden gedanklichen Fortschritt, überforderte aber gerade deswegen die Aufnahmekapazität des Konzepts der Internationalen Organisation. Zwar hatte, wie erwähnt, schon Kant herausgefunden, daß ein Zu-

---

[83] Ebenda, S. 69.
[84] Vgl. Pierre Renouvin: L'idée de fédération Européenne dans la pensée politique du XIXe siècle. The Saharoff Lecture for 1949, Oxford 1949.

sammenhang besteht zwischen der republikanischen Herrschaftsform in den Staaten und der Internationalen Organisation zwischen ihnen. Zwar war die europäische Theorie, wie noch zu zeigen sein wird, auf der Suche nach der ‚friedlichen' Verfassung schon sehr viel früher auf die Republik gestoßen, so daß es eigentlich nahelag, dieses Herrschaftssystem mit der Internationalen Organisation zu einer Friedensstrategie zu verbinden. Auf diese Schlußfolgerung laufen die Aussagen fast aller Theoretiker hinaus.

Für die Durchsetzung dieser kühnen Konsequenz war es im ausgehenden 19. Jahrhundert noch zu früh. Die Synthese zerfiel, nachdem in Frankreich die demokratische Republik, in Italien wenigstens der Nationalstaat errichtet worden war; in Deutschland zerrieb sie sich am offensiven Widerstand der feudalen Monarchie gegen den demokratischen Republikanismus.

In der dritten Phase der Friedenskongresse ging es daher wieder um das klassische Konzept der Internationalen Organisation. Dringlich genug war es: die Aufrüstung zwischen den europäischen Mächten nahm in den beiden letzten Dekaden des Jahrhunderts bedrohliche Formen an. In dieser dritten Phase, in den Jahren von 1889 bis zur ersten Haager Konferenz, gewann die europäische Friedensbewegung beträchtlich an Größe und Einfluß, repräsentiert durch die Weltfriedenskongresse und vor allem die interparlamentarischen Konferenzen, an denen Mitglieder der nationalen Parlamente, also Entscheidungsträger, teilnahmen.

Diese Phase stellte das klassische Konzept der Internationalen Organisation wieder in den Vordergrund, hob auf die Errichtung eines ständigen Schiedsgerichtes, auf die Einführung der Schiedsklausel in die Staatsverträge, den Abschluß von ständigen Schiedsverträgen usw. ab.[85] Vor allem die interparlamentarischen Konferenzen der Interparlamentarischen Union, die sich 1892 ein eigenes Büro in Genf zugelegt hatte, drangen auf die Organisation

---

[85] Fried (Anm. 79), S. 95 ff.

eines ständigen Schiedshofes. Dessen Konzept wurde auf der Konferenz von 1895 in 14 Artikeln vorgelegt.[86]

Die Weltfriedenskongresse, die gleichfalls im Jahre 1892 ein internationales Friedensbüro in Bern errichtet hatten, verstärkten die Forderungen nach der Schiedsgerichtsbarkeit, gingen aber auch darüber hinaus. Sie forderten Abrüstung, eine Revision der Schulbücher und machten Vorschläge für die Lösung konkreter Konflikte.[87] Sie haben die Weiterentwicklung des internationalen Systems bis 1914, die Interparlamentarische Union hat sie auch nach 1945 begleitet (wenn auch seitdem ohne den engagierten Bezug zum Friedensproblem und zur Funktion der Internationalen Organisation).

2.2.2 Friede durch kollektive Sicherheit

Dennoch war es nicht die Friedensbewegung und nicht die Interparlamentarische Union, sondern der Kataklysmus des Ersten Weltkrieges, der dem Konzept der Internationalen Organisation zu seiner ersten Verwirklichung verhalf. Der Völkerbund bildete die erste Internationale Organisation, die den Frieden herbeiführen wollte, indem sie direkt auf die Interaktion der Staaten einzuwirken versuchte. Was Saint-Pierre und Kant zusammen mit einer großen Reihe europäischer Theoretiker gefordert hatten: im Völkerbund fand es seine erste Realisation. Mit ihm, der das Recht zum Kriege einschränkte, ging die klassische Phase des europäischen internationalen Systems, ging auch die des Völkerrechts zu Ende. Der Durchbruch war gelungen, die Anarchie des internationalen Systems eingeschränkt, wenn auch nicht aufgehoben worden. Die Staaten hatten sich in einem Bund zusammengeschlossen, der ihre Beziehungen untereinander prinzipiell verändern und damit von der kriegerischen Gewaltanwendung befreien sollte.

---

[86] Ebenda, S. 128.
[87] Ebenda, S. 175 ff.

Dennoch kann nur bedingt davon gesprochen werden, daß der Völkerbund das klassische Konzept der Internationalen Organisation verwirklicht hat. Er hat zwar einen Staatenbund eingerichtet, mit den beiden Kammern der Bundesversammlung und des Rates, hat das Schiedsgerichtsverfahren durch die Bildung eines Ständigen Internationalen Gerichtshofes ergänzt. Aber hier enden die Entsprechungen auch schon. Der Völkerbund hat den Gewaltverzicht nicht gefordert und das Recht zum Kriege nicht aufgehoben (beides wurde bei der Gründung der UN dann nachgeholt). Schon gar nicht berücksichtigte der Völkerbund, was das 19. Jahrhundert, vor allem die Freiheitsliga und der demokratische Republikanismus über die in den Verfassungen der Staaten einzurichtenden Voraussetzungen für das Funktionieren einer Internationalen Organisation beigesteuert hatten. Eine Rezeption hätte zwar nahegelegen, weil der amerikanische Präsident Wilson mit seiner Forderung, die Welt, „reif für die Demokratie" und damit für den Frieden zu machen, exakt in diese Richtung gewiesen hatte. Aber die Synthese zwischen staatsmännischer Einsicht und politischer Theorie kam nicht zustande.

Sieht man genauer hin, so zeigt sich, daß der Völkerbund das klassische Konzept der Internationalen Organisation nur formal, nur oberflächlich, quasi als Fassade, übernommen und darin einen ganz anderen Funktionsauftrag installiert hat. Er stammte nicht aus den Erwägungen der Theoretiker über die Wirkungen einer Internationalen Organisation, sondern aus den Erfahrungen der politischen Praktiker mit dem europäischen Mächtekonzert. Dessen Verfahrensweise und Regulative wurden im Völkerbund (und später in den UN) institutionalisiert und in dem neuen Begriff der ‚Kollektiven Sicherheit' auch formuliert. Dabei wurden diese Regulative freilich auch verändert, rigider gefaßt und mit den anderen Bauelementen, die aus dem Konzept der Internationalen Organisation stammten, verblendet. Die gewaltsame Sanktion gegen den Friedensbrecher wurde in den Vordergrund gerückt, während sie im europäischen Mächtekonzert nur eine Ausnahmerolle gespielt hatte.

2.2 Friede und Internationale Organisation

In zwei entscheidenden Bestimmungen vor allem griffen Völkerbund und Vereinte Nationen auf die Spielregeln des Mächtekonzertes zurück: Die Verantwortung für den Frieden wurde in erster Linie den Großmächten aufgebürdet, von denen jedoch – und das war die zweite Regelung – keine überstimmt werden durfte, unter denen stets Einstimmigkeit herrschen mußte. So sah es der Art. 4 der Völkerbundsatzung und die sogenannte Jalta-Formel der UN- Charta (Art. 27) vor.

Damit war ein charakteristisches Element der Pläne für eine Internationale Organisation, die Gleichheit der Mitglieder, aufgegeben, die Konstruktion aber wiederum ein Stück näher an die politische Realität herangeschoben worden. Mit der Prärogative für die Großmächte hatte das europäische Mächtekonzert in den Jahrzehnten nach 1815 gut funktioniert; es zerbrach im Krim-Krieg, in dem Rußland gezwungen wurde, die Donau-Fürstentümer wieder herauszugeben.[88] Solange es aber auf die Gewaltanwendung gegen eine Großmacht verzichtete, solange es seine Wirksamkeit darin suchte, einen Friedensstörer dadurch von seinem Vorhaben abzubringen, daß man ihn in Verhandlungen, in eine Konferenz miteinbezog, daß man versuchte „to group the offending state"[89], so lange funktionierte es.

Völkerbund und Vereinte Nationen haben diese Mittel der friedlichen Beeinflussung nicht vernachlässigt, aber doch dadurch relativiert, daß sie sie im Falle des Versagens mit der Gewaltanwendung durch die Organisation ergänzten (Kap. VII SVN, Art. 16 SVB). Darin wich das Prinzip der Kollektiven Sicherheit von dem des Mächtekonzertes ab, daran ist es 1935 und 1947 ff. gescheitert, daran krankt es prinzipiell. Immer wieder ist darauf hingewiesen worden, daß die beiden Voraussetzungen, an die ein kollektives Sicherheitssystem gebunden ist: Übereinstimmung und

---

[88] Richard B. Elrod: The Concert of Europe: A Fresh Look at an International System, in: World Politics 28, 2, Januar 1976, S. 159 ff.
[89] Ebenda, S. 168. Dort auch Belege für die Auffassungen von Metternich und Castlereagh.

Erzwingung, sich gegenseitig widersprechen und sich daher ausschließen.[90] Entweder stimmen die Großmächte überein, dann bedarf es nicht der Erzwingung. Wird sie von den Großmächten gegen kleinere Staaten angewendet, so hat dies nichts mehr mit Kollektiver Sicherheit, sondern mit einem Großmächtediktat, der Vorstufe eines Weltstaates zu tun. Oder aber die Großmächte sind nicht „in concert", dann sind Gewaltmaßnahmen überhaupt unmöglich, ist das System arbeitsunfähig. Schließlich läßt sich sogar argumentieren, daß die zunehmende Bipolarisierung des Staatensystems von 1946 bis 1990 das System der Kollektiven Sicherheit, das nur funktionieren kann, wenn eine zureichend große Anzahl möglichst gleichstarker Akteure gegeben ist, veralten ließ, bevor es überhaupt in Funktion treten konnte.[91]

Die Betonung der Rolle der Großmächte, die Völkerbund und Vereinte Nationen den Erfahrungen mit dem europäischen Mächtekonzert entnommen hatten, zeigte also nur begrenzten friedensstrategischen Wert. Sie war zwar sehr politiknahe und reflektierte die politische Realität. Da diese Realität nicht friedlich ist, kam die Nähe zu ihr dem Wirkungsgrad der Internationalen Organisation nicht zugute. Sie mußte reflektieren, was existierte: Rivalität zwischen den Großmächten, die sich durch eine direkte und dann auch noch gewaltsame Einwirkung auf die Interaktion nicht beseitigen läßt.

Die beiden Verwirklichungen des Konzeptes der Kollektiven Sicherheit, Völkerbund und Vereinte Nationen, zeigen damit noch einmal deutlich, daß diesem Ansatz auf globaler Ebene kein Erfolg beschieden ist. Seine Begrifflichkeit verhüllt nur, daß er einen Konsens voraussetzt, der weltweit auf absehbare Zeit nicht

---

[90] Zum Beispiel Earl C. Ravenal: An Autopsy of Collective Security, in: Political Science Quarterly 90, 4, Winter 1975/1976, S. 707.
[91] Die Diskussion der neunziger Jahre wird umfassend referiert von Sabine Jaberg: Systeme kollektiver Sicherheit in und für Europa in Theorie, Praxis und Entwurf, Baden-Baden 1998, bes. S. 143, S. 144 ff.

gegeben ist. Er ist regional anzutreffen, beispielsweise in der Europäischen Union. Sie enthält zwar kein System Kollektiver Sicherheit, bedarf seiner auch nicht, weil die Sicherheit längst gewährleistet und durch höhere Formen der Zusammenarbeit ergänzt worden ist. Unter friedensstrategischem Aspekt stellen sich der Europäischen Union daher ganz andere Aufgaben als der Weltorganisation. Die Europäische Union muß ihre Integration voranentwickeln; die Weltorganisation der UN muß Strategien der Gewaltminderung erarbeiten, nachdem die der Kollektiven Sicherheit sich theoretisch wie praktisch-empirisch als nicht brauchbar erwiesen haben.

Deren Differenz zum Konzept der Internationalen Organisation muß betont werden. Wenn die Verfahrensprinzipien der Kollektiven Sicherheit sich als unbrauchbar, weil verfrüht, erwiesen haben, muß das gleiche nicht für das Gesamtkonzept der Internationalen Organisation gelten. Schon zur Völkerbundszeit war darüber gestritten worden, ob die gewaltsame Sanktion ein geeignetes Mittel der Friedenssicherung sei.[92] Die Vereinten Nationen, die mit der „uniting for peace"-Resolution von 1950 das Prinzip der Kollektiven Sicherheit noch auf eine breitere, die Generalversammlung miteinschließende Basis gestellt hatten, gaben es 1956 zugunsten eines ganz anderen Prinzips, nämlich des „peacekeeping", der Friedenssicherung, auf.

Die Bedeutung dieses Vorgangs kann nicht hoch genug gewertet werden. Er zeigt zum ersten Mal, daß die friedensstrategische Funktion der Internationalen Organisation nicht nur nicht an die kollektive Gewaltanwendung gebunden, sondern um so stärker ist, je mehr sie sich davon entfernt. Dies kam bei der Entwicklung des Konzeptes des „peace-keeping" erst ansatzweise zum Ausdruck, weil es noch immer einen deutlichen, wenn auch stark gebrochenen Bezug zur Gewalt aufwies. Dennoch ist die Verän-

---

[92] Vgl. die Rundfrage der „Friedens-Warte" unter 26 in- und ausländischen Völkerrechtlern über den Sanktionskrieg, in: Friedenswarte, Jg. 27, März 1927, S. 65 ff. und April 1927, S. 97 ff.

derung gegenüber der ursprünglichen Konzeption der Charta deutlich zu sehen. Sie war, vor allem in Kap. VII, auf die Erzwingung des Friedens gerichtet, ganz in der Tradition der Kollektiven Sicherheit. Dag Hammarskjöld stellte 1956 die Funktion der Friedenssicherung auf das Prinzip des Konsenses, der Zustimmung, um. Die Friedenssicherungstruppe der Vereinten Nationen konnte nur dann und dort eingesetzt werden, wenn und wo die Konfliktparteien zustimmten. Die Truppen waren auch nicht dazu bestimmt, eine konkrete Lösung des Konfliktes durchzusetzen, sondern lediglich dessen gewaltsamen Austrag zu verhindern. Diese Aufgabe lag nicht mehr in der Perspektive dessen, was die Kollektive Sicherheit erreichen wollte und wurde vor allem ganz anderen Mitteln anvertraut. Sie verzichteten auf die Schuldzuweisung und auf die Bestrafung; sie banden ihren Einsatz an die Zustimmung der Konfliktparteien. (Dok. 1)

Verglichen mit den ursprünglichen Zielen der Kollektiven Sicherheit stellten die des „peace-keeping" zweifellos eine weitere Reduktion, einen erneuten Verzicht dar. Er rückte andererseits die Internationale Organisation immer stärker an ihre realen Möglichkeiten heran, stellte eine engere Verbindung zwischen Konzept und Konkretisierung her. Solange es keine Weltregierung und keine Einigkeit unter den Großmächten gab, konnte die Internationale Organisation nur dann tätig werden, wenn sie auf Konsens der Betroffenen, zumindest nicht auf deren Widerstand stieß. Dies erkannt zu haben, war das große Verdienst des UN-Generalsekretärs Dag Hammarskjöld. Er löste den dem Konzept der Kollektiven Sicherheit inhärenten Widerspruch zwischen ‚concert' und ‚coercion' dadurch auf, daß er auf den Zwang verzichtete und statt dessen das „Konzert", den Konsens verstärkte.

Hammarskjöld verschaffte damit nicht nur den Vereinten Nationen ihre ersten wirklichen und dauerhaften Erfolge auf dem Gebiet der Friedenssicherung (so minimal sie auch erscheinen mögen); er führte auch die Internationale Organisation an ein neues, angemessenes Verständnis ihrer Möglichkeiten und Fähigkeiten auf dem Gebiet der Sicherheit heran. Sie waren keineswegs geringer als die dem Konzept der Kollektiven Sicherheit ursprünglich zugedachten Zwangsmaßnahmen und Gewalthandlungen. Sie waren nur anders. Sie gingen davon aus, daß die Zusammenarbeit in der Internationalen Organisation einen Minimalkonsens reflektierte, der den bewaffneten Konfliktaustrag zwar nicht unmöglich machte, ihn aber zunehmend als Widerspruch auswies. Die Existenz der Weltorganisation hatte den Kontext der internationalen Politik verändert, in dem sich Außenpolitik vollziehen mußte. Sie drückte Gemeinsamkeiten aus, die den anarchischen Charakter, den das internationale System bis dahin gehabt hatte, abschwächten. Dieser Effekt war erst infinitesimal, aber er war real. Andernfalls wäre die Weltorganisation längst auseinandergebrochen. Es ist daher nicht erstaunlich, daß die Friedenssicherung nach 1989 und vor allem nach 1990 zur wichtigsten Aufgabe der Vereinten Nationen wurde, die dafür sogar den Friedensnobelpreis erhielten. Die UN muteten sich sogar zu, in innerstaatliche Konflikte (Kambodscha, Somalia, Bosnien-Herzegowina) einzugreifen, stießen hier aber bald an ihre Grenzen.[93]

2.2.3 Friede durch Veränderung des internationalen Kontextes

Die ersten friedensstrategischen Konsequenzen aus der durch die Weltorganisation bewirkten Kontextveränderung des internationalen Systems zog Hammarskjöld, wie erwähnt, 1956, und zwar in Gestalt der Richtlinien für den Aufbau und den Einsatz der United Nations Emergency Force. Die Erfahrungen mit UNEF zeigten, wie durch geschicktes Balancieren zwischen Sicherheitsrat und Generalversammlung ein Konsens hergestellt werden kann, auch wenn er vielfach nur den Grad der Tolerierung erreicht, des Verzichts auf aktive Gegenmaßnahmen. Der dadurch

---

[93] Ernst-Otto Czempiel: Reform der UNO, München 1994, S. 112 ff. Zur Geschichte: Rosalyn Higgins: United Nations Peacekeeping. Documents and Commentary, 4 Bde., London 1969 ff.

entstehende Handlungsraum ist groß genug, um die Internationale Organisation tätig werden zu lassen.

Auf der anderen Seite zeigte 1960/61 die Friedenssicherungsaktion im Kongo (ONUC) und die sich anschließende Finanzierungskrise der Vereinten Nationen, daß der Konsens wegbricht, sowie die Friedenssicherungstruppen zur Konfliktlösung zugunsten einer Seite benutzt werden. Auch scheint es, als ließe sich „peace-keeping" am ehesten in solchen Konflikten einsetzen, die als Nachfolgeerscheinungen europäischer Präsenz in der Dritten Welt gedeutet werden können, wie beispielsweise im Libanon und auf Zypern. Hier läßt sich der Konsens der Beteiligten relativ leicht herstellen, während bei originären Süd-Süd-Konflikten, wie zwischen dem Irak und dem Iran, zwischen Vietnam und Kambodscha, Ruanda und Burundi, die Bereitschaft zum Gewaltverzicht nicht anzutreffen ist.

Dahinter verbirgt sich die friedensstrategisch außerordentlich wichtige Frage, ob die unterschiedlichen sozio-politischen Befindlichkeiten der einzelnen Weltteile überhaupt einheitliche Friedensstrategien zulassen. „Peace-keeping" wäre dann als eine Strategie anzusehen, die nur in solchen Konflikten wirksam werden kann, in denen sich Nord und Süd berühren. Die Frage zu stellen, heißt nicht, sie zu beantworten. Im Gegenteil. Selbst wenn die Bereitschaft zum Gewaltverzicht in der Dritten Welt, deren Gewicht in den UN zunimmt und deren Konflikte zunehmend den Zustand der Welt bestimmen[94], nicht vorhanden sein sollte, muß sie durch das Angebot des „peace-keeping" erzeugt werden. (Dok. 2)

Die Entwicklung von Theorie und Praxis des „peace-keeping"[95] stellt den sichtbarsten und zugleich den besonders drastischen Strategiewandel dar, den die Internationale Organisation

---

[94] Dazu Dieter Senghaas: Wohin driftet die Welt?, Frankfurt 1996².

[95] Indar J. Rikhye: The Theory and Practice of Peacekeeping, London 1984. The Blue Helmets. A Review of United Nations Peace-keeping, New York, The United Nations Blue Book Series, 1996.

seit 1956 eingeleitet und vollzogen hat. Er produziert ein anderes, subtileres Verständnis ihrer Einwirkungsmöglichkeit. Es setzt sehr viel früher, nämlich schon bei der Konfliktformation an und vertraut nur noch im letzten Moment, wenn der Konflikt bereits militärische Austragsformen angenommen hat, auf das (aber ebenfalls gewandelte) Gewaltelement des „peace-keeping". Die wichtigere Friedensfunktion der Internationalen Organisation besteht darin, daß sie einen veränderten Kontext des internationalen Systems, einen politischen Rahmen für die Interaktion der Mitglieder abgibt. (Dok. 3)

Auf die friedensstrategische Wirkung dieser Funktion der Internationalen Organisation hatten schon die frühen Theoretiker aufmerksam gemacht. Staaten, die miteinander in ständiger organisierter Beziehung stehen, können sich nicht mehr so verhalten wie diejenigen, die in der Welt von Hobbes und Rousseau lebten.

Am klarsten hat später Alfred H. Fried diesen Zusammenhang erkannt und zur Grundlage einer Friedensstrategie gemacht, die er als „revolutionären Pazifismus" bezeichnete. Fried leitete aus der erkennbaren zunehmenden Interaktion der Staaten auf dem Gebiet der Wirtschaft, der Kultur und der Politik – modern gesprochen: aus der Interdependenz – die Folgerung ab, daß sich auch die Außenpolitik verändern müsse. Das Verhalten des Gegners dürfe nicht mehr durch eigene Macht erzwungen, sondern müsse durch Organisation sichergestellt werden. Viele Staaten handelten bereits nach dieser Devise, die nur noch in ihr Bewußtsein gehoben werden müßte. Darin, und in der Sicherstellung der Kooperation, sah Fried die friedensstrategische Leistung der Internationalen Organisation: „Umwandlung der eigenen Macht in fremde Pflichten ist daher die Formel der zwischenstaatlichen Organisation."[96] Die friedensstrategische Leistung der Internationalen Organisation bestand für Fried darin, daß sie den durch die Interdependenz geänderten internationalen Kontext symbolisierte

---

[96] Fried (Anm. 79), Bd. I, S. 111.

und als neue Umwelt der staatlichen Außenpolitik präsentierte. (Dok. 4)

Fried und der revolutionäre (eigentlich: wissenschaftliche) Pazifismus standen mit diesen Thesen nicht allein. Sie waren ansatzweise schon von den Frühsozialisten geäußert worden, waren selbst den frühen Friedenskongressen nicht fremd.[97] Sie drängten sich seit der Jahrhundertwende weiter nach vorn, nachdem Hochindustrialisierung und Elektrifizierung die Austauschprozesse zwischen den Staaten vervielfacht hatten. Diese zunehmende Interdependenz friedensstrategisch zu reflektieren, war keineswegs ein Monopol der Liberalen, sie teilten es mit fortschrittlichen Denkern aus dem sozialdemokratischen wie dem konservativen Lager. Eduard Bernstein zog aus der Internationalisierung des Kapitals die Konsequenz, daß hier „nur das Radikalmittel der Sozialisierung der großen Handels- und Verkehrswege Sicherung schaffen" würde.[98] Auf der politischen Ebene wollte Bernstein den Staaten-Individualismus, der ständig Gewalt produziert, zugunsten eines Völkerbundes abgeschafft sehen, der den internationalen Rechtszustand, der allein Sicherheit schaffen könne, herstellt.[99]

Konsequenter hat Karl Kautsky die (allerdings unorthodoxmarxistische) Konsequenz gezogen, daß der Völkerbund die Internationalisierung bestimmter Produktionszweige übernehmen solle. Zur Vergenossenschaftlichung, zur Kommunalisierung und zur Verstaatlichung trat für Kautsky dann die vierte notwendige Form der Sozialisierung hinzu: „die der Internationalisierung bestimmter Produktionsstätten und Betriebe"[100]. Mit diesen Thesen hatte Kautsky sowohl den damaligen Grad der Interdependenz wie

---

[97] Vgl. z. B. die Stellungnahme von Lawrence Heywood, in: Verhandlungen des dritten allgemeinen Friedenskongresses, Frankfurt 1850, S. 59.
[98] Eduard Bernstein: Völkerbund oder Staatenbund, Berlin 1919, S. 25.
[99] Wolfram Wette: Kriegstheorien deutscher Sozialisten, München 1971, S. 22 ff.
[100] Karl Kautsky: Sozialisten und Krieg, Prag 1937. S. 667.

2.2 Friede und Internationale Organisation

die Leistungsfähigkeit einer Internationalen Organisation total überschätzt. Kautsky demonstrierte aber sinnfällig, wie stark in der Mitte der dreißiger Jahre der Gedanke vorherrschte, daß die Interdependenz das internationale System verändert und der diesen Wandel reflektierenden Internationalen Organisation eine reale friedenspolitische Funktion zugewiesen hatte.

Dem Philosophen Salvador de Madariaga erschien der Wandel so durchgreifend, daß er in den Staaten nur noch Zwischenträger zwischen der Weltgesellschaft und dem einzelnen sah. Diese Zwischenträger waren immer noch von großer, aber letztendlich temporärer Bedeutung. Sie sollten jetzt schon der Interdependenz dadurch Rechnung tragen, daß sie ihren Standpunkt relativierten: „Der Schlüssel zum Frieden liegt dementsprechend in einem Wandel des geistigen, moralischen und gefühlsmäßigen Ausblicks, der die Nationen von ihrer gegenwärtigen absoluten und gottähnlichen Position herabbringt auf eine mehr bescheidene Situation als Zwischenträger und Vertreter der Menschheit, deren größeren und höheren Interessen sie ständig dienen müssen."[101] In dieser Anhebung der nationalen Interessen auf die übergeordnete Ebene der Interessen der Weltgesellschaft, dieser Relativierung des nationalen Standpunktes sah Madariaga den „Preis des Friedens"[102].

Das Institut, das diese Transformation vom Nationalismus zum Internationalismus bewirken und den Rahmen dafür abgeben sollte, war für Madariaga die Internationale Organisation. Sie, die universal sein müsse, institutionalisiert die offene Kooperation, in der diese Transformation stattfinden kann. (Dok. 5) Die von ihr reflektierte Interdependenz ist bei Madariaga weniger materialer als vielmehr kultureller und geistiger Natur, ist aber deswegen keineswegs weniger wirksam. Sie besonders soll in der Internationalen Organisation ausgedrückt werden, in der die entstandene

---

[101] Salvador de Madariaga: The Price of Peace. The Seventh Richard Cobden Lecture, London 1935, S. 12.
[102] Ebenda, S. 55; siehe auch Dokument Nr. 10.

Gemeinsamkeit Gestalt gewonnen hat. Die Re-Definition nationaler Ziele als Ziele der Weltgesellschaft ist nur möglich im Rahmen der Internationalen Organisation, die die Existenz dieser Weltgesellschaft dokumentiert. Sie zeigt, schreibt Madariaga, daß sich der Kontext der auswärtigen Politik geändert hat und daß sich demzufolge die auswärtige Politik selbst ändern muß.

Bei diesen Theoretikern meldet sich das klassische Verständnis der Funktionsweise der Internationalen Organisation an. Sie wird nicht als kollektiver Akteur gedacht, der einen potentiellen Aggressor abzuschrecken und einen aktuellen zu besiegen vermag; sie wird vielmehr gedacht als Kooperationszusammenhang, der Aggressivität abschwächt und beseitigt. Darin deutet sich eine funktionalistische Interpretation der Internationalen Organisation an. Ihre friedensstrategische Wirkung wird zunehmend darin gesehen, daß die von ihr organisierte Kommunikation oder Kooperation eine Transformation des internationalen Systems hervorruft, die dann auf die Aktion der Systemglieder zurückwirkt und die Kommunikation bzw. die Kooperation verstärkt.

Die funktionalistische Theorie[103] wird später diesen Zusammenhang auf die klassische Formel bringen: „form follows function". Wenn die Staaten der Welt durch Kooperation und zunehmende Abhängigkeiten näher aneinanderrücken, verliert das internationale System seinen anarchischen Charakter, nimmt die Unsicherheit ab und die Überschaubarkeit zu. Staaten, die auf diese Weise miteinander in Beziehung stehen, können – und müssen – sich anders verhalten als in einer hobbesianischen Welt. Die Aufgabe der Internationalen Organisation besteht darin, diese

---

[103] David Mitrany: A Working Peace System, Chicago 1968. Vgl. die einschlägige Diskussion des Funktionalismus bei Harold K. Jacobson: Networks of Interdependence. International Organizations and the Global Political System. New York 1979, S. 67 ff. Ferner: Arthur John Richard Groom und Paul Taylor (eds.): Functionalism: Theory and Practice in International Relations, London 1974. Wichtig vor allem die zusammenfassende Einleitung von Groom.

2.2 Friede und Internationale Organisation

Beziehungen zu intensivieren, Interaktionen zu vermehren, Dependenzen und Interdependenzen zu schaffen.

Friedensstrategische Überlegungen dieser Art wurden nach dem Zweiten Weltkrieg erst zu dem Zeitpunkt wieder aufgenommen, als das Konzept der Kollektiven Sicherheit vor allem nach Kap. VII der UN-Charta nachweislich als gescheitert gelten konnte. Die Renaissance wurde aus zwei unterschiedlichen Quellen gespeist, dem Funktionalismus und der politischen Praxis. In England entwickelte John Burton die funktionalistische These, daß die Internationale Organisation weder eine internationale Streitmacht, noch gar eine Weltregierung schaffen sollte, sondern Einrichtungen und Verhältnisse, die Verständigung zwischen den Staaten erleichtert.[104]

Der Funktionswandel der Internationalen Organisation wird hier schon deutlicher sichtbar. Sie kann die nationale Souveränität, die Entscheidungsfreiheit der Staaten nicht aufheben; daran war das Konzept der Kollektiven Sicherheit stets gescheitert. Sie kann jedoch diese Souveränität einbetten in einen Kooperationszusammenhang, der zwar die Freiheit der nationalstaatlichen Entscheidung nicht aufhebt, ihren Inhalt jedoch verändert. Dabei zeigte sich immer deutlicher, daß der Beitrag der Internationalen Organisation zur Friedensstrategie nicht darin bestehen kann, daß sie direkt auf die Interaktion der Konfliktpartner einwirkt. Nur von diesen, also von den Staaten selbst, kann die Friedensstrategie entfaltet und verwirklicht werden. Die Funktion der Internationalen Organisation besteht darin, durch die Herstellung und Verfestigung des Kooperationszusammenhangs die Kontextveränderung des internationalen Systems zu demonstrieren und zu intensivieren und damit die Entwicklung außenpolitischer Friedensstrategien zu stimulieren. Darin liegt zwar auch eine Einwirkung auf die Interaktion, sie bleibt jedoch indirekt und vermittelt. Sie ist deswegen nicht unwirksam. Genauer: Sind ihr nur wenige Effekte beschieden, so liegt dies nicht an der Internationalen Organisation

---

[104] John W. Burton: Peace Theory, New York 1962, S. 130.

selbst, sondern an den staatlichen Akteuren, die sich als lernunfähig oder als lernunwillig erweisen.

Von der Logik und der Pragmatik der Friedensstrategie her gesehen, ist diese weitere Anpassung des Konzeptes der Internationalen Organisation an ihre realen Leistungsmöglichkeiten völlig positiv zu werten. Die Internationale Organisation kann die Kollektive Sicherheit nicht bieten, die gewaltlose Konfliktbereinigung nicht oktroyieren, die Gewalt nicht aus der Welt schaffen. Sie kann aber zur Verwirklichung dieser Ziele durch die staatlichen Akteure dadurch beitragen, daß sie eine Welt abbildet und herstellt, in der der Gewaltverzicht als richtig und angemessen erscheint. Ein Konflikt zwischen Staaten, die Mitglieder in einer Internationalen Organisation sind, dort zusammenarbeiten und ihren Konflikt innerhalb dieser Organisation auszutragen versuchen, erhält bedeutende und wirksame Anreize zur Gewaltverminderung. Er wird deswegen in seiner Substanz nicht verändert, aber die Austragsmodi werden entscheidend durch die Internationale Organisation beeinflußt.[105] Die Wirkung ist noch sehr viel größer, wenn die Organe und die Institutionen der Organisation zur Konfliktlösung herangezogen werden, im Falle der Vereinten Nationen also nach Kap. VI verfahren wird, vor allem nach Art. 33 und Art. 37.

Aus diesen Zusammenhängen leitete der Funktionalismus die Bedeutung institutionalisierter Zusammenarbeit in Europa im Rahmen der KSZE für die Bewältigung des Ost-West-Konflikts ab, worauf gleich noch eigens hinzuweisen sein wird. Aus diesen Zusammenhängen wird aber auch die Tragweite der Entscheidung deutlich, die den Ost-West-Konflikt 1947 und 1948 nicht den Vereinten Nationen, sondern der Bildung von Militärallianzen außerhalb der UN anvertraut hat, einem klassischen Mittel gewalthaltiger Konfliktaustragung also und dem Gegenstück zu den

---

[105] Dazu Ernst-Otto Czempiel: Konfliktlösungsfunktionen der UN, in: Festschrift Carlo Schmid, Stuttgart 1972, S. 319 ff.

2.2 Friede und Internationale Organisation

modernen Instrumenten multilateraler Konfliktbehandlung im Rahmen der UN.

Auf diese neuen spezifischen Möglichkeiten haben die verschiedenen Generalsekretäre der Vereinten Nationen stets werbend hingewiesen. Schon U Thant hob in seinem letzten Jahresbericht die Bedeutung der Generalversammlung als globalem Meinungsbildner und die des Sicherheitsrates als Wächter über den einzelnen Konfliktlagen in der Welt hervor. (Dok. 6) Kurt Waldheim wies besonders die Großmächte darauf hin, daß sie eigentlich „einen besonderen Bedarf für die Weltorganisation haben, (nämlich) als eine Alternative zu der Art von Konfrontation, die, in unserem Nuklearzeitalter, sich sehr wohl als tödlich für uns alle erweisen könnte"[106]. Pérez de Cuéllar betonte den „Wert und die Nützlichkeit der Vereinten Nationen als eines Verhandlungs-Forums"[107], beklagte aber gleichzeitig, daß es nicht genügend gewürdigt und benutzt würde. (Dok. 7) Auch er verwies auf die spezielle Verantwortung der Großmächte im Sicherheitsrat, dessen „Pflicht" es sei, „sicherzustellen, daß dieser Prozeß (der Konfliktlösung) friedlich bleibt, damit er nicht den größeren Frieden gefährdet"[108].

Alle Generalsekretäre waren sich in der Kritik einig, mit der sie die – zunehmende – Tendenz bedachten, die Vereinten Nationen zu umgehen, sie aus konkretem Konfliktmanagement herauszuhalten. Sie hat sich nach 1994 erneut gezeigt und sogar verstärkt. E negativo unterstreichen diese Versuche den friedensstrategischen Wert der Internationalen Organisation. Die von ihr ausgedrückten Bindungen schränken die Handlungsfreiheit der Konfliktpartner ein, verlangen jedenfalls den Verzicht auf das Gewaltelement, zumindest dessen Reduktion. Positiv gewendet:

---

[106] Jahresbericht des UN-Generalsekretärs Kurt Waldheim, 11. 9. 1979 (GAOR 34, Supplement No. 1 [A/34/1]), S. 1.
[107] Jahresbericht des UN-Generalsekretärs Pérez de Cuéllar, 7. 9. 1982 (GAOR 37, Supplement No. 1 [A/37/1]), S. 4.
[108] Ebenda, 12. 9. 1983 (GAOR 38, Supplement No. 1 [A/38/1]), S. l.

Der reale Einfluß der Internationalen Organisation auf die Interaktion entsteht zunächst dadurch, daß sie eingebettet wird in das durch die Internationale Organisation ausgedrückte Bewußtsein der Gemeinsamkeit, in dem sich die Kontextveränderung des internationalen Systems niederschlägt. Um so wirksamer können die Konfliktbehandlungsmethoden werden, die in der Organisation institutionalisiert sind. Was Castlereagh das „group in" nannte, wird heute in breitem Maße zur Sozialisationsleistung der Internationalen Organisation. Sie übt durch die Praxis ein bestimmtes Verhalten der Staaten ein und läßt es zur akzeptierten Norm werden. Die Institutionalisierung solcher Normen und Perzeptionen trägt dann bei denen, die sie befolgen, auch zur Identifikation und zur Selbstbestätigung bei, da sie sich als Teil eines umfassenden und allseits akzeptierten Kooperationszusammenhangs verstehen. Daraus resultieren meßbare Folgen, wie Butterworth 1978 herausgefunden hat: Die „Gewohnheit der Zusammenarbeit verstärkt die Bedeutung von Politiken, die kooperatives Verhalten durch Konsens und nicht durch Zwang" herbeiführen.[109] Die Kontextveränderung, die die Internationale Organisation bewirkt, gipfelt in dem Druck auf die Mitglieder, ein „verläßliches und dauerhaftes Verhaltensmuster" an den Tag zu legen.[110] Was Castlereagh schon wußte, weiß die moderne Sozialwissenschaft besser und belegbar: „daß Staaten durch die Mitgliedschaft in einer Internationalen Organisation in Richtung auf ein bestimmtes (nämlich gemäßigtes) Verhalten sozialisiert werden"[111].

2.2.4 Friede durch regionale Organisation

Mit dieser Art der Einwirkung auf die Interaktion sind die friedensstrategischen Möglichkeiten der Internationalen Organisation

---

[109] Robert L. Butterworth: Moderation from Management: International Organizations and Peace, Pittsburgh 1978.
[110] Archer (Anm. 62) S. 163.
[111] Ebenda.

keineswegs vollständig beschrieben worden, sondern nur im Hinblick auf den – in der Tradition stets angesprochenen und besonders wichtigen – Fall von Konflikten in einem prinzipiell offenen System. Hat ein Teilsystem diesen Zustand bereits überwunden, so verändert – und vergrößert – sich die friedensstrategische Funktion der Internationalen Organisation. Für die Staaten Westeuropas, die in der Europäischen Union zusammengeschlossen sind, übt die EU eine integrative Funktion aus. Sie treibt den Fusionsprozeß voran (jedenfalls sollte sie es tun) und führt damit diese Staaten zu höheren und intensiveren Formen der Kooperation, gleichzeitig zu höheren Stadien des Friedens. Gerade angesichts der dreihundertjährigen Geschichte der europäischen Kriege muß der westeuropäische Integrationsprozeß in erster Linie als Friedensprozeß begriffen und vorangetrieben werden. Dementsprechend groß ist die Rolle der Europäischen Union als Internationaler Organisation; mit ihr hat sich insbesondere der Neo-Funktionalismus beschäftigt.[112]

Ihrer Anlage nach stellt die Organisation Amerikanischer Staaten ebenfalls eine weit entwickelte, streckenweise schon mit dem Mehrheitsprinzip arbeitende Internationale Organisation dar, der es weniger darum geht, zwischen den Mitgliedern Kriege zu verhindern, als die Zusammenarbeit zu fördern. Die Leistungen dieser beiden Internationalen Organisationen bleiben hier außer Betracht, weil sie auf dem Kontinuum der Konfliktaustragsmodi erst relativ spät, nämlich dann auftreten, wenn der Einsatz von Gewalt bereits als überwunden gelten kann. Sie gehören aber – das wurde schon erwähnt – in den Friedensprozeß und sollten als dessen genuiner Bestandteil aufgefaßt, besprochen und weiterentwickelt werden.

---

[112] Klassisch: Ernst B. Haas: Beyond the Nation-State. Functionalism and International Organization, Stanford, Stanford University Press, 1964. Dorette Corbey: Dialectic Functionalism: Stagnation as a booster of European Integration, in: International Organization 49, 2, Spring 1995, S. 253 ff.

Dem Gewalteinsatz und seiner Verhinderung aber galt ursprünglich das Konzept der Internationalen Organisation, das demzufolge nur in dieser Funktion hier behandelt wird. Sie ist auch die wichtigste, weil es in ihr um den äußersten Grad der Gewaltanwendung, den Krieg, und um dessen Vermeidung geht.

Mußte deswegen die Besprechung auf die Vereinten Nationen konzentriert, so kann sie jedoch nicht auf sie beschränkt werden. Obwohl der Ost-West-Konflikt bei seiner Entstehung nicht den Vereinten Nationen anvertraut wurde, blieb die Erinnerung an den Wert organisierter Zusammenarbeit wach. Seit 1975 gab es die ‚Konferenz für Sicherheit und Zusammenarbeit in Europa' und seit 1986 die ‚Konferenz für vertrauensbildende Maßnahmen und Abrüstung in Europa'.[113] An beiden Konferenzen waren alle Staaten, die im Ost-West-Konflikt engagiert waren, beteiligt.

Um so bemerkenswerter ist es, daß das erste Auftreten einer solchen organisierten Kooperation in Gestalt der KSZE nur ganz selten unter diesem Aspekt gesehen und behandelt wurde. Das mag verschiedene Gründe gehabt haben. Zum einen verhinderte die zwar plausible, aber doch häufig undeutliche Sprache des Funktionalismus eine klare Zuordnung von Ereignis und Wirkung. Traten dann noch große Erwartungen hinzu, so glitt die Perspektive sehr rasch ab in auch mittelfristig kaum realisierbare Konzepte, wie etwa das eines europäischen „pluralistischen Sicherheitssystems"[114]. Während in der wissenschaftlichen Diskussion zeitnaher Probleme diese Verkürzungen bald entfielen[115],

---

[113] Peter Schlotter, Norbert Ropers, Berthold Meyer: Die neue KSZE. Zukunftsperspektiven einer regionalen Friedensstrategie, Opladen 1994.

[114] So, in Anlehnung an die – freilich unter anderen Vorzeichen entwickelten – Thesen von Karl W. Deutsch: Peter Schlotter: Die Ost-West-Beziehungen als pluralistisches Sicherheitssystem, in: Hessische Stiftung Friedens- und Konfliktforschung (Hrsg.): Europa zwischen Konfrontation und Kooperation, Frankfurt 1982, S. 37 ff.

[115] Siehe die Diskussion bei Helga Haftendorn und Otto Keck (Hrsg.): Kooperation jenseits von Hegemonie und Bedrohung. Sicherheits-

dominierten sie verständlicherweise in der politischen Diskussion, in der die aktuelle Interessenabwägung einen entscheidend großen Platz einnahm. Die kurzfristige Verteilung von Vor- und Nachteilen verstellt dann sehr rasch den Blick auf die langfristige Strukturwirkung Internationaler Organisationen.[116] Dieser Aspekt kommt häufig auch deswegen zu kurz, weil die historische Dimension nicht berücksichtigt, das Objekt vielmehr als zeitloseinmalig behandelt wird. Diese Versuchung ist bei zeitnahen Gegenständen besonders groß, weil schon ihre Erfassung und kritische Bearbeitung einen beträchtlichen, die Kapazität eines einzelnen häufig übersteigenden Aufwand erfordern.

Wo diese Schwächen jedoch nicht auftraten, zeigte sich die friedensstrategische Funktion einer Konferenz wie der KSZE sofort. Ihre Schlußakte erschien dann als Bestandteil eines „multistabilen Systems wachsender Sektoren unter intersystemarer Regulierung, in der der Wert militärischer Mittel zur Erreichung politischer Ziele ständig abnimmt". Die Konferenz, die mit ihren Fortsetzungen schon einen quasi-kontinuierlichen Charakter besaß, zeigte sich dann sehr früh als ein „System von Bindungen und Interdependenzen, die neue Schwellen und Barrieren gegen ein unerwünschtes Verhalten errichten"[117].

Als Vorstufe einer Internationalen Organisation übte die KSZE schon einen kontextverändernden Einfluß aus, der zwar den Konflikt nicht löste und die Gefahr militärischer Auseinander-

---

institutionen in den internationalen Beziehungen, Baden-Baden 1997.

[116] Daraus resultiert die anhaltende Reserve der USA gegenüber der OSZE.

[117] Gerda Zellentin und Johan J. Holst, zit. bei Winrich Kühne: Die Schlußakte der KSZE: Zur Bedeutung, Auslegung und Anwendung von Verhaltensregeln in den Ost-West-Beziehungen, in: Jost Delbrück et al. (Hrsg.): Grünbuch zu den Folgewirkungen der KSZE, Köln 1977, S. 149. Siehe auch Kurt P. Tudyka: Das OSZE-Handbuch: Die Organisation für Sicherheit und Zusammenarbeit in Europa von Vancouver bis Wladiwostok, Opladen 1997.

setzung nicht endgültig bannte. Indem er aber die wechselseitige Akzeptanz demonstrierte und auf „Inseln der Kooperation" auch verwirklichte und intensivierte, reduzierte er die Gefahr des militärischen Austrags, verschob ihn hin zu gewaltgeminderten, gegebenenfalls sogar gewaltfreien Modi. In diesem Sinne hat die KSZE den Umbruch von 1989/90 vorbereitet.

Dieser Befund gilt, obwohl die KSZE sich gar nicht mit dem militärischen Teil des Ost-West-Konfliktes beschäftigte, ihn mit den vertrauensbildenden Maßnahmen nur am Rande streifte. Natürlich wäre es besser gewesen, wenn der gesamte Konfliktumfang, also auch die militärische Dimension, im Rahmen einer Internationalen Organisation und nicht durch den Aufbau von Allianzen behandelt worden wäre. Dem deutschen Völkerrechtler Mendelssohn-Bartholdy verdanken wir die Einsicht, daß der Beitrag von Allianzen zur Friedenssicherung als gering, aufgrund der Vorgeschichte des Ersten Weltkrieges sogar als negativ einzuschätzen ist. (Dok. 8) Sie werden sich andererseits so lange als rationales Instrument der Konfliktbewältigung anbieten, solange das internationale System als anarchisch und das Verhalten des Gegners als ungewiß angesehen wird. Beide Eigenschaften des internationalen Systems wurden durch die Internationale Organisation reduziert bzw. abgeschwächt. KSZE und KVAE machten für jede Seite den Gewaltverzicht der anderen überschaubar und erleichterten ihn gleichzeitig durch die organisierte Kooperation auf wirtschaftlichem und technologischem Gebiet.

Der friedensstrategische Wert beider Konferenzen wurde nicht gemindert dadurch, daß die Errichtung einer solchen Organisation auch von den Staaten des Warschauer Paktes gefordert worden war. Sie versprachen sich offenbar davon politische Vorteile, aber sie übersahen die sozialisierenden und regulierenden Wirkungen einer solchen Organisation, von denen sie in erster Linie selbst betroffen wurden. Die KSZE reduzierte nicht nur die Unübersichtlichkeit des Konfliktsystems, indem sie Informationen und damit Vertrauen erzeugte. Sie erweiterte damit auch den

2.2 Friede und Internationale Organisation

Handlungsspielraum der gesellschaftlichen Gruppen im damaligen Ostblock (Helsinki-Gruppen), was die Schwächung und spätere Ablösung des kommunistischen Herrschaftssystems in Osteuropa erheblich beschleunigte.

Gerade wegen dieser Erfolge wurde die KSZE 1990 in der „Charta von Paris für ein neues Europa" in eine regelrechte Internationale Organisation verwandelt, mit dem Sitz in Wien. 1995 erklärte sie sich zur regionalen Unterorganisation der Vereinten Nationen und erfüllte damit das Telos, das schon der Schlußakte von Helsinki innegewohnt hatte.[118]

So, wie die KSZE den Kalten Krieg verändert hatte, weil sie Ungewißheit durch Information, Mißtrauen durch Vertrauen ersetzte, verändert jede Internationale Organisation den Kontext der Interaktionen. Als Instrument kollektiver Sicherheit kann sie nicht funktionieren; als Mittel zur Veränderung des internationalen Kontextes wirkt sie durchaus und meßbar. Sie umgibt die in ihr ausgetragenen Konflikte mit einem Verhaltensrahmen, der den Krieg intentional ausschließt und damit auch praktisch erschwert. So ist ihre Wirkungsweise auch von den Klassikern verstanden worden. Was fehlt, ist die aktive Rezeption durch die praktische Politik.

Daß sie bisher ausgeblieben ist, hat vermutlich mehrere Gründe. Einer gilt speziell für Deutschland: In der Tradition seiner Außenpolitik[119] haben die Internationalen Organisationen stets einen diskreditierten und auch in der Bundesrepublik[120] lange Zeit

---

[118] Auf der Seite 106 der ersten Ausgabe hatte ich 1986 geschrieben: „Wäre es nicht friedensstrategisch ratsam, diese Konferenzen (nämlich KSZE und KVAE) zu verstetigen, sie dauerhaft zu machen und auch zu regionalen Organisationen werden zu lassen, etwa sogar im Sinne des Art. 52 SVN?".

[119] Vgl. die Darstellung der Position des Wilhelminischen Reiches und vor allem Wilhelm II. gegenüber dem Projekt einer Internationalen Organisation und des Schiedsgerichts bei Dülffer (Anm. 19).

[120] Vgl. die Darstellung der frühen Position der Bundesrepublik gegenüber den Vereinten Nationen bei Ernst-Otto Czempiel: Macht und

2. Friede durch Einwirkung auf die Interaktion

unterschätzten Platz eingenommen. Das mag sich ändern, aber die Änderung fiele dann in eine Zeit, in der das Interesse an der Internationalen Organisation im Westen gerade nachläßt.

Ihm war seit 1990, als Präsident George Bush das verheißungsvolle Wort von der „Neuen Weltordnung" prägte, nur eine kurze Renaissance beschieden. Nach ihrem Fiasko in Somalia und der nur halbherzig und unter aussichtslosen Bedingungen ausgeführten peace-keeping-Aktion in Bosnien-Herzegowina, traten nicht nur die Vereinten Nationen in den Schatten der NATO. Auch die OSZE in Wien wurde vernachlässigt, insofern ihr hauptsächlich politische Hilfsaufgaben zugeschoben wurden. Ihre, in der Charta von Paris deutlich enthaltene Funktion, in dem neuen Europa für das notwendige Vertrauen zu sorgen, die Systemanarchie zu mildern und so das Sicherheitsdilemma an seiner Wiederkehr zu hindern, verblaßte rasch. Die Neuordnung der Beziehungen wurde nicht der multilateralen Kooperation in der OSZE, sondern der bilateralen Verständigung zwischen NATO und Rußland überantwortet. Dieser Rückgriff auf eine veraltete Strategie könnte leicht dazu führen, daß beide Seiten ihr Heil wieder in der Verteidigungsfähigkeit suchen, statt verläßliche Sicherheit dadurch zu erzeugen, daß sie mit der Internationalen Organisation die vom System gestiftete Ungewißheit, die *eine* große Gewaltursache, aus der Welt schaffen. Im euroatlantischen System bestand nach 1990 die Möglichkeit dazu, es gab auch ein Bewußtsein davon. Die eine verfiel und das andere verging.

Kompromiß: Die Beziehungen der BRD zu den Vereinten Nationen 1956–1970, Düsseldorf 1971.

3. Friede durch Änderung der gesellschaftlichen Strukturen

Woraus entsteht außenpolitische Aktion, und wie läßt sie sich zugunsten des Friedens beeinflussen? Geklärt wurde bereits, wie sie sich beim Zusammentreffen mit anderen zur Interaktion dadurch steuern läßt, daß man deren Kontext verändert, die Systemanarchie mindert. Wichtig ist jetzt der Versuch, sie bei ihren ‚inputs' zu erfassen, die ‚Außenpolitik' so zu gestalten, daß sie schon von sich aus auf die Verminderung der Gewalt und die Anhebung der Gerechtigkeit angelegt ist. Außenverhalten entsteht aus Entscheidungen, die unter den Ordnungsbedingungen einer politischen Einheit, eines Staates, getroffen werden. Sein Herrschaftssystem und die davon abhängige Rolle der Interessengruppen bilden die zweite große Gruppe der Gewaltursachen. Für die Liberale Schule ist sie sogar die wichtigste, wichtiger als die Systemanarchie, da selbst das Verhalten der Staaten ihr gegenüber davon bestimmt wird, ob es sich um eine Demokratie oder um eine Diktatur handelt.

Das Herrschaftssystem – und das Wirtschaftssystem – entscheiden über die Auswahl der zu verfolgenden Interessen und über die Mittel und Instrumente, mit denen sie in der internationalen Umwelt verwirklicht werden sollen. Hier geht es also um die Frage, wie die Eigenschaften einer politischen Einheit das Außenverhalten ihrer Akteure beeinflussen.

Dieser Zusammenhang ist analytisch wichtig, weil er Aufschluß vermittelt über strukturelle Einflüsse auf auswärtiges Verhalten. Er ist deswegen auch strategisch wichtig: wenn in den Herrschafts- und Wirtschaftssystemen der Staaten Barrieren des Friedens zu finden sind, dann hängt eine erfolgreiche Friedensstrategie davon ab, daß es gelingt, diese gesellschaftlichen Strukturen bei den Systemmitgliedern zu verändern. Aus beiden Gründen haben sich auch die Theoretiker vornehmlich mit dem Zusammenhang beschäftigt, der zwischen dem Außenverhalten einer politischen Einheit und ihrem Herrschafts- und Wirtschaftssystem besteht. Sie bilden die Haupteigenschaften, die die politische Qualität eines Systems, den von ihm erreichten Grad der Emanzipation und des Fortschritts ausmachen. Von ihnen ist daher eine besonders intensive und charakterisierende Einwirkung auf das Außenverhalten zu erwarten.

Selbstverständlich gibt es weitere Eigenschaften, die das außenpolitische Verhalten der Einheiten beeinflussen: die geographische Lage und Größe, die wirtschaftliche und militärische Stärke. Auch sie haben ihren Bezug zum Frieden. Ein kleiner, durch seine Insellage geschützter und gleichzeitig gehemmter Staat braucht sich nicht zu verteidigen, er kann aber auch nicht angreifen. Umgekehrt vermag eine hochgerüstete Supermacht eine auswärtige Gewaltpolitik zu führen, die sich ihr kleiner Nachbar ihr gegenüber nicht erlauben kann. Dürfen solche Fähigkeiten nicht vernachlässigt werden, so weisen sie keine eindeutige Beziehung zum Außenverhalten einer Einheit auf. Eine Supermacht muß sich aufgrund ihrer militärischen Stärke nicht notwendig aggressiv nach außen verhalten; der kleine Inselstaat andererseits kann ständig gewaltbereit sein. Ressourcen und geographische Lage können das Verhalten der Staaten beeinflussen, aber nicht determinieren. Vielmehr ist jeder Staat prinzipiell frei, sein Außenverhalten zu gestalten. Selbst im Falle eines unprovozierten Angriffs gegen ihn könnte er immer noch wählen, ob er sich verteidigen oder erobern lassen will. Staaten befinden sich nicht prinzipiell in einer anderen Lage als Individuen: Ihre Freiheit ist kontingent, aber innerhalb dieser Bedingung auch existent.

Von den Individuen unterscheiden sich die Staaten dadurch, daß sie Kollektive darstellen, über deren Verhalten in organisierten Entscheidungsprozessen bestimmt wird. Sie wiederum werden durch das Herrschaftssystem festgelegt. Es befindet darüber, wer an diesen Entscheidungsprozessen und an welcher Stelle teilhat; es befindet auch darüber, wer in welchem Maße und auf welche Weise von den Entscheidungen betroffen wird. Die von Lasswell gestellte klassische Frage aller Politik: „Who gets what, when and how" wird durch das Herrschaftssystem vorentschieden. Es stellt die wichtigste Eigenschaft dar, von der das innen- und außenpolitische Verhalten einer politischen Einheit abhängt.

Es regelt auch die Werteverteilung im Sachbereich Wohlfahrt. Gewinn bildet neben Herrschaft und Macht den zweiten Hauptantrieb der politischen Verteilungsprozesse. Sie richten sich der Menge nach hauptsächlich auf Wohlstandswerte. Steuern und Zölle mögen dies veranschaulichen, aber auch die Preise und das Einkommen, über die durch gesellschaftliche Akteure mittels Macht entschieden wird. Entsprechend wichtig ist der Zugang gesellschaftlicher Akteure zu denen des Politischen Systems; das gilt besonders für die Generierung von Werten in der internationalen Umwelt und ihre Verteilung im gesellschaftlichen Umfeld.

Daraus ergibt sich eine klare Rangordnung der Verteilungssysteme. Die Spitze wird vom Herrschaftssystem gehalten, davon abhängig ist das Wirtschaftssystem. Seine Verteilungsprozesse lassen sich leichter verändern als die der Herrschaft. Es ist nicht auszuschließen, daß Diktaturen akzeptable Systeme zur Verteilung von Wohlstandswerten zulassen – gerade wenn sie dadurch ihren Bestand sichern können. Die Volksrepublik China seit Deng Xiaoping veranschaulicht den Zusammenhang. Daß partizipatorisch organisierte und eine hohe Verteilungsgerechtigkeit aufweisende Verteilungssysteme ein autoritäres Herrschaftssystem ausbilden, ist nicht denkbar.

3.1 Friede und Herrschaft

Zunächst also muß der Zusammenhang zwischen der Herrschaftsordnung[1] und dem Außenverhalten einer politischen Einheit überprüft werden. Dazu muß man ihn genauer formulieren. Ein allgemeiner Zusammenhang zwischen dem Herrschaftssystem und der

---

[1] Zum Begriff der Herrschaft vgl. Karl Otto Hondrich: Theorie der Herrschaft, Frankfurt 1973.

Außenpolitik einer Einheit läßt sich ebenso wenig feststellen wie der zwischen Innen- und Außenpolitik. Man muß schon, wie im ersten Kapitel entwickelt, präziser fragen: Wie hängt das auf die Generierung und Verteilung von Werten in der internationalen Umwelt gerichtete Verhalten der Akteure ab von der allgemeinen Organisation der Anforderungs-Umwandlungs-Beziehungen zwischen dem Politischen System und seinem gesellschaftlichen Umfeld? Mit dieser Formulierung des Problems kann man nicht nur in der Gegenwart des ausgehenden 20. Jahrhunderts, sondern auch in der Vergangenheit arbeiten. Den Vorgang der Werteverteilung hat es in allen Herrschaftssystemen gegeben, auch vor der Ausbildung des Nationalstaates.

Mit dieser Fragestellung lassen sich mehrere Zusammenhänge erfassen. Die Staatsform entscheidet darüber, wer als außenpolitischer Akteur auftreten darf: ein Alleinherrscher, eine Elite, das Volk. Bei den früheren Theoretikern stand der Dual zwischen Monarchie und Republik im Vordergrund der Analyse, das entsprach der Epoche. Die Französische Revolution fügte den Typ der demokratischen Republik hinzu, der sich im Laufe der weiteren Entwicklung vielfach variierte. In einer demokratischen Republik sind, dem Idealtypus nach, alle gleichermaßen am Verteilungsprozeß beteiligt und von ihm begünstigt. In der Realität zerfällt diese Beteiligung nicht nur in die der beiden großen Gruppen der Eliten und der Nicht-Eliten; auch innerhalb der Elite bilden sich Gruppen mit besonderem Zugang zu den Entscheidungsprozessen und deren Verteilungsfolgen, bilden sich also außenpolitische Akteursgruppen heraus, die die Beziehung zwischen ihren eigenen Aktionen in der internationalen Umwelt und den staatlichen Verteilungsprozessen zwischen dem Politischen System und dem gesellschaftlichen Umfeld besonders auszunutzen verstehen. Ihrer Funktion und ihrer Vorgehensweise nach sind sie schon von James Mill anhand der englischen Kolonialpolitik diagnostiziert worden.

3.1 Friede und Herrschaft

Der moderne Industriestaat hat eine weitere, im Typus der Staatsform nicht vorgesehene Akteursgruppe hinzugefügt: die Bürokratie. Ihr Verhalten entspricht dem der Manager in der Industrie. Beide sind an dem, was sie bearbeiten, über Karriereinteressen, aber nicht über den Besitztitel interessiert; beide wirken aufgrund ihrer Verfügungsmöglichkeiten beträchtlich auf die Außenpolitik und die internen Verteilungsprozesse ein.

Die Informationen, die sich aus der Staatsform über die Organisation des Verteilungsprozesses und die dadurch bestimmte Auswahl außenpolitisch relevanter Akteure ableiten lassen, bleiben formal, solange sie nichts über den Verteilungsmodus, also über den Gewaltgrad der Herrschaft aussagen. Er bestimmt die Qualität eines Herrschaftssystems, ebenso wie er darüber befindet, ob ein internationaler Konflikt friedlich gelöst wird oder nicht.

Der Grad der Gewalt ist unabhängig von der Herrschaftsorganisation, aber abhängig von der Verteilungsgerechtigkeit. Ist sie hoch genug, daß sie auf den Konsens der Betroffenen stößt, bedarf es zur Werteverteilung keiner oder nur geringer Gewalt. Eine Verteilungsungerechtigkeit jedoch läßt sich nur mit Gewalt durchsetzen und bedarf davon um so mehr, je größer sie ist. Werden von ihr Partizipationsrechte betroffen, so wird die Gewalt auch schon durch die Staatsform begründet. Eine Monarchie oder eine Diktatur läßt sich nicht ohne grobe Gewaltanwendung aufrechterhalten, wie sich am Beispiel der Warschauer Pakt-Staaten ablesen ließ. Das war nicht immer so, und Monarchien konnten in einer Zeit, da Partizipationsrechte nicht eingefordert wurden, durchaus eine hohe Verteilungsgerechtigkeit und daher niedrige Herrschaftsgrade aufweisen. Umgekehrt kann eine Republik eine hohe Verteilungsungerechtigkeit aufweisen, die, weil sie auf Dissens stößt, nur mit großer Herrschaftsgewalt durchgesetzt werden kann. Gewaltgrade der Herrschaft sind zwar in der Regel, aber nicht unbedingt unabhängig von deren System, sondern von ihren

Verteilungsleistungen und dem Grad ihrer Akzeptanz im gesellschaftlichen Umfeld.

Gibt es auch eine Entsprechung zwischen der Gewalt, die im Innern eines Herrschaftssystems zur Werteverteilung benötigt wird und der, die die Akteure dieses Systems in der internationalen Umwelt anwenden? Lassen sich Systeme denken, die einen hohen internen Konsens und deswegen wenig Gewalt aufweisen, deren Akteure aber in den Außenbeziehungen gewaltsam verfahren? Gibt es, konventionell ausgedrückt, die aggressive Demokratie? Gibt es, umgekehrt, die friedliche Diktatur, deren Verteilungsprozesse intern nur mit höchster Gewalt aufrecht erhalten werden können, die aber in dem Konflikt mit der Umwelt die relative Gewaltlosigkeit bevorzugt?

Diese Fälle sind denkbar und dürfen nicht von vornherein als in sich widersprüchlich abgelegt werden. Allerdings deutet kaum etwas darauf hin, daß sie auch in der Realität anzutreffen sein werden. Ist die Gewalt traditionelles Medium des internen Verteilungsprozesses, ist sie, sozusagen, Bestandteil der politischen Kultur eines Staates, so wird sie sich auch bei der Regelung externer Konflikte anbieten. Sie wird um so attraktiver sein, als das Instrumentarium dazu, die organisierte militärische Gewalt, ohnehin vorhanden ist. Sie dient im Inneren der Duchsetzung des Verteilungsprozesses, der Disziplinierung, notfalls der Liquidierung des Widerstands. Sie steht daher bereit, bei der Konfliktbearbeitung im internationalen System eingesetzt zu werden. Schon die Möglichkeit dazu erleichtert ihre Realisierung. Diese Doppelfunktion des Militärs ist gerade von der Kritik im 19. Jahrhundert stets deutlich hervorgehoben worden.

Umgekehrt können, da ein solches Instrument fehlt, Herrschaftssysteme mit niedrigem Gewalt- und hohem Konsensgrad es auch nicht nach außen einsetzen. Dagegen spricht auch ihre politische Kultur, die auf Verteilungsgerechtigkeit, Ausgleich und Kompromiß gerichtet ist. Dennoch ist nicht auszuschließen, daß ein solches Herrschaftssystem in Fällen, in denen der Anreiz besonders groß ist, zur militärischen Gewalt greift und sich das Instrument dazu beschafft. Aus diesem Prozeß können dann Anreize zu immer weiteren Einsätzen des Instruments ausgehen und zu Verformungen des Herrschaftssystems führen. Möglicherweise hat Max Weber daraus seine These bezogen, daß überall dort, „wo Gewalt am leichtesten zu günstigen Tauschbedingungen führen würde, sie ... (auch) angewendet werden würde"[2]. Als Ausnahme ist die These richtig, als Regel kaum. Ein Herrschaftssystem, das auf hohem Konsens beruht und deswegen gegenüber seiner Gesellschaft kein Gewaltinstrument braucht, wird auch in den Beziehungen zur internationalen Umwelt die Gewalt vermeiden.

Ihm fehlt auch ein weiterer Anreiz zu gewaltsamer außenpolitischer Konfliktregelung, nämlich deren instrumentelle Benutzung zur Herbeiführung des internen Konsenses, zur Disziplinierung der Opposition. Diese Herrschaftstechnik nutzt den Vorrang, den der Schutz vor Angriffen aus dem internationalen System zweifellos genießt, unter dem Programmbegriff „Primat der Außenpolitik" zur Kompensation ihrer Verteilungsdefizite. In äußerster Anwendung beschwört diese Technik einen auswärtigen Konflikt ausschließlich zu dem Zweck herauf, Herrschaft innenpolitisch zu festigen. In sublimer Form dient der Hinweis auf den ‚Ernst der Lage' und auf die ‚unvermindert anhaltende äußere Bedrohung' dazu, bestehende Macht- und Einflußverteilungen im Innern gegen Veränderungen zu stabilisieren.

Allerdings ist der Außendruck auch eine reale Größe, die generell Berücksichtigung verlangt, auch bei hohem internen Konsens. Von den beiden Staatsfunktionen, nämlich Sicherheit und Wohlstand zu gewährleisten, hat die Sicherheit zweifellos den Vorrang. Dem muß die Organisation des Staates Rechnung tra-

---

[2] Max Weber: Wirtschaft und Gesellschaft, Tübingen 1980[5], S. 526.

gen³, im entfernten Inselstaat nur sehr schwach, in einem von Gegnern umgebenen Kontinentalstaat sehr stark. Es gibt also eine Beziehung zwischen der auswärtigen Konfliktposition, in der sich ein Land befindet, und seiner inneren Organisation. Diese Beziehung hängt ab von der Stärke des Konflikts einerseits, der Größe des betreffenden Landes andererseits; sie ist aber niemals invariabel, bleibt stets beeinflußbar.

Der Problemkreis, der sich zwischen den auswärtigen Konflikten eines Landes und der Organisation seines Herrschaftssystems spannt, ist also reichlich gefüllt. Er enthält zwar nur Bedingungen des Handelns; sie sind aber für eine Friedensstrategie von großer Bedeutung. Nicht zuletzt deshalb hat sich die politische Theorie seit dem Beginn der europäischen Neuzeit mit diesem Zusammenhang befaßt; sie ist dabei über die Jahrhunderte hinweg zu bemerkenswert konstanten Ergebnissen und Folgerungen gekommen.

3.1.1 Friede durch Republik und Föderalismus

Allerdings gab es nicht sehr viele Theoretiker, die sich mit diesem Zusammenhang beschäftigten. Vornehmlich begleitete die politische Theorie die Entwicklung des europäischen Nationalstaats und legitimierte dessen Machtvollkommenheit nach außen. Thomas Hobbes[4] und John Locke haben sich kaum mit den Außenbeziehungen und noch weniger mit dem Frieden befaßt. Wer sich überhaupt für das Thema engagierte, dachte vornehmlich an die Internationale Organisation, übersah den Zusammenhang von

---

[3] Vgl. dazu Peter Gourevitch: The Second Image Reversed: The International Sources of Domestic Policies, in: International Organization 32, 4, Herbst 1978, S. 881 ff.

[4] Hobbes hat sich überhaupt, trotz des nach ihm benannten Naturzustandes zwischen den Staaten, nicht systematisch mit der internationalen Politik befaßt; vgl. Michael Williams: Hobbes and International Relations: A Reconsideration, in: International Organization, Vol. 50, No. 2, Spring 1996, S. 213–236.

3.1 Friede und Herrschaft

Außenverhalten und Herrschaftssystem und stellte die Monarchie als die vorherrschende Staatsform dieser Epoche nicht in Frage. Diejenigen aber, die den Zusammenhang thematisierten, kamen durchweg zu vergleichbaren Ergebnissen. Für Machiavelli, Montesquieu und Rousseau war friedliches Außenverhalten an die Staatsform der Republik und an eine bestimmte, nämlich begrenzte Machtfülle gebunden. Die Föderation kleiner Republiken – das war die herrschaftliche Struktur des Friedens. Sie wurde in der Renaissance nicht zum ersten Mal, aber doch erstmalig in dieser modernen Form reflektiert. Die der Herrschaft Unterworfenen hatten deren Folgen stets innen- wie außenpolitisch zu ertragen, als Unterdrückung und Krieg. Die Friedensvorstellung verklammerte daher, wie gezeigt wurde, von Anfang an beide Bereiche miteinander, ausgedrückt in der klassischen Formel des Thomas von Aquin, daß der Friede „das Werk der Gerechtigkeit" sei.

Zur analytischen Reflexion des Zusammenhangs konnte es jedoch erst kommen, nachdem traditionale sich zu rationaler Herrschaft entwickelt hatte. Sie mußte auch die Interessen ihrer Objekte berücksichtigen, wenn auch nur als Bedingungskontext ihres politischen Erfolges. Renaissance und Aufklärung ließen die Interessen der Betroffenen in den Vordergrund treten. Ihnen wurde unterstellt, daß sie sich auf den Frieden richteten und hier mit den Interessen der Herrschaft kollidierten. Thomas Paine brachte 1791 diese Interpretation auf die klassische Formel: „Kriege werden durch Regierungen verursacht. Die Demokratie wird sie beenden."[5]

Der erste, der den Zusammenhang zwischen Herrschaftssystem und auswärtigem Verhalten analytisch durcharbeitete, war Niccolo Machiavelli (1469–1527). Er wird in der Regel mißverstanden, beurteilt nach der kleinen, opportunistischen Gelegenheitsschrift vom Fürsten. Machiavelli war aber kein Machia-

---

[5] Thomas Paine: The Rights of Man, 1791, zit. nach A. J. P. Taylor: The Troublemakers, London 1957, S. 32.

vellist.⁶ Er war keinesfalls der Anwalt staatlicher Allmacht und Willkür, sondern der der Freiheit, der politischen Moral. Machiavelli war natürlich kein Pazifist. Seine Politik galt der Größe seiner Heimatstadt Florenz, aber eben als Republik; sein Medium war die Macht, aber eben begrenzt durch die Virtu.⁷

Machiavellis Aussagen zur Abhängigkeit der Außenpolitik vom Herrschaftssystem sind in der Literatur bisher überhaupt nicht beachtet und bearbeitet worden. Dabei war Machiavelli nicht nur der erste, der diesen Zusammenhang überhaupt problematisierte; seine Analysen haben bis heute Bestand und sind daher für eine Friedensstrategie von außerordentlich hohem Wert. Sie enthalten, zugespitzt, drei Aussagen:

1. Republiken sind in der Lage, auf außenpolitischen Ehrgeiz zu verzichten, können diesen Verzicht in ihrer Verfassung und ihren Institutionen sogar festschreiben.

2. Republiken sind zu diesem Verzicht in der Lage, weil ein hoher interner Konsens, der auf einer hohen Gleichverteilung von Werten aufruht, sie, zusammen mit entsprechender Verteidigungsbereitschaft, unangreifbar macht. Andererseits führt die Gleichverteilung zur ausreichenden Bedürfnisbefriedigung für alle, so daß kein Anreiz zu externer Aggression besteht.

3. Sind Republiken aus Verteidigungsgründen dazu gezwungen, sich zu vergrößern, so tun sie es nicht durch Eroberung und Unterjochung, sondern durch den Zusammenschluß mehrerer Republiken zu einem Staatenbund; dessen Konstruktion potenziert noch den Gewaltverzicht, der aus den beiden genannten Gründen in den einzelnen Republiken bereits angelegt ist.

Es kann hier außer acht bleiben, ob und wann Machiavellis Analysen mit seinen politischen Präferenzen übereinstimmten – er be-

---

[6] Herfried Münkler: War Machiavelli ein Machiavellist?, in: Politische Vierteljahresschrift 24, 3, 1983, S. 329 ff.

[7] So z.B. Markus Fischer: Machiavelli's Theory of Foreign Politics, in: Security Studies, Vol. 5, No. 2, Winter 1995, S. 248–279.

3.1 Friede und Herrschaft

vorzugte beispielsweise die Machterweiterung durch den Hinzugewinn nicht-gleichberechtigter Bundesgenossen. Interessant sind seine analytischen Aussagen über den Zusammenhang von Verfassung und Außenpolitik. Entscheidend ist für ihn die Beziehung von republikanischer Verfassung und Expansionsverzicht. Eine Republik kann es sich leisten, sich auf die Verteidigung zu beschränken und von guten Gesetzen regiert zu werden. Niemand wird sie angreifen – weil sie gut verteidigt wird und weil sie ihrerseits keinerlei Bedrohung für ihre Nachbarn darstellt. (Dok. 9) Machiavelli hat in den ‚Discorsi' mehrfach dargelegt, daß Staaten, die an einer militärischen Expansion interessiert sind, sich anders organisieren müßten als solche, denen es lediglich um die Bewahrung des Status quo geht. Expandierende Staaten kommen nicht umhin, „den Staat reich, den einzelnen arm zu erhalten und mit größter Sorgfalt auf Kriegsübungen zu halten"[8]. Würden sie eine solche Politik ablehnen, dann müßten sie „dem Ehrgeiz Zügel anlegen, indem sie ihren Staat im Innern durch Gesetze und Sitten gut einrichteten, Eroberungen verböten und allein auf ihre Verteidigung und den guten Zustand ihrer Verteidigungsmittel bedacht" sein sollten.[9]

Grundlage des Expansionsverzichts der Republiken ist für Machiavelli der hohe interne Konsens. Er beruht auf der durch die Verfassung gewährleisteten Freiheit, deren Verteidigung Machiavelli denn auch eher dem Volk als den Adligen anvertrauen möchte. Besitz drängt ständig auf Vergrößerung; auch würden die Machtmittel die Mächtigen dazu verführen, sie einzusetzen und damit interne Umwälzungen heraufzuführen.[10] Das Volk soll seine Freiheit selbst verteidigen, und es wird dazu um so eher bereit sein, je größer sie ist. Das Volk denkt vernünftig und rational. Es ist „klüger und beständiger" als ein Fürst, hat auch ein

---

[8] Niccolò Machiavelli: Politische Betrachtungen über die alte und die italienische Geschichte, hrsg. von Erwin Faul, Köln und Opladen 1965², 2. Buch, 19. Kapitel, S. 189.
[9] Ebenda, S. 190.
[10] Ebenda, 1. Buch, Kapitel 5, S. 19.

„richtiges Urteil". Es wird zu Recht mit der Stimme Gottes verglichen. „Die öffentliche Meinung prophezeit so wunderbar richtig, als sähe sie vermöge einer verborgenen Kraft ihr Wohl und Wehe voraus."[11] Die Völker sind also durchaus im Stande, ihre Freiheit richtig und hoch einzuschätzen und sie auch zu verteidigen. Der dadurch erreichte Schutz ist sehr viel wirksamer als der, der durch Festungen bewirkt werden könnte[12]. „Denn wenn die Menschen gut regiert werden, suchen und verlangen sie keine andere Freiheit ..."[13]

Freiheit hat Machiavelli nicht nur im rechtlichen, sondern auch im materialen Sinn verstanden. Für ihn ist die Freiheit die Grundlage für den sozialen und wirtschaftlichen Fortschritt, der die Entfaltung der menschlichen Existenz je nach Leistung erlaubt. (Dok. 10) Freiheit und soziale Gerechtigkeit, jedenfalls die Gleichverteilung der Entfaltungschancen, bewirken den Konsens, der die Stabilität einer politischen Einheit ausmacht und gleichzeitig ihren Gewaltverzicht nach außen festschreibt.

Dieses Konstruktionsprinzip wird noch verstärkt, wenn es, aus Verteidigungsgründen, zum Zusammenschluß mehrerer solcher Republiken zu einer Föderation kommt. Sie wird sich über die geplante Größe von 12 bis 14 Gemeinwesen nicht ausdehnen, weil sie zur Verteidigung ausreichend ist und weil die einzelnen Republiken „keinen Nutzen in Eroberungen sehen". Hat sich hier die Ausrichtung der einzelnen Republiken auf die Bewahrung des Status quo in ihren Zusammenschluß hinein fortgesetzt, so wird sie durch die Institution des Zusammenschlusses und durch seine Entscheidungsprozesse noch verstärkt. Welchen Nutzen brächte der Expansionismus für eine Republik, wenn sie seine Erfolge doch mit allen anderen teilen müßte? Vor allem: wie läßt sich eine expansionistische Politik betreiben, wenn doch die Entscheidungen einer solchen Föderation von einer Vielzahl von Abge-

---
[11] Ebenda, 1. Buch, Kapitel 58, S. 128.
[12] Ebenda, 2. Buch, Kapitel 24, S. 207–208.
[13] Ebenda, 3. Buch, Kapitel 5, S. 239.

ordneten in einer Vielzahl von Versammlungen getroffen werden müßten? Die Langsamkeit des Entscheidungsprozesses verstärkt den Expansionsverzicht. (Dok. 11)

Am Beginn der europäischen Neuzeit hat Machiavelli damit den Zusammenhang zwischen Herrschaftssystem und Friede klar bezeichnet. Zwar ging es ihm nicht um diese Fragestellung; man muß auch darauf hinweisen, daß die Übersetzung seiner Aussagen in moderne Terminologie ihm als Person nicht gerecht wird. Seinen Analysen wird dadurch freilich kein Zwang angetan. Es ist die zureichend große Föderation kleiner Republiken, oder aber der föderativ organisierte Bundesstaat, dessen interne Organisation den Aggressionsverzicht und die gewaltfreie Regelung auswärtiger Konflikte institutionalisiert. Die föderativ organisierte Republik stellt dasjenige Herrschaftssystem dar, das die optimale Bedingung für eine gewaltfreie Außenpolitik enthält.

Diese Einschätzung wird von allen nachfolgenden Theoretikern, soweit sie sich mit diesem Zusammenhang beschäftigt haben, geteilt. Montesquieu wiederholt praktisch die Argumente Machiavellis. „Der Geist der Monarchie ist auf Krieg und Eroberung gerichtet, der Geist der Republik auf Friede und Maßhalten."[14] Republiken müssen klein sein, weil sonst zu große Vermögen enstünden, Interessen- und Machtgelüste ausgelöst würden. Trotz ihrer Kleinheit können die Republiken ihre Freiheit verteidigen, weil sie eine Verfassungsform erdacht haben, „die alle inneren Vorzüge einer republikanischen Regierung mit der äußeren Macht einer Monarchie vereinte: Ich meine den Staatenbund"[15].

Er kann einem Angriff von außen erfolgreich Widerstand leisten, ohne im Innern die Freiheit vermindern zu müssen. „Da er sich aus kleinen Republiken zusammensetzt, zieht er aus der inneren Gesundheit jeder einzelnen Vorteil, und nach außen besitzt er

---

[14] Montesquieu: Vom Geist der Gesetze, hrsg. von Ernst Forsthoff, Tübingen 1951, Band 1, Buch IX, Kapitel 2, S. 182.
[15] Ebenda, Kapitel 1, S. 181.

dank des Bündnisses alle Vorzüge großer Monarchien."[16] Der Staatenbund kleiner Republiken ist auch für Montesquieu die Verfassung des Friedens.

Zum gleichen Ergebnis kommt auch Jean-Jacques Rousseau (1712–1778), aber aus ganz anderen Gründen und, vor allem, mit einem eigentümlich doppelgesichtigen Konföderationsbegriff. Wo Rousseau sich mit dem Frieden befaßt, geschieht dies in Auseinandersetzung mit den Plänen Saint-Pierres, denen er einen „Auszug", und ein „Urteil" gewidmet hat.[17] Dabei hat er, unter dem Begriff der Konföderation, die Idee der Internationalen Organisation, die der Abbé entwickelt hatte, aufgenommen und verbessert.[18] Rousseau bescheinigt hier zwar ebenfalls der Monarchie, daß sie nur zwei Ziele verfolge, nämlich „ihre Herrschaft nach außen auszudehnen und sie im Inneren unumschränkter zu machen"[19]. Aber aus dieser Kritik leitet er keinesfalls die friedensstrategische Forderung nach der Errichtung von Republiken ab, wie sie bei Machiavelli und Montesquieu angelegt war. Rousseau schließt sich vielmehr, trotz aller Skepsis, dem Konföderationsplan Saint-Pierres an, der den Frieden in der Internationalen Organisation zu installieren versucht.

Rousseau hat darüber hinaus aber noch einen weiteren Konföderationsbegriff verwendet, der nun freilich ganz auf der Linie Machiavellis und Montesquieus liegt. Diese Konföderation bildet den Zusammenschluß kleiner, in sich abgeschlossener und autarker Einheiten, die mit ihr ihre Sicherung nach außen garantieren. Sein Buch über diese internationale Ordnung, das den Contrat Social flankieren sollte, ist verlorengegangen. Es sollte die klassische Frage behandeln, wie man „die äußere Macht eines großen

---

[16] Ebenda, S. 182.
[17] Kurt von Raumer: Ewiger Friede. Friedensrufe und Friedenspläne seit der Renaissance, Freiburg 1953, S. 127 ff., 343 ff., 369 ff.
[18] Iring Fetscher: Modelle der Friedenssicherung, München 1972, S. 18 ff.
[19] Urteil, abgedruckt bei von Raumer (Anm. 17), S. 370.

3.1 Friede und Herrschaft

Volkes vereinen könnte mit der ungezwungenen Politik und der guten Ordnung eines kleinen Staates"[20]. Die Lösung des Problems lautete auf Konföderation, die eben jetzt ganz anders gefaßt und abgeleitet wurde als bei der Bearbeitung des Projekts des Abbé.

War auf der Ebene des Individuums der Naturzustand, die Isolierung, verlorengegangen, so ließ er sich auf der Ebene der Staaten durchaus wiederherstellen. Neutralität und Isolierung, Verzicht auf Außenhandel und Kommunikation, reproduzieren auf der Ebene des Staates Unabhängigkeit und Autarkie. Hier ist also der Naturzustand wieder hergestellt, und er läßt sich im Innern dieser Staaten wenigstens andeutungsweise dadurch einrichten, daß die funktionale Interdependenz der Individuen durch einen frugalen Lebensstandard so klein wie möglich gehalten wird. Damit diese kleinen, armen und dementsprechend schwachen Staaten sich nach außen verteidigen können, sollen sie sich zu einer Föderation zusammenschließen.[21]

Rousseaus Konföderation der kleinen Einheiten sieht also nur dem ersten Augenschein nach den Konzepten Machiavellis und Montesquieus ähnlich. Die friedensstrategische Wirkung der herrschaftlichen Organisation beruht nicht auf hoher Leistung und Gerechtigkeit der Werteverteilung, nicht auf der Erzeugung von Konsens durch Entfaltung von Freiheit und Wohlstand. Im Gegenteil. Friede entsteht bei Rousseau (wie später auch bei Johann Gottlieb Fichte in seinem „Geschlossenen Handelsstaat") durch künstlichen Kontaktverzicht, der durch Entfaltungsverzicht zustande gebracht werden soll. Die sich über diesen einzelnen Staaten wölbende Konföderation verbindet sie nicht, sie ist lediglich eine Schutzvorkehrung für den Fall, daß sich bei den seltenen und entspannten Begegnungen dieser isolierten Staaten nicht die Naturgesetze der Selbstbewahrung und des Erbarmens

---

[20] Jean-Jacques Rousseau: Vom Gesellschaftsvertrag, Stuttgart 1977, Buch III, Kapitel 15, S. 105.
[21] Stanley Hoffmann: Rousseau on War and Peace, in: American Political Science Review 57, 2, Juni 1963, S. 317 ff.

durchsetzen würden, die den ursprünglichen Naturzustand gekennzeichnet hatten. Rousseaus Konzept der kleinen autonomen Republiken innerhalb einer Konföderation stellt eine Deduktion aus seiner Gesellschaftsphilosophie dar, keine Verarbeitung empirischer Erfahrungen.[22] Der friedensstrategische Wert ist dementsprechend nicht sehr groß, zumal unbekannt geblieben ist, welche friedenspolitischen Konsequenzen Rousseau explizit von der herrschaftlichen Organisation seiner kleinen Einheiten erwartet hatte.

3.1.2 Friede durch Freiheit und Gerechtigkeit

Am Ausgang des 18. Jahrhunderts hat dann Immanuel Kant (1724–1804) die Abhängigkeit des Friedens und einer friedlichen Außenpolitik vom Herrschaftssystem deutlich herausgestellt und daraus auch in seinen ersten beiden Definitivartikeln zum Ewigen Frieden die strategischen Konsequenzen gezogen. „Die bürgerliche Verfassung in jedem Staate soll republikanisch sein" und „das Völkerrecht soll auf einen Föderalism freier Staaten gegründet sein"[23]. Hier kehrt der Zusammenhang so wieder, wie ihn schon Machiavelli beschrieben hatte. Kant formuliert ihn jetzt in jenen beiden klassischen Definitivartikeln, deren Inhalt die Friedensstrategien des Liberalismus, im 19. Jahrhundert des Republikanismus, bestimmt haben. Wie muß eine Gesellschaft herrschaftlich organisiert sein, damit sie auf die Gewaltanwendung nach außen verzichtet? Darauf gibt Kant eine klare und klassische Antwort: Sie muß ein republikanisches Herrschaftssystem haben, das die Werte der politischen Partizipation in der bürgerlichen Gesellschaft gleich verteilt. Wenn über die Außenpolitik nicht durch Fürsten und Könige, sondern durch diejenigen entschieden wird, die die sozialen und wirtschaftlichen Folgen dieser Außenpolitik zu tragen haben, so wird es keinen Krieg mehr geben, da „sie sich

---

[22] Ebenda, S. 331.
[23] Immanuel Kant: Werke (Ed. Wilhelm Weischedel), Bd. VI, Darmstadt 1964, S. 204.

3.1 Friede und Herrschaft

sehr bedenken werden, ein so schlimmes Spiel anzufangen"[24]. (Dok. 12)

Für Kant, den „ersten Realisten des Friedensgedankens in der europäischen Geistesgeschichte"[25], stand die Gleichverteilung der Mitbestimmung, die Freiheit, obenan. Die „vollkommen gerechte bürgerliche Verfassung" war diejenige, in der „Freiheit unter äußeren Gesetzen in größtmöglichem Grade mit unwiderstehlicher Gewalt verbunden angetroffen wird"[26]. Die soziale Komponente, die Gleichverteilung von Wohlfahrtswerten, blieb unberücksichtigt. Innerhalb dieser Einschränkung aber bezeichneten Kant und alle Theoretiker des frühen Liberalismus, die sich mit dem Problem überhaupt beschäftigten, die Republik als dasjenige Herrschaftssystem, das ein den Frieden erzeugendes Verhalten hervorbringt: der „universelle und vollkommene Republikanismus und der Ewige Friede sind unzertrennliche Wechselbegriffe"[27], schrieb Friedrich Schlegel.

Tocqueville gab dafür die gleiche Begründung wie Kant, nur sehr viel ausführlicher. Zwar habe in einer Demokratie, in der die gesellschaftliche Gleichheit herrsche, der einzelne Bürger nur geringen Anteil an der politischen Macht. Andererseits aber sind diese Bürger alle unabhängig und haben Besitztümer zu verlieren, so daß sie weniger die Eroberung und weit mehr den Krieg fürchten.[28] Tocqueville hat für diese Friedensorientierung der Re-

---

[24] Ebenda, S. 206. Siehe dazu Ernst-Otto Czempiel: Kants Theorem. Oder: Warum sind die Demokratien (noch immer) nicht friedlich?, in: Zeitschrift für Internationale Beziehungen 3, 1, Juni 1996, S. 79 ff.
[25] von Raumer (Anm. 17), S. 174.
[26] Immanuel Kant: Die Idee zu einer allgemeinen Geschichte in weltbürgerlicher Absicht, in: Werke (Anm. 23), Bd. VI, S. 39.
[27] Friedrich Schlegel: Versuch über den Begriff des Republikanismus. Veranlaßt durch die Kantische Schrift Zum Ewigen Frieden, 1796, hier zit. nach Zwi Batscha und Richard Saage (Hrsg.): Friedensutopien. Kant, Fichte, Schlegel, Görres, Frankfurt 1979, S. 106.
[28] Alexis de Tocqueville: Über die Demokratie in Amerika, Stuttgart 1959, Teil II, Kapitel 26, S. 305.

publiken also den gleichen Grund angeführt wie Kant, hat den Besitz nur pejorativer eingeschätzt, indem er ihm „die Milde der Sitten, die seelische Verweichlichung" zuordnet.[29] Wie Machiavelli verortet Tocqueville einen weiteren Grund für die Friedensneigung der Demokratie in der Organisation ihrer Entscheidungsprozesse: Sie sind der – erfolgreichen – Führung der Außenpolitik nicht zuträglich.[30] In den Augen Tocquevilles war dies kein besonderer Vorzug, aber eben ein politisches Faktum, das seine Analyse ergab.

Bei der Diskussion des Zusammenhangs zwischen Herrschaftssystem und Frieden sprachen die Theoretiker entweder von Demokratie, Republik oder dem Repräsentativsystem. Gemeint war jeweils die repräsentative Republik, in der die Gewalten geteilt sind und das Volk nicht direkt, sondern über ein Repräsentativsystem seinen Willen geltend macht. Auf ihn, der durch die verfassungsmäßigen Vorkehrungen möglichst rein zur Geltung gebracht werden soll, kommt es entscheidend an. Wenn die Interessen des einzelnen unverändert in Entscheidungen der Exekutive übersetzt werden, gibt es keinen Krieg. Das Interesse des Bürgers an seiner Existenz und deren Entfaltung wird zur Grundlage des Friedens – vorausgesetzt, das Herrschaftssystem ermöglicht die unverfälschte Umwandlung dieser Anforderungen.

Natürlich blieb die Verteidigung, blieb generell die Frage nach den Bestandsaussichten einer dermaßen friedlichen Republik in einer Umwelt nicht-friedlicher Staaten. Seit Kant war man sich dieser Problematik bewußt, wie noch zu zeigen sein wird: aber auch deren Auflösung schaffte nicht die Frage aus der Welt, wie es um die Verteidigungsfähigkeit eines solchen „friedlichen" Staates im Notfall bestellt war. Auch darauf hatte Machiavelli schon eine Antwort gegeben, indem er auf den in solchen Staaten herrschenden hohen Konsens als Abschreckungsfaktor sowohl wie als Garant allgemeiner Verteidigungsbereitschaft hinwies. Zur

---

[29] Ebenda, S. 284.
[30] Ebenda, Teil I, Kapitel 5, S. 263 f.

3.1 Friede und Herrschaft

Aggression unfähig, waren die Republiken zur Verteidigung im höchsten Maße bereit, denn jeder Bürger weiß, daß er sich selbst, seine Rechte und seinen Wohlstand verteidigt, nicht nur seine Ketten. Dieses Herrschaftssystem, schrieb der französische Ökonom Jean-Baptiste Say, ist es, daß die Republiken unangreifbar, in jedem Falle aber unbesiegbar macht. Sollte die feindliche Übermacht aus geopolitischen Gründen zu stark sein, so empfiehlt Say, was schon Machiavelli empfohlen hatte: den Zusammenschluß mit anderen gleichgesinnten Republiken zur Föderation.[31] (Dok. 13)

Zur Mitte des 19. Jahrhunderts hin traten die Themen des Republikanismus und des Friedens etwas in den Hintergrund. In den angelsächsischen Ländern schob die Friedensbewegung den Akzent auf Abrüstung und Internationale Organisation; in Deutschland wurde die Nationalstaatsbildung zum beherrschenden Sujet. In ganz Europa führte die kapitalistische Revolution die Arbeiterbewegung herauf; wurde der Sozialismus neben dem Liberalismus zur zweiten beherrschenden Gesellschaftskonzeption. Ihm ging es nicht um den Frieden, sondern um die Befreiung des Proletariats.

Im Liberalismus jedoch ging die Aufmerksamkeit für den Zusammenhang zwischen Herrschaftssystem und Frieden keinesfalls verloren, Sie begleitete nicht nur die Diskussion um die europäische Föderation (siehe oben), sie bestimmte auch die Friedenstheorien dieser Periode. Die 1867 in Genf gegründete „Ligue Internationale de la Paix et de la Liberté" trug dem Zusammenhang schon in ihrem Namen Rechnung. Sie brachte die Erkenntnisse des Liberalismus auf den Begriff ihres Mottos: „Si vis pacem, para libertatem."[32] Nicht umsonst bezog sich die Liga da-

---

[31] Jean-Baptiste Say: Ausführliches Lehrbuch der praktischen politischen Ökonomie, deutsch mit Anmerkungen von Max Stirner, Bd. II, Leipzig 1845, S. 367–368.

[32] Zit. bei Alvin Hanschmidt: Republikanisch-demokratischer Internationalismus im 19. Jahrhundert, Historische Studien, Heft 430, Husum 1977, S. 88.

bei ausdrücklich auf Kant. Konnte man aber am Ausgang des 19. Jahrhunderts die Qualität eines Herrschaftssystems nur nach den von ihm gewährten Freiheitsrechten bemessen? Schloß die „vollkommen gerechte bürgerliche Verfassung" (Kant) nicht auch die Verteilungsgerechtigkeit mit ein? 1885 erweiterte die Friedens- und Freiheitsliga ihr Motto um diese soziale Gerechtigkeit: „Si vis pacem, para libertatem et iustitiam."[33]

Damit war der Zusammenhang zwischen Herrschaftssystem und Frieden zwar plakativ, aber vollständig beschrieben. Wenn ein Herrschaftssystem durch die Freiheit und Mitbestimmung seiner Bürger einerseits, durch soziale Gerechtigkeit andererseits gekennzeichnet war, dann produzierte es gleichzeitig den Frieden. Er hatte in diesem Herrschaftssystem seine Grundlage.

Über diese moderne Formulierung des Zusammenhangs zwischen Herrschaftssystem und Frieden ist der Liberalismus indes nicht hinausgekommen.[34] In Frankreich gab er sich mit der Errichtung der Republik zufrieden, in Deutschland erlag der Nationalliberalismus den Versuchungen des Imperialismus, wogegen die radikalen und sozialen Liberalen kaum etwas ausrichten konnten. Das Thema des Friedens und seiner Verankerung im Herrschaftssystem wurde auf diese Weise in Deutschland stillgelegt.[35]

Nicht so im englischen Liberalismus. Hier stellte es John A. Hobson mit seiner klassischen Arbeit über den Imperialismus in brillanter moderner Weise zur Diskussion. Hobson konnte an die beiden Mills anschließen, wenn er darauf hinwies, daß in der

---

[33] Jacob ter Meulen: Der Gedanke der internationalen Organisation in seiner Entwicklung, Bd. II, Haag 1940, S. 347.
[34] Karl Holl: Krieg und Frieden und die liberalen Parteien, in: ders. und Günther List (Hrsg.): Liberalismus und imperialistischer Staat. Der Imperialismusals Problem liberaler Parteien in Deutschland 1890–1914, Göttingen 1975, S. 77, 88.
[35] Lothar Albertin: Das Friedensthema bei den Linksliberalen vor 1914: Die Schwäche ihrer Argumente und Aktivitäten, in: ebenda, S. 95 ff.

3.1 Friede und Herrschaft

Herrschaftspraxis des demokratischen Republikanismus sich Partikularinteressen in der Exekutive und in ihrer Nähe einnisteten und das System bis hin zur Klassenherrschaft pervertierten. War die Repräsentativverfassung „schlecht für ein Weltreich" geeignet[36], so bildete ihre degenerierte Form die Voraussetzung des Imperialismus. Hobson hat den Zusammenhang zwischen einem republikanisch-demokratischen Herrschaftssystem und dem Frieden noch unterstrichen, indem er seine praktische Aufhebung in der Politik kritisierte: „Schafft in Form und Inhalt eine Regierung des Volkes, und Ihr gelangt zum Internationalismus; behaltet Eure Klassenregierung, und Ihr behaltet den militärischen Imperialismus und die internationalen Konflikte."[37] Nur die Demokratie kann den Frieden schaffen, aber sie muß die Partikularinteressen entfernen, die die Entscheidungsprozesse der Demokratie usurpiert haben. (Dok. 14) Diesen Zusammenhang hatte schon, sehr viel früher, James Mill anhand der britischen Kolonien aufgedeckt; (Dok. 15) er hatte dabei, ebensowenig wie Hobson, den prinzipiellen Friedenswert des republikanisch-demokratischen Herrschaftssystems in Frage gestellt.

Darin unterschied sich der kritische Liberalismus von der zweiten großen konzeptuellen Strömung des 19. Jahrhunderts, dem Sozialismus. Für ihn stellten Imperialismus und Krieg nicht die Abweichung, sondern die Regelleistung der liberalen Systeme dar, weil sie, aufgrund der Marxschen Philosophie, auf die wirtschaftliche Ausbeutung des Menschen gerichtet waren. Sie stand im Vordergrund der sozialistischen Bewegung und hinderte sie prinzipiell daran, sich mit dem Problem des Friedens anders als am Rande und mit Aussagen a priori auseinanderzusetzen. Die deutsche Sozialdemokratie hat, soweit sie orthodox-marxistisch dachte, keine eigene und eigentliche Friedensstrategie entworfen. Sie war nicht nur politisch auf den Klassenkampf und die proletarische Revolution orientiert, für sie war Herrschaft keine eigene,

---

[36] John A. Hobson: Der Imperialismus, Köln 1970², S. 141.
[37] Ebenda, S. 160.

sondern nur eine aus dem Privatbesitz an den Produktionsmitteln abgeleitete Kategorie. Krieg entstand für sie ausschließlich aus den Konkurrenzkämpfen des Kapitals; Friede stellte sich dar als deren Beendigung.[38]

Während es den Republikanern – wenn auch unter Mühen – gelang, ihre auf der politischen Freiheit beruhende Friedensstrategie zu ergänzen durch den Einschluß der sozialen Gerechtigkeit, konnten sich die orthodoxen Sozialisten nicht dazu durchringen, der politischen Herrschaft eine eigenständige Bedeutung einzuräumen. An dieser Differenz zerbrach die Aktionseinheit zwischen Republikanern und Sozialisten, die sich 1867 als Möglichkeit abgezeichnet hatte.[39] Karl Marx formulierte die Differenz in der polemischen Frage, was denn „gegenüber dem festen Bande der Proletarier der blutarme Friedenskongreß demokratischer und liberaler Schreier" bedeuten könne.[40]

Wenn der Sozialismus, wie bei Bernstein, die Linie der Orthodoxie verließ oder, wie bei Kautsky, sie aufweichte, zeigte sich ihm sofort die Bedeutung politischer Herrschaft für den Frieden. Kautsky sah in ihr die wichtigste und älteste Quelle des Krieges[41], zu der der Kapitalismus nur einen weiteren und akzidentellen Zufluß bedeute. Das Herrschaftssystem, das den Frieden sichert, war auch bei Kautsky die Demokratie, die allerdings auch die Arbeiterklasse mit einschließen, wirtschaftlich auf der Vergenossenschaftlichung, der Kommunalisierung und der Verstaatlichung beruhen sollte. Schließen sich Demokratien dieser Art in einem demokratischen Völkerbund zusammen, der auf der inter-

---

[38] Siehe unten, Kapitel 3.2.2.
[39] Hanschmidt (Anm. 32), S. 90 ff.
[40] Zit. nach ter Meulen (Anm. 33), S. 36.
[41] Karl Kautsky: Sozialisten und Krieg. Ein Beitrag zur Ideengeschichte des Sozialismus von den Hussiten bis zum Völkerbund, Prag 1937, S. 644.

3.1 Friede und Herrschaft

nationalen Ebene die Form des Gemeineigentums an den Produktionsmitteln verwirklicht, dann würde der Friede gesichert sein.[42]

Deutlicher hat sich Eduard Bernstein geäußert. Er übersetzte die These, daß die Gerechtigkeit der Grundpfeiler aller Staaten sein müsse, in den Satz, „daß die Demokratie in ihrer weitesten Anwendung, wo sie die Anerkennung und Beobachtung der Solidarität der Völker umschließt, die sicherste Garantie der Wohlfahrt und des Friedens der Nationen ist"[43]. Pointierter noch als Kautsky schloß sich Bernstein der liberalen These an, daß die demokratische Republik die den Frieden produzierende Herrschaftsform darstellt. Beide wollten die Demokratie auf das Wirtschaftssystem erstrecken, Gleichheit nicht nur im Hinblick auf die Herrschaft, sondern auch im Hinblick auf die Wohlfahrt erreichen. Hier waren sie konsequenter als der Liberalismus, der die Freiheit so stark betonte, daß er die Gerechtigkeit nur als Zusatz in sein Konzept integrieren konnte.

Bernstein und Kautsky gingen weiter. Beide ergänzten das auf die Freiheit abstellende Konzept des demokratischen Republikanismus durch das Element der sozialen Gerechtigkeit, brachten also auf den dem entwickelten Kapitalismus des modernen Industriestaats angemessenen Begriff, was den liberalen Theoretikern schon immer als friedengenerierendes Herrschaftssystem vorgeschwebt hatte: eine demokratische Republik, die Herrschafts- und Wohlfahrtsrechte gleich verteilt, so daß sie einerseits weder materielle noch herrschaftspolitische Anreize zum Expansionismus produziert, andererseits durch den in ihr herrschenden hohen Konsens nach außen abschreckend wirkt und, sollte der Notfall eintreten, zur totalen Verteidigung, zur „levée en masse" bereit ist.

Dies war aber nicht die einzige Verfeinerung, die die Analyse des Zusammenhangs von Herrschaftssystem und Frieden in der

---

[42] Dazu Wolfram Wette: Kriegstheorien deutscher Sozialisten, Stuttgart 1971.
[43] Eduard Bernstein: Sozialdemokratische Völkerpolitik. Die Sozialdemokratie und die Frage Europa, Leipzig 1917, Vorwort.

politischen Theorie erfuhr. Es wurde schon erwähnt, daß James Mill und später Hobson die größte Verwerfung des Konzepts der demokratischen Republik aufgezeigt hatten: die Usurpation der Herrschaftsprozesse durch partikulare Interessen. Beide hatten dabei vornehmlich die wirtschaftlichen Interessen im Sinn, die den Kolonialismus und später den Imperialismus der westlichen Demokratien auslösten. Dieser Zusammenhang war nachweisbar; er wurde in der sich an Hobson anschließenden marxistischen Imperialismuskritik Lenins und Rosa Luxemburgs erst isoliert und dann auf die gesamte Breite von Herrschaft projiziert.

Er enthielt aber nur einen Teilaspekt. Die wichtigste rationale Begründung von Herrschaft war die funktionale Gewährleistung von Wohlfahrt und, vor allem, Sicherheit. Diese Begründung rastete auch bei demokratischen Republiken nicht aus. Schon Kant hatte festgestellt: „Das Problem der Errichtung einer vollkommenen bürgerlichen Verfassung ist von dem Problem eines gesetzmäßigen äußeren Staatenverhältnisses abhängig, und kann ohne das letztere nicht aufgelöst werden."[44] Diese Bedrohung von außen sollte ja durch die Internationale Organisation beseitigt, zumindest gemildert werden. Solange Bedrohung bestand, rechtfertigte sie Herrschaft, und konnte sich Herrschaft durch sie rechtfertigen.

Wie die Ursachen und Wirkungen in diesem Wechselverhältnis verteilt sind, läßt sich schwer ausmachen, auch in der neueren und in der wissenschaftlichen Literatur. Gilt ‚Seeleys Gesetz', demnach das Maß der Freiheit im Innern umgekehrt proportional ist dem äußeren Druck[45], oder ist nicht umgekehrt der äußere Druck nur ein Gegendruck, der auf die Aggressivität eines Staates wie etwa Preußen reagiert, dessen Seele „der Wille zur

---

[44] Kant (Anm. 26), S. 41.
[45] Zit. bei Otto Hintze: Staat und Verfassung. Gesammelte Abhandlungen zur Allgemeinen Verfassungsgeschichte, hrsg. von Gerhard Oestreich, Göttingen 1962, S. 411.

Macht ..., sein Rückgrat ... das große stehende Heer" war?[46] Hintze selbst neigte Seeley zu, sah den „wesentlichsten Bestimmungsgrund" des monarchisch-konstitutionellen Regierungssystems Deutschlands in seiner ungeschützten militärischen Lage. Sie unterschied sich von der Großbritanniens, das sich demzufolge sehr viel eher eine Demokratie leisten konnte.

Der Soziologe Goldscheid dachte ähnlich: „Die innere Politik denkt, aber die auswärtige Politik lenkt."[47] Er rückte aber den Akzent eindeutig auf das Herrschaftssystem, eben weil das daraus resultierende Außenverhalten die internationale Umwelt und deren Druck beeinflussen, mildern kann durch die Auswahl gewaltgeminderter Konfliktaustragsmodi. Daß dies nicht, oder nur sehr selten geschieht, hat seinen Grund in den Herrschaftsinteressen selbst, die den Hinweis auf die äußere Gefahr benutzen, um sich nach innen zu legitimieren. (Dok. 16)

Bei aller Einsicht in die Interdependenz zwischen dem Druck der internationalen Umwelt und der Form des Regierungssystems hat Goldscheid den Akzent schließlich doch auf die Macht gerückt, in der er die „Grundursache des Unfriedens in der Welt" erblickt, und zwar die Macht derjenigen, die sie nur unter dem „Gesichtspunkt ihres engsten persönlichen Sonderinteresses" betrachten.[48] Sie benutzen den „Primat der auswärtigen Politik" – dessen Eintrittsfall sich selten gültig und verbindlich festlegen, sich notfalls sogar selbst herbeiführen läßt – um intern Herrschaft zu stabilisieren und Konsens zu mobilisieren.

Das interdependente Verhältnis zwischen Herrschaftssystem und auswärtiger Bedrohung macht auch den modernen Demokratien zu schaffen. Sie müssen die Sicherheit gewährleisten, also

---

[46] Ebenda, S. 429.
[47] Rudolf Goldscheid: Das Verhältnis der äußern Politik zur innern. Ein Beitrag zur Soziologie des Weltkrieges und Weltfriedens, Wien 1915^2, S. 38.
[48] Ders.: Weltreaktion und Pazifismus, in: Die Friedenswarte 23, 3, März 1923, S. 66.

Herrschaftssystem und Werteverteilung intern so einrichten, daß die Bedrohung von außen abgewehrt werden kann. Da diese Bedrohung jedoch nicht objektiv feststellbar ist, fließen in ihre Analyse und Bewertung stets auch herrschafts- und einflußpolitische Interessen mit ein. Die politisch-bürokratische Struktur, die zur Abwehr der Bedrohung geschaffen wurde, wird deren Größe stets als konstant ausgeben, sie eher zu hoch als zu niedrig bewerten. Sie wird u. U. – dies kann sowohl geplant wie unbewußt geschehen – sich so verhalten, daß sie das gewünschte Verhalten des Gegners mitbedingt. Es stellt in der Regel keine unabhängige Größe dar, ist vielmehr Teil der Interaktion, die zwischen den Konfliktpartnern abläuft. Zwar ist das gegnerische Verhalten in dem Sinne autonom, daß der Gegner prinzipiell frei darin ist, dieses Verhalten festzulegen, es auch zu ändern. In der Interaktion entstehen jedoch Anreize und Einflüsse, die auf diese Entscheidung einwirken.

Auf diesem Mechanismus beruht die Schutzwirkung eines Abschreckungssystems. Es soll ja gerade das Verhalten des Gegners durch Androhung inakzeptabler Schäden steuern, und tut dies zeitweise erfolgreich. Die gleiche Wirkung haben alle anderen Aktionen der Akteure. Sie wirken jeweils auf das Verhalten der Konfliktpartner ein, tragen zu seiner Ausformung bei. In gewisser Weise ist das Verhalten eines Konfliktpartners stets der Reflex auf das Verhalten des anderen; da dies wechselweise gilt, beeinflussen sich alle Partner eines Konfliktes ständig wechselseitig.

Damit stabilisieren sie nicht nur den Konflikt, sondern auch ihre Position in ihrem eigenen Herrschaftssystem. Umgekehrt: Aus dieser Position und dem Interesse an ihrer Bewahrung fließen Anreize für ein konfliktstabilisierendes Außenverhalten. Der Effekt kann auch der reinen Routine entstammen: Ein einmal eingestelltes Verhältnis von auswärtigem Konflikt und interner Machtverteilung reproduziert sich von selbst. Das gilt für den Konflikt wie für die interne Macht- und Einflußverteilung, und es gilt ganz besonders in autoritären Staaten, deren Herrschaftssysteme hohe Gewaltgrade aufweisen. Ihr System bedarf des auswärtigen Konflikts zu seiner prinzipiellen Stabilisierung. Aber auch in Staaten mit geringer Herrschaftsgewalt läßt sich der Zusammenhang nur schwer unterbrechen, weil diejenigen, die diese Unterbrechung herbeiführen müßten, selbst ihre eigene Machtposition abzuschwächen – oder neu zu begründen – hätten.

Für eine Friedensstrategie liegt in dieser Interdependenz zwischen dem auswärtigen Konflikt und dem internen Herrschaftsgefüge ein ebenso wichtiges wie schwieriges Problem vor. Es wurde auch schon früher gesehen. „Eine Regierung", schrieb Say, „welche ihre Gewalt mehr als das Publikum liebt, neigt zu einem System hin, welches eine größere Entwicklung der Militär- und Seemacht zur Folge hat"[49]. Die Formulierung ist zweifellos sehr zugespitzt, aber sie enthält doch den wichtigen Hinweis, daß die Verteidigungsbudgets nicht nur die äußere Bedrohung, sondern auch die interne Machtstruktur reflektieren. Wie es um das Mischungsverhälnis im einzelnen bestellt ist, läßt sich nur sehr schwer ausmachen, da beide Größen weder objektivierbar noch unveränderlich sind. In der von Say angedeuteten Perspektive läßt sich aber sehr wohl sagen, daß eine exzessive Betonung der Verteidigungsnotwendigkeiten, die Bevorzugung der auswärtigen Konflikte vor der Regelung der inneren, stets auf angefochtene oder der Stärkung bedürftige Herrschaftspositionen hindeuten. Dort hingegen, wo der „Primat der Innenpolitik"[50] besteht, herrschen hoher Konsens und ein weithin akzeptiertes Verteilungssystem. Selbstverständlich gibt es Fälle, in denen der Primat der Innenpolitik dem der Außenpolitik weichen muß, aber sie sind, wie der Fall der reinen Aggression, selten. In der Regel deutet die Überbetonung der auswärtigen Bedrohung immer auf Bewegungen im Bereich des Herrschaftssystems hin.

---

[49] Say (Anm. 31), S. 378.
[50] Dies der Titel von Eckart Kehr: Der Primat der Innenpolitik, hrsg. von Hans-Ulrich Wehler, Berlin 1965. Die Arbeit enthält zahlreiche Beispiele aus der Politik des deutschen Kaiserreiches.

174   3. Friede durch Änderung der gesellschaftlichen Strukturen

Wie stark der Druck des internationalen Systems auch sein mag – das Verhalten der politischen Einheit wird von dem jeweiligen Herrschaftssystem beeinflußt. Die entscheidende Rahmenbedingung wird vom Herrschaftssystem beigesteuert. Darin ist sich die liberale Theorie einig: „Liberté au dedans. Paix au dehors. Voilà tout le programme."[51] Natürlich sah auch der Liberalismus, daß die Praxis nicht seinem Ideal entsprach. Aber er suchte die Ursache nicht, wie es der Marxismus tat, in den Interessen, nicht im Wirtschaftssystem, sondern im Herrschaftssystem. Je schlechter und unrepräsentativer, also je undemokratischer die Regierung, desto größer war der Einfluß der kleinen herrschenden Klassen. Gerade deswegen konnten sie ihre Interessen gegen die der Masse durchsetzen, konnten Kolonien erwerben, weil es dort Pfründe zu holen gab, und Krieg führen, weil sich dadurch die Finanzbasis des Staates vergrößern ließ, über die sie schließlich verfügten.[52] Das Herrschaftssystem gab diesen Minderheiten die Möglichkeit, ihre Interessen zu denen des Staates werden zu lassen.

Schon James Mill sah sehr genau, daß die Kriegsneigung der Demokratien, daß Kolonialismus und (später) Imperialismus nicht die Folgen des kapitalistischen Wirtschaftssystems, sondern des nicht-demokratischen Herrschaftssystems waren, das immer noch sehr stark oligarchisch und eben nicht demokratisch-republikanisch organisiert war. Wenn die Demokratien des 19. und des 20. Jahrhunderts nicht so friedliebend waren, wie sie es dem Typ des Herrschaftssystems nach eigentlich gewesen sein müßten, so hatte dies seinen Grund darin, daß das demokratisch-republikanische System noch keinesfalls voll ausgebildet, daß die Machtverteilung höchst ungleich war. Die Machtinhaber konnten noch immer mit allen „Suggestionen von Patriotismus, nationaler Ehre, Heldentum

---

[51]   Frédéric Bastiat: Paix et liberté, ou le budget républicaine. Oeuvres complètes, t. V, Paris 1854–1864, S. 419.
[52]   James Mill: Colony, Supplement to the Encyclopedia Britannica III, 1824, S. 263 ff.

usw."[53] arbeiten, um die Massen für die Durchsetzung ihrer Partikularinteressen einzuspannen. „Die Vaterlandsliebe, das Gefühl der nationalen Ehre und das Pflichtgefühl werden angesprochen. Dazu werden die Massen über die wahren Verhältnisse getäuscht, werden falsche Tatsachen aufgebauscht oder andere verschleiert, werden Gefahren vergrößert, um die richtige Alarmstimmung zu erzeugen, die die Masse fortreißt."[54]

Solange solche Herrschaftstechniken angewendet werden, deuten sie darauf hin, daß das demokratisch-republikanische Herrschaftssystem eben noch nicht voll ausgebildet, die Machtverteilung noch immer ungleich ist. Sie kann wirtschaftliche Partikularinteressen begünstigen, aber auch machtpolitische. Das Herrschaftssystem, das über die Machtverteilung entscheidet, legt damit auch die Rahmenbedingung für das Außenverhalten fest. „Eine wirkliche Demokratie wird keine Expansionsbestrebungen kennen, keinen Krieg um ihretwillen entfesseln."[55]

In dieser Analyse war sich die politische Theorie, soweit sie nicht durch eine geschichtsphilosophische Prämisse einseitig festgelegt worden war, einig. Das Herrschaftssystem, das von sich aus keinen Anlaß zum Krieg und in sich keinen Anreiz zur Expansion und zur Aggression entwickelt, ist die republikanische Demokratie mit gleicher Machtverteilung. Sie findet den notwendigen Schutz gegen die Aggression von außen in dem Zusammenschluß mit anderen, gleichermaßen konstruierten Einheiten. Seit Machiavelli diesen Zusammenhang festgestellt und zu einer – annäherungsweisen – Herrschaftstheorie des Friedens zusammengefaßt hatte, wurde sie zwar im Laufe der Jahrhunderte der geschichtlichen Entwicklung angepaßt, modernisiert und differenziert, aber nicht mehr prinzipiell verändert.

---

[53] Alfred H. Fried: Die Grundlagen des revolutionären Pazifismus, Tübingen 1908, S. 47-48.
[54] Ebenda, S. 48.
[55] Kautsky (Anm. 41), S. 664.

176 3. Friede durch Änderung der gesellschaftlichen Strukturen

Die von den politischen Denkern seit Machiavelli bereitgestellte Herrschaftstheorie des Friedens wird von der modernen Sozialwissenschaft, die sich allerdings viel zu wenig mit diesem Problem befaßt, bestätigt. Der britische Historiker Edward H. Carr faßte 1942 die „Bedingungen des Friedens" zusammen als „Anerkennung einer Notwendigkeit für eine größere Einheit als die gegenwärtige Nation für militärische und wirtschaftliche Zwecke, und innerhalb dieser Einheit für das größte Maß an Devolution für andere Zwecke ...".[56] Das Herrschaftssystem leistet einen Beitrag zum Frieden in dem Maß, in dem es föderativ und subsidiär gegliedert ist, dementsprechend Macht gleich verteilt und sie nur für die Zwecke der Verteidigung (und nicht der Wirtschaft) konzentriert bzw. mit der anderer Einheiten kombiniert.

Der amerikanische Völkerrechtler und Politologe Quincy Wright kam in der bisher einzigen systematisch-vergleichenden Studie über den Krieg zu dem Schluß, daß der Föderalismus, die Gewaltenteilung und der Konstitutionalismus mehr zum Frieden neigen als absolutistische oder zentristische Systeme.[57] Er bestätigte damit noch einmal, daß es die geographisch und funktional föderalistischen Herrschaftssysteme republikanisch-demokratischen Typs sind, die am meisten dem Frieden zuneigen. (Dok. 17)

In der zeitgenössischen Wissenschaft von den Internationalen Beziehungen ist die Fragestellung seit den achtziger Jahren mit neuem Engagement angegangen worden. Zunächst hatte Hans Morgenthau mit seinem Buch: „Macht und Frieden", das nicht nur die ‚Realistische Schule', sondern auch lange Zeit hindurch die Disziplin Internationale Beziehungen geprägt hat, den Anschluß an eine ganz andere europäische Theorie hergestellt, die der „Realpolitik". Hinter der für sie zentralen Kategorie der Macht, ihres Erwerbs und ihres Verlustes, hinter dieser Politikorientierung trat das Interesse am Frieden weit zurück.

---

[56] Edward H. Carr: Conditions of Peace, London 1942, S. 66
[57] Quincy Wright: A Study of War, Chicago 1942.

3.1 Friede und Herrschaft

Nach seiner Renaissance in den sechziger und siebziger Jahren wandte es sich einem verwandten, aber eben doch anders formulierten Problem zu: dem des Verhältnisses von Innen- und Außenpolitik. In den Vereinigten Staaten[58], und in der Bundesrepublik[59], öffnete es den Blick für die Vernetzung von Innen- und Außenpolitik, für die Möglichkeit einer Entsprechung zwischen dem Grad des innenpolitischen Dissenses und der Gewaltanwendung nach außen. Die Fragestellung ging in historische Analysen ein[60], sie beherrschte auch die einschlägigen Analysen der Politikwissenschaft in der ersten Hälfte der achtziger Jahre.[61] In den sich anschließenden Analysen über den „demokratischen Frieden" wird das Herrschaftssystem zwar berücksichtigt[62], und zu der zentralen unabhängigen Variable gemacht aber nicht eigens untersucht.

Das gilt auch für die großen und umfangreichen, in der Tradition von Wright sich bewegenden Kriegsursachenforschungen von J. David Singer und Melvin Small[63] und die Arbeiten von Weede und Gantzel/Schwinghammer.[64] Sie alle behandeln den Zusam-

---

[58] James N. Rosenau: Along the Domestic-Foreign Frontier: Exploring Governance in a Turbulent World, Cambridge 1997.

[59] Christof Hartmann: Demokratisierung und das internationale System. Anmerkungen zu einigen Querverbindungen zwischen IB-Forschung und Komparatistik, in: Zeitschrift für Internationale Beziehungen 4, 2, Dezember 1997, S. 329 ff.

[60] Vgl. z. B. Klaus Hildebrand: Innenpolitische Antriebskräfte der nationalsozialistischen Außenpolitik, in: Festschrift Hans Rosenberg, Göttingen 1974, S. 636 ff.

[61] Vgl. die Übersicht über die einschlägigen Studien am Wissenschaftszentrum Berlin in: DGFK: Papiere für die Praxis, Nr. 36, November 1981, S. 21.

[62] Vgl. dazu Czempiel (Anm. 24), bes. S. 87 ff.

[63] J. David Singer und Melvin Small: The Wages of War 1816–1965. A Statistical Handbook, New Nork 1972. J. David Singer (ed.): The Correlates of War, 2 Bände, New York 1979.

[64] Erich Weede: Weltpolitik und Kriegsursachen im 20. Jahrhundert. Eine quantitativ empirische Studie, München 1975. Klaus Jürgen

menhang von Innen- und Außenpolitik, ohne ihn jedoch in einer theoretisch geklärten Weise anzugehen. Eine Wende brachte erst die seit den achtziger Jahren vor allem in den USA, aber auch in Deutschland einsetzende ausführliche systematische und empirische Diskussion über den Zusammenhang von Demokratie und Frieden. Sie produzierte den Nachweis, daß Demokratien untereinander friedlich sind, konnte aber nicht klären, warum sie sich gegenüber Nicht-Demokratien durchaus gewaltsam verhalten. Die Kontroverse darüber hielt ausgangs der neunziger Jahre noch an, ohne indes die theoretischen Aspekte zu vertiefen.

Die praktischen Implikationen solcher Ergebnisse liegen auf der Hand. Wenn die herrschaftliche Struktur des Friedens in der Föderation kleiner republikanisch-demokratischer Einheiten zu finden ist, muß beispielsweise die Konzeption der europäischen Integration sich darauf ausrichten. Das Modell eines Vereinten Westeuropa verbände dann weitgehende Devolution mit der für die Defensive (und für den Wohlstand) minimal erforderlichen Zentralisation.[65] Das Unbehagen, das vielfach gegenüber der Perspektive eines westeuropäischen Superstaates geäußert wurde, entstammt einer richtigen Zurückhaltung, aber keiner wissenschaftlichen Einsicht. Es reflektiert einen politischen Impuls, der sich als praktisches Hemmnis der Integration in der europäischen Politik seit 1984 ebenfalls bemerkbar macht. Er schlägt sich auch in der Orientierungslosigkeit nieder, die in Brüssel wie in Straßburg die Überlegungen zum weiteren Fortgang der Integration kennzeichnet. Wenn das demokratische Herrschaftssystem die Quelle friedlicher Außenpolitik darstellt, müßte der Westen den Demokratisierungsprozeß in Rußland sehr viel stärker fördern. Das hatte er nach 1990 auch vorgehabt, stufte sein Interesse daran aber alsbald wieder zurück.

---

[65] Gantzel und Torsten Schwinghammer: Die Kriege nach dem Zweiten Weltkrieg 1945 bis 1992. Daten und Tendenzen, München 1995.
Dazu Ludger Kühnhardt: Europäische Union und föderale Idee. Europapolitik in der Umbruchzeit, München 1993.

Hier können die Ergebnisse politischen Denkens in Europa als Leitfaden der Konzeptualisierung dienen. Er führt weder in die wenig wünschbare Utopie eines westeuropäischen Superstaates noch in die ebensowenig wünschbare Anarchie autonomer, aber funktionsunfähiger ‚Basisdemokratien'. Der Leitfaden führt anhand der liberalen, um die Erfordernisse der sozialen Gerechtigkeit erweiterten Tradition zu einem Konzept, das die Sicherheit des einzelnen und Teile seiner Entfaltungsinteressen der Föderation, seine Freiheit und seine Partizipation an der Herrschaft den demokratisch-republikanisch (und das heißt ebenfalls föderativ-subsidiär organisierten) Mitgliedern der Föderation anvertraut. Die dadurch bewirkte Minderung herrschaftlicher Gewalt, die Steigerung von Freiheit und Gerechtigkeit kommen dem Frieden zugute, insofern eine so strukturierte Einheit keinen Gewaltimpuls nach außen abgibt, jeden von außen kommenden Impuls aber abzuwehren und abzuschrecken im Stande ist. Die von Machiavelli über Kant, die Freiheitsliga und den Revisionismus sich erstreckende gemeinsame Linie der Konzeptualisierung einer herrschaftlichen Organisation des Friedens enthält wertvolle Hinweise über die Richtung, in der der geschichtliche Fortschritt zu suchen ist. Die Linie sollte daher auch die wissenschaftliche Forschung, soweit sie auf den Frieden gerichtet ist, anleiten. Sie könnte der Außen- und Sicherheitspolitik schon jetzt als Leitfaden dienen.

3.1.3 Friede durch Miliz und Öffentlichkeit

Die Theoretiker haben sich aber nicht nur mit den Herrschaftssystemen allgemein, sondern auch mit deren Institutionen beschäftigt. Dieses Interesse setzte allerdings erst später, erst zum Ausgang des 18. Jahrhunderts ein, weil erst dann der moderne Herrschaftsapparat sich auszubilden begann. In Gestalt der Stehenden Heere, der Bürokratie und der Kabinettsdiplomatie wirkte dieser Apparat auf das Außenverhalten der Staaten und damit auf den Frieden. Also fiel er auch in den Aufmerksamkeitsbereich der politischen Theoretiker, die sich mit dem Frieden beschäftigten. Sie waren dabei der modernen Forschung weit voraus.

Klassisch und traditionell erhoben sie die Forderung nach Abschaffung der Stehenden Heere. Schon Kant hatte sie als 3. Präliminarartikel in seinen Traktat aufgenommen. Diese Heere „bedrohen andere Staaten unaufhörlich mit Krieg, durch die Bereitschaft, immer dazu gerüstet zu erscheinen; (sie) reizen diese an, sich einander in Menge der Gerüsteten, die keine Grenzen kennt, zu übertreffen"[66]. Kant stellte also gar nicht auf den gängigen, und noch zum Ende des 19. Jahrhunderts verbreiteten, von Auguste Comte in den Vordergrund seiner Kritik gehobenen Aspekt ab, daß das Militär, zumal das adlige, per se expansionistisch und aggressiv sein müsse.[67] Dieser Aspekt beherrschte noch die marxistische und auch die liberale Kritik; er war bereits von Tocqueville ausführlich besprochen worden. Er hatte schon gesehen, daß es sich hier nicht um eine spezifische Aggressivität des Militärs handelt, sondern um eine soziologisch beschreibbare Interessenstruktur, die die „demokratischen Gesellschaften großen Gefahren" aussetzt.[68] Zwar brauchten die Demokratien ein Heer, um sich zu verteidigen; dessen Offiziere und Unteroffiziere aber brauchten den Krieg, um sozial aufsteigen zu können. Tocqueville sah hier zu Recht einen Widerspruch zwischen dem demokratischen Herrschaftssystem, das auf den Frieden gerichtet war, und den Aufstiegschancen der Militärs, die vom Krieg abhängig waren. So kommt es, „daß die demokratischen Völker, wenngleich sie aus wirtschaftlichen und seelischen Gründen von Natur zum Frieden neigen, durch ihre Armeen zum Krieg und zu Revo-

---

[66] Werke, Bd. VI (Anm. 23), S. 197.
[67] Zu Comte und der Kritik an ihm vgl. Raymond Aron: War and Industrial Society. August Comte Memorial Trust Lecture No. 3, 24. 10. 1957, Oxford 1958.
[68] de Tocqueville (Anm. 28), S. 286.

3.1 Friede und Herrschaft

lutionen gedrängt werden"[69]. Sein Vorschlag zur Abhilfe: der Bürger in Uniform. (Dok. 18)

Die Einführung eines Milizsystems würde aber nicht nur die dem Militär inhärente Neigung zur Anwendung militärischer Gewalt beseitigen, sondern auch die Unsicherheit mildern, die das internationale System kennzeichnet. Auch das hatte Kant schon gesehen, hatte betont, daß die bloße Existenz Stehender Heere infolge der Struktur des internationalen Systems zu einem Bedrohungselement werden könnte, das ausreicht, eine militärische Verwicklung auszulösen. Kant nahm vorweg, was in der Diskussion der zwanziger Jahre genauer beschrieben und als das Sicherheitsdilemma dargestellt wurde, wie es John Herz später mit diesem glücklich geprägten Begriff bezeichnete.[70] Christian Lange entdeckte 1925 im Gegenüber der Stehenden Heere ein ‚Räderwerk der Militarisierung'. (Dok. 19) Die Abhilfe lag, darin waren sich die Kritiker einig, in der Miliz. Hier stimmten auch die Sozialisten zu, auch wenn sie dem Herrschaftssystem sonst keinen Bezug zum Frieden beimaßen.[71] Sie forderten zumindest eine demokratische Organisation des Wehrwesens. Der entschlossene Pazifismus ging noch sehr viel weiter, forderte die allgemeine

---

[69] Ebenda, S. 287–288.

[70] John H. Herz: Politischer Realismus und politischer Idealismus, Meisenheim am Glan 1959. Weitere Arbeiten zum Sicherheitsdilemma stammen von Robert Jervis: Cooperation under the Security Dilemma, in: World Politics 30, 2, Januar 1978, S. 167–214, und Glenn H. Snyder: The Security Dilemma in Alliance Politics, in: ebenda 36, 4, Juli 1984, S. 461–495; Otto Keck: Der Beitrag rationaler Theorieansätze zur Analyse von Sicherheitsinstitutionen, in: ders. und Helga Haftendorn (Hrsg.): Kooperation jenseits von Hegemonie und Bedrohung. Sicherheitsinstitutionen in den internationalen Beziehungen, Baden-Baden 1997, S. 35 ff., S. 37 ff.

[71] Vgl. das Kommunistische Manifest und die Gründungsresolution der II. Internationale, zit. bei Friedhelm Boll: Frieden ohne Revolution? Friedensstrategien der deutschen Sozialdemokratie vom Erfurter Programm 1891 bis zur Revolution 1918, Bonn 1980, S. 75 ff.

Kriegsdienstverweigerung[72]. Selbst der Soziologe Tönnies kam zu dem Schluß, daß die „einzige ernsthafte Abrüstung... die Abschaffung der Stehenden Heere" wäre[73], und daß das Volk selbst darüber zu entscheiden habe, ob es ein Stehendes Heer besitzen wolle oder nicht.

Das Heer war aber keineswegs der einzige Herrschaftsapparat. Schon Rousseau hatte bei den Ministern und ihren Interessen Friedenswiderstände vermutet. (Dok. 20) Say hatte die gesamte Bürokratie, ihr Interesse an Ämtern und Einfluß hinzugefügt. (Dok. 21) Trat das Phänomen, daß Karriereinteressen in bürokratisch strukturierten Großorganisationen der Friedensliebe der Demokratien zuwiderlaufen konnten, nicht überall dort auf, wo Bürokratien mit der Außenpolitik befaßt waren und Beamte demnach versuchen mußten, die Lösung der außenpolitischen Probleme mit der Förderung ihrer eigenen Karriere zu verbinden?

Die Bedeutung der Bürokratie als Entscheidungsfaktor mußte sich mit der Entstehung des entwickelten Industriestaates steigern, in dem sie nicht ganz zu Unrecht als ‚vierte Gewalt' gilt. Ihre Verteilungskompetenz ist beträchtlich, andererseits fällt ihr aus organisationssoziologischen Gründen die Anpassung an veränderte Aufgabenstellungen schwer. Als arbeitsteilige Großorganisation kann diese Bürokratie nur nach bestimmten Verfahrensregeln handeln, den Standard Operation Procedures (SOP). Einmal eingerichtet, verfolgt die Bürokratie nicht nur kontinuierlich den Zweck, auf den hin sie angelegt war; sie reproduziert auch ständig die Szenarien, die diesen Zweck rechtfertigen.[74] Das Standardverhalten verselbständigt sich also leicht. Schumpeter hatte auf diesen Effekt schon seine Imperialis-

---

[72] Z. B. William E. Wilson: The Foundations of Peace, London 1918.
[73] Ferdinand Tönnies: Das Abrüstungsproblem, in: Zeitschrift für Politik 13, 11/12, 1929, S. 730.
[74] Gerald Schneider: Die bürokratische Politik der Außenpolitikanalyse. Das Erbe Allisons im Licht der gegenwärtigen Forschungspraxis, in Zeitschrift für Internationale Beziehungen 4, 1, Juni 1997, S. 107 ff.

mustheorie gegründet. Der amerikanischen Bürokratie wurde nachgewiesen, daß sie den Vietnam-Krieg exakt nach dem Verständnis prägte und führte, auf das hin sie selbst nach dem Zweiten Weltkrieg ausgerichtet worden war.[75] Auch die Kuba-Krise von 1962 verlief großenteils nach dem Muster, das in der amerikanischen Bürokratie angelegt und von ihr eingeübt worden war.

Andererseits sind es die Großbürokratien, die wegen der Konsistenz ihrer Verhaltensweisen die Kontinuität der außen- und innenpolitischen Verteilungsprozesse bewirken. Sie sind es, die es rechtfertigen, Administrationen wenigstens zu einem bestimmten Teil als ‚rationale Akteure' anzusehen, die nach bestimmten, nachvollziehbaren Zweck-Mittel-Kalkulationen arbeiten. Mit Recht sprechen amerikanische Wissenschaftler von dem ‚Eisernen Dreieck', das die Außenpolitik der USA über alle Wechsel der politischen Administrationen hinaus in Gang hält.[76] Diese Bürokratien bilden keine Einheit; sie konkurrieren untereinander um Einfluß und Macht. Der Wettbewerb hat, wie an mehreren Rüstungsentscheidungen der USA nachgewiesen werden konnte, konkrete außenpolitische Folgen.[77] Darüber hinaus unterhalten die Bürokratien inzwischen auch ihre eigenen internationalen Beziehungen, über die sie nicht nur fremde Politische Systeme, sondern auch ihr eigenes zu beeinflussen suchen.[78]

Im Bereich der Bürokratieforschung ist die Politikwissenschaft ein gutes Stück vorangekommen; das gilt auch für die Bun-

---

[75] Leslie H. Gelb: The Irony of Vietnam: The System Worked, Washington, D.C., 1979.
[76] Ernst-Otto Czempiel: Amerikanische Außenpolitik, Stuttgart 1979, S. 24 f.
[77] Morton Halperin: Der Entscheidungsprozeß um den Aufbau eines ABM-Systems: Bürokratische und innenpolitische Auseinandersetzungen während der Johnson-Administration, in: Gert Krell (Hrsg.): Die Rüstung der USA, Baden-Baden 1981, S. 99 ff.
[78] Robert O. Keohane und Joseph S. Nye: Transgovernmental Relations and International Organizations, in: World Politics 27, 1, Oktober 1974, S. 39 ff.

desrepublik.[79] Es gilt vor allem aber für die amerikanische Forschung. Allerdings ist bei beiden der Bezug auf den Frieden stark abgedunkelt worden. Im Vordergrund der Aufmerksamkeit stehen die Entscheidungsprozesse[80] und deren Beeinflussung durch die Konkurrenz zwischen den Institutionen und darin wieder zwischen Individuen. Gerade in den Vereinigten Staaten ließ sich mehrfach nachweisen, daß bestimmte rüstungspolitische Entscheidungen mehr der Befriedung rivalisierender Streitkräfteinteressen als der Sicherheit zu dienen bestimmt waren.[81] Der militärisch-industrielle Komplex stellt ebenfalls ein gut durchleuchtetes Beispiel für die Beteiligung von Bürokratien an friedensrelevanten Entscheidungen dar.

Das zu erforschende Feld ist allerdings erheblich größer. Bei der wachsenden Komplexität der Politik fällt der Bürokratie eine zunehmend größere Bedeutung zu. Nur sie kann, aufgrund der Kontinuität und der Spezialisierung ihrer Arbeit, die politischen Einzelprobleme noch übersehen, nimmt daher auf deren Lösung einen bedeutenden, vielfach entscheidenden Einfluß. Er muß gar nicht verschwörungstheoretisch gedeutet werden, wie es Rousseau und Say – damals vermutlich zu Recht – taten. Es ist schon problematisch, wenn dieser Einfluß nicht explizit und bewußt zugunsten der Gewaltminderung ausgeübt wird. Dazu ist nicht nur guter Wille, der heute allgemein als vorhanden angenommen werden kann, sondern auch sehr viel Wissen erforderlich, das weder in der Ausbildung noch in der Praxis des Beamtennachwuchses vermittelt wird. Sein Mangel wird auch nicht, wie es beim Politiker der Fall ist, durch die kontinuierliche Kommunikation mit den

---

[79] Vgl. Helga Haftendorn (Hrsg.): Verwaltete Außenpolitik, Köln 1979. Dies.: Zur Theorie außenpolitischer Entscheidungsprozesse, in: Volker Rittberger (Hrsg.): Theorien der internationalen Beziehungen, Opladen 1990, S. 401 ff.

[80] Laura Neack et al. (eds.): Foreign Policy Analysis. Continuity and Change in its Second Generation, Englewood Cliffs, N.J., 1995.

[81] Morton H. Halperin: Bureaucratic Politics and Foreign Policy, Washington, D.C., 1974.

gesellschaftlichen Gruppen kompensiert. Nur so läßt sich verstehen, daß trotz des 1990 eingetretenen Friedens in Europa die ordnungspolitische Hauptaufgabe in Europa der 1949 gegründeten Verteidigungsallianz NATO in die Hand gegeben wurde. Die Bürokratie, die heute den gesamten Bereich der Außenpolitik betreut, kann also im Hinblick auf den Frieden weder als informiert, noch als instruiert, noch als kontrolliert angesehen werden.

Die klassische Theorie hatte sich vornehmlich mit der auswärtigen Bürokratie, der Diplomatie beschäftigt. Das war seinerzeit ebenso angemessen wie die Frage nach den sich darin verwirklichenden Interessen der einzelnen Amtsinhaber. Bentham hat sie 1786/89 aufgeworfen, hat sie bejaht und daraus die Konsequenz gezogen, daß die „Geheimhaltung in der Geschäftsführung des Auswärtigen Amtes in England ... nicht geduldet werden (sollte), da sie ganz nutzlos ist und in gleicher Weise den Interessen der Freiheit wie des Friedens widerstreitet"[82]. Denn alles, was den Ministern innenpolitisch durch das Herrschaftssystem verboten war, konnten sie erreichen, indem sie die Nation in einen Krieg führten.[83]

Seitdem ist die Forderung nach der Beseitigung der Geheimdiplomatie immer wieder erhoben worden als ein Versuch, die aus der Existenz und den Verfahrensweisen der auswärtigen Bürokratien stammenden friedensgefährdenden Einflüsse zu beseitigen. Bentham hatte auch schon darauf hingewiesen, daß die Geheimhaltung nicht nur den Karriereinteressen förderlich war, sondern daß sie auch zu den „douceurs" des diplomatischen Amtes zählte, als belohnende Teilhabe[84] an einer Eigenschaft von Herrschaft.[85] Das gilt auch heute und trägt dazu bei, daß der auswärtige Dienst, obwohl er durch die Konkurrenz der anderen Ministerien und

---

[82] Jeremy Bentham: Grundsätze für ein künftiges Völkerrecht und einen dauernden Frieden, hrsg. von Otto Kraus, Halle 1915, S. 121.
[83] Ebenda, S. 123.
[84] Ebenda, S. 133
[85] Ebenda, S. 123, Anmerkung.

durch die modernen Kommunikationstechnologien die meisten seiner Kompetenzen eingebüßt hat, noch immer eine gewisse Aura und Attraktivität besitzt.

Die Kritik der klassischen Theorie zielte aber nicht nur auf die Privatinteressen von Diplomaten und Ministern, sie zielte auf deren Ersatz durch die Interessen der Allgemeinheit, der „many", wie Mill gesagt hatte. Diese erweiterte Problemstellung hat sich im 20. Jahrhundert keinesfalls aufgelöst, wenn sie sich auch abgeschwächt hat. Was Lujo Brentano 1914 feststellte, nämlich daß „selbst in den demokratischsten Ländern das Volk auf seine auswärtige Politik völlig einflußlos ist", hat an Gültigkeit nur wenig verloren.

Der amerikanische Präsident Woodrow Wilson hatte bekanntlich die Forderung nach der Abschaffung der Geheimdiplomatie, nach öffentlichen Friedensverträgen und nach Öffentlichkeit in der Außenpolitik generell zum ersten seiner vierzehn Punkte gemacht.[86] Der britische Premier- und Außenminister MacDonald plädierte 1925 erneut für die offene Diplomatie.[87] Aber die Forderung setzte sich nicht durch, wurde auch nach dem Zweiten Weltkrieg nicht wieder erhoben. MacDonald hatte sie auch schon wieder ganz anders begründet. Ihm ging es um die Unterstützung der Außenpolitik „durch das Volk", das dementsprechend aufgeklärt und informiert werden mußte. Ziel dieser Politik war also die Konsensbildung in der Öffentlichkeit, nicht deren Kontrolle über die Diplomatie. Sie zählt noch immer zu den Arkana, in denen sich Herrschaft auch bei den modernen westlichen Demokratien, in denen sie generell als kontrolliert gelten muß, erhalten kann.

---

[86] Die 14 Punkte Präsident Wilsons in seiner Rede vor dem Kongreß am 8. Januar 1918, abgedr. in: Klaus Schoenthal: Amerikanische Außenpolitik, Köln 1964, S. 297.

[87] James R. MacDonald: Offene Diplomatie, in: Die Friedens-Warte 25, Juli 1925, S. 198.

3.1 Friede und Herrschaft

Die Öffentlichkeit ist also noch immer nicht, wie von der Theorie gefordert, zum Kontrolleur der Diplomatie und der Außenpolitik geworden. Sie leistete zwar immer wieder und immer stärker Widerstand gegen jeden Versuch, in einen Krieg hineingezogen zu werden, gleichgültig wie er begründet wurde. Hier lag die psychologische Ursache für die Appeasement-Politik der Westmächte vor 1939, hier lag die Basis für die verbreitete Kritik an der Rüstung im Ost-West-Konflikt, wie sie in den siebziger und achtziger Jahren von der Friedensbewegung besonders prägnant formuliert wurde.

Je mehr die Öffentlichkeit mit Hilfe der Medien und der Wissenschaft über die komplizierte und keineswegs immer eindeutige Wirkung von Ursachen und Folgen in der internationalen Politik erfährt, desto skeptischer wird sie gegenüber den Begründungen für die Anwendung oder die Androhung militärischer Gewalt. Und: je demokratischer eine politische Einheit verfaßt ist, desto stärker kann sich diese Skepsis in den Anforderungen an das Politische System artikulieren.

Diesem Befund steht nicht entgegen, daß die Öffentlichkeit nicht per se und zu jeder Zeit als friedliebend zu gelten hat. So hatte schon Bentham darauf aufmerksam gemacht, daß in bestimmten Perioden auch die Völker den Krieg gewünscht und ihre Minister in ihn hineingezwungen haben. Tocqueville hatte richtig gesehen, daß die demokratischen Gesellschaften zwar friedliebend sind, daß aber, „wenn man es endlich fertigbrachte, ihnen die Waffen in die Hand zu geben", „diese selben demokratischen Völker, die man mit so viel Mühe auf die Schlachtfelder schleppt"[88], dort die gleichen Leidenschaften entfalten, die sie vorher dem Frieden gewidmet hatten. 1901 wies der Amerikaner Hale darauf hin, daß es bei der Bedeutung der öffentlichen Meinung in den Demokratien schon genügt, sich öffentlich mit dem Gedanken des Krieges zu beschäftigen, um ihn heraufzuführen. (Dok. 22) Die Sozialpsychologie macht auf die Gewaltpotentiale

---

[88] de Tocqueville (Anm. 28), S. 297.

aufmerksam, die entstehen können, wenn Massen in Psychosen versetzt werden.[89]

Diese Feststellungen sind aber nur unter den von ihnen angegebenen Parametern richtig. Solange sie nicht systematischer Beeinflussung ausgesetzt wird, wird eine bürgerliche Gesellschaft aufgrund und im Rahmen ihrer demokratisch-republikanischen Verfassung stets an das Politische System die Anforderung nach Frieden, nach gewaltfreier oder doch gewaltgeminderter Konfliktregelung mit der internationalen Umwelt richten.

Andererseits ist bei den Politischen Systemen eine zunehmende Tendenz zu verzeichnen, solche Anforderungen mit dem Hinweis auf die Erfordernisse der Sicherheit nicht zu berücksichtigen und statt dessen die Geheimhaltung wieder zu erweitern. Das kann sachlich geboten, kann reine Herrschaftstechnik, kann eine Mischung aus beiden sein und auch auf Fehlperzeptionen beruhen. Auf die Möglichkeit solcher Mischungen haben die Theoretiker aufmerksam gemacht; ihre übereinstimmenden Thesen sollten Anlaß zu Überlegungen sein, wie die Analysen auswärtiger Bedrohung von Herrschaftsinteressen abgekoppelt, ‚objektiviert' werden können.

Dieses Verfahren allein dürfte nicht ausreichen, um das Friedensinteresse demokratischer Republiken zu erfüllen. Erstens gibt es Bedrohungen von außen, und sie lassen sich, zweitens, nur schwer exakt bestimmen. Die Empfindlichkeit des Zieles Sicherheit veranlaßt stets zu Vorsicht und Risikovorsorge. Republiken sind daher darauf angewiesen, die auswärtige Bedrohung nicht nur richtig zu analysieren, sondern zu vermeiden.

Das klingt wie ein Allgemeinplatz, enthält aber etwas ganz Neues. Bisher haben sich Außen- und Verteidigungspolitik darauf ausgerichtet, eine Bedrohung von außen abzuwehren oder abzuschrecken. Alle Strategien richteten sich darauf; sie kulminierten

---

[89] Vgl. die Diskussion bei Richard N. Lebow: Between Peace and War. The Nature of International Crisis, Baltimore und London 1981.

in der Verteidigung oder der Vorbereitung dazu. Dahinter stand – und steht – die Annahme, daß das Verhalten eines Gegners invariabel und vor allem unbeeinflußbar ist. Präziser ausgedrückt lautete die Annahme, daß die Bedrohung durch einen Gegner sich nur durch militärische Vorbereitungs- und Abwehrmaßnahmen beeinflussen läßt und durch nichts sonst. Schränkt diese Ausnahme die Gültigkeit der Annahme schon ein, so muß sie auch allgemein in Frage gestellt werden. Da Verhalten in der Interaktion entsteht, kann es über sie auch beeinflußt werden. Es ist prinzipiell variabel und zu Veränderungen fähig. Die einzige Ausnahme bildet der unprovozierte unvorhersehbare Überfall, den es vor und in der europäischen Neuzeit zweifellos gegeben hat.

Schon das Konzept der Internationalen Organisation ging davon aus, daß das Verhalten von Gegnern verändert werden kann, und zwar über die Änderung des internationalen Systems. Gibt es nicht aber auch andere Strategien bilateraler oder multilateraler Art, mit denen sich das Verhalten eines Gegners beeinflussen, die Bedrohung durch ihn mindern läßt? Muß ein Versuch zu solcher Minderung, zum Abbau der Bedrohung nicht Vorrang erhalten vor ihrer Abwehr? Das ist die interessante, die neue Frage nach der Prävention.

Die Forderungen der Theoretiker nach Milizsystem und offener Diplomatie können hier aufschlußreiche Hinweise geben. Weder Bentham noch Wilson waren unerfahren oder naiv. Sie zogen vielmehr die Konsequenzen aus Fehlentwicklungen, in denen sie zu Recht intendierte und nicht-intendierte Kriegsanlässe sahen. Der Beitrag Stehender Heere dazu ist evident, die Forderung nach ihrem Ersatz konkludent. Sie unterstützt die Forderung derjenigen deutschen Politiker, die sich gegen die Abschaffung der Wehrpflicht wenden. Freilich müßten sie sich dann auch, wie es die SPD tut, mit gleicher Vehemenz gegen den Aufbau einer Schnellen Eingreiftruppe der NATO aussprechen, die die alten Geister der Stehenden Heere wieder heraufbeschwört. Wiederum hat die SPD die kritische Tradition für sich, wenn sie, wie noch 1997, den Einsatz deutscher Truppen ‚out of area' an ein Mandat der Vereinten Nationen bindet. Die Forderung gewinnt an Gewicht, wenn man sie in die Tradition der einschlägigen politischen Theorie stellt. Sie zeigt dann deutlicher, daß sie kein gesinnungsethischer Schnellschuß ist, sondern – wenn auch nicht bewußt – mit Erfahrungen und Einsichten bedeutender politischer Theoretiker übereinstimmt.

Das gilt genauso für die Forderung nach Abschaffung der Geheimdiplomatie. Sie würde verkürzt verstanden, wollte man sie nur als eine Kritik an den Fähigkeiten oder Interessen von Politikern und Diplomaten, an politischen Verschwörungen der Herrschenden verstehen. Eine solche Kritik mag in Einzelfällen berechtigt sein, diskreditiert aber unnötig die meisten Politiker und unterschätzt vor allem das Problem. Denn der Begriff der Geheimdiplomatie deckt ja nicht nur das Verhalten, sondern das gesamte strategische Verfahren ab, mit dem die Politik bis heute auf außenpolitische Bedrohungen reagiert. Es unterscheidet sich kaum von dem der monarchisch-feudalen Epoche, wo es in der Tat darauf ankam, einen Gegner nicht zu informieren, sondern zu überlisten.

Die Kritik an der Geheimdiplomatie macht darauf aufmerksam, daß dieser gesamte Ansatz als anachronistisch gelten muß, wenn sich Massendemokratien gegenüberstehen, deren Konflikte ganz anders, sehr viel differenzierter gelagert sind als die zwischen Monarchien. Hier müssen dann auch ganz andere Strategien angewendet werden als die der Kabinettsdiplomatie und des Mächtekonzerts. Eine Richtung, in der diese anderen Strategien gesucht werden müssen, haben die Theoretiker genau angezeigt: sie deutet auf die Beeinflussung des Herrschaftssystems beim Adressaten von Außenpolitik. Die von ihm ausgehende Bedrohung hängt, wenn die Theorie stimmt, ursächlich von seinem Herrschaftssystem und dem darin enthaltenen Grad von Gewalt ab. Will man sie mildern (statt besiegen), so muß man auf das

3.1 Friede und Herrschaft

Herrschaftssystem einwirken, zugunsten von dessen zunehmender Demokratisierung.

Dies ist nicht die einzige Strategie. Sie richtet sich nur auf die Struktur, auf eine Bedingung des Handels. Es ist aber eine wirksame Strategie. Denn im Zeitalter der Massendemokratien sind alle internationalen Konflikte herrschaftlich vermittelt, und zwar sehr viel stärker, als dies in der Epoche der Monarchen und Söldner der Fall war. Es gab keinen direkten Konflikt, nicht einmal eine direkte Beziehung zwischen den Gesellschaften, die sich im Ost-West-Konflikt gegenüberstanden. Eine von den Gesellschaften zu tragende kriegerische Auseinandersetzung wäre auch dysfunktional: sie beseitigt den Konflikt nicht, da sie dessen herrschaftliche Vermittlung nicht aufhebt (es sei denn durch die totale Annihilation).

Eine Strategie hingegen, die die herrschaftliche Verursachung der Gewaltdrohung beseitigt oder doch mindert, träfe exakt in das Zentrum des Konflikts und beeinflußte ihn. Das geschah, wenn auch nicht als Folge westlicher Strategie, 1989/90. Mit den kommunistischen Herrschaftssystemen brach der Ost-West-Konflikt zusammen.

Eine auf den Frieden gerichtete Strategie, die den Zusammenhang von Herrschaft und Frieden ernst nimmt, muß also beim gewaltbereiten Gegner zugunsten der Demokratisierung seines Herrschaftssystems intervenieren. Die Intervention muß gewaltfrei verlaufen, sonst widerspräche sie ihrem Zweck.[90] Aber sie muß Erfolg haben. Eine solche erfolgreiche Strategie setzte die republikanische Föderationsbewegung im 19. Jahrhundert schon voraus, wenn sie den Beitritt zu einem föderierten Europa abhängig machen wollte von der Verwirklichung des republikanischen Regierungssystems. Hundert Jahre später wissen wir, daß wirksame Strategien erst entwickelt werden müssen und daß dies

---

[90] Dazu Ernst-Otto Czempiel: The Political Necessity and Feasibility of Interventions, in: Ch. Lotter und Susanne Peters (eds.): The Changing European Security Environment, Köln und Weimar 1996, S. 1996 ff.

nicht einfach sein wird. Es ist andererseits nicht so schwierig, wie es scheint. Schon Tocqueville hat die Notwendigkeit klar bezeichnet und die Strategie angedeutet: „Sobald der Gedanke der Gleichheit sich nicht nur in einer Nation, sondern gleichzeitig in mehreren benachbarten Völkern ausbreitet ..., sind die Menschen ... trotz der Ungleichheit der Sprache, der Bräuche und der Gesetze immerhin in dem einen Punkte einander ähnlich, daß sie den Krieg gleichermaßen fürchten und dieselbe Friedensliebe empfinden."[91] Johann Gottlieb Fichte hat in seiner Rezension des Kantschen Friedenstraktates einen wichtigen Strategiesatz ausdrücklich unterstrichen, nämlich die Werbung: Kant erwartete als sicher, „daß doch endlich ein Volk das theoretisch so leicht zu lösende Problem der einzig rechtmäßigen Staatsverfassung in der Realität aufstellen und durch den Anblick seines Glückes andere Völker zur Nachahmung reizen werde. Auf diese Weise ist der Gang der Natur zur Hervorbringung einer guten Staatsverfassung angelegt ..."[92]

Werbung ist vielleicht die beste, gewiß aber nicht die einzige Strategie zur Beeinflussung gewalthaltiger Herrschaftssysteme. Der amerikanische Außenminister Kissinger hatte 1973 mit seinem Versuch, durch Handelsvorteile die Sowjetunion zur Erleichterung ihrer Emigrationspolitik zu veranlassen, einen anderen erfolgversprechenden Weg eingeschlagen. Weitere Strategien unterschiedlicher Wirkungsweise zu konzipieren, hätte nahegelegen.

In der Linie der politischen Theoretiker hätte sich eine Re-Politisierung des Konfliktverständnisses empfohlen. Gerade weil der Konflikt zwischen Liberalismus und Kommunismus in seinem Grund ein Konflikt zwischen zwei divergierenden Herrschaftsordnungen war, mußte er politisch, als Konkurrenz ausgetragen werden. Die politische Theorie läßt klar erkennen, wer diesen

---

[91] de Tocqueville (Anm. 28), S. 203.
[92] Johann Gottlieb Fichte: Zum ewigen Frieden – Ein philosophischer Entwurf von Immanuel Kant, 1796, zit. nach dem Abdruck bei Batscha (Anm. 27), S. 91.

3.1 Friede und Herrschaft

Wettbewerb (aber nicht notwendigerweise eine militärische Auseinandersetzung) gewinnen würde: diejenige Ordnung, bei der Freiheit und soziale Gerechtigkeit optimal verwirklicht sind. Verkürzt ausgedrückt: Der Friede ist auf die demokratische Republik angewiesen, die andererseits von ihm am meisten profitiert. Aber nur Präsident Jimmy Carter ging in diese Richtung.

Die Beziehung zwischen Herrschaft und Friede hat sich damit als eine außerordentlich ergiebige Fragestellung erwiesen. Die hier dargestellten politischen Theorien harren weiterer empirischer Überprüfung (aber jetzt in einer genaueren Formulierung) wie der strategisch-konzeptuellen Weiterentwicklung. Der Zusammenhang stellt eine Bedingung außenpolitischen Handelns beim Akteur wie beim Adressaten der Aktion dar, deren mittel- und langfristige Wirkungen von entscheidender Bedeutung sind.

Von dieser Beziehung hängt eine andere ab, die zwischen Friede und Wohlfahrt. Gewinninteressen bilden, nach den Macht- und Herrschaftsinteressen, den zweiten großen Antrieb der Politik. Gewinninteressen können sich aber nur entfalten innerhalb des Herrschaftssystems, dessen Teil, aber nicht dessen Ursprung sie sind. Hobson, der die Imperialismuskritik begonnen hatte, hat diesen Zusammenhang richtig, nämlich innerhalb der liberalen Theorie formuliert. Gewinninteressen können sich nur dann und nur in dem Maße in der auswärtigen Politik durchsetzen, wenn das Herrschaftssystem dies zuläßt. Die Verteilung von Wohlstandswerten nimmt im Leistungskatalog der Politischen Systeme einen großen Raum ein, füllt ihn aber nicht aus und determiniert ihn nicht. Schließlich hat dasjenige Herrschaftssystem, das die vergleichsweise höchste (aber keineswegs schon die ausreichende) Verteilungsgerechtigkeit bei den Partizipationswerten verwirklicht hat, auch bei der der Wohlstandswerte einen hohen Standard erreicht: die westliche Demokratie.

Das kapitalistische Wirtschaftssystem hat sich demnach als abhängig erwiesen von der politischen Entscheidung über das Herrschaftssystem, dem sich die Erziehung und Verteilung von

Gewinn unterordnen muß. Darüber darf die Enge der Beziehung zwischen Herrschaft und Gewinn nicht hinwegtäuschen, auch nicht die Tatsache, daß die Verfolgung von Gewinninteressen bei den Betroffenen Konsequenzen erzeugt hat, die nicht weniger groß waren, als diejenigen, die bei der Verwirklichung von Herrschaftsinteressen anfallen. Auch die den Imperialismus kennzeichnende Verbindung von wirtschaftlichen Interessen zu Herrschaftsträgern verändert diesen Zusammenhang nicht, sondern beleuchtet ihn. Wenn es noch eines letzten Beweises dafür bedarf, so lieferten ihn die Staaten des sogenannten real existierenden Sozialismus. Trotz der Beseitigung des Privateigentums an den Produktionsmitteln hatten sie ein Herrschaftssystem ausgebildet, das an Graden der Gewalt und der Repression die westlichen Demokratien weit übertraf.

Gerade wer das Streben nach wirtschaftlichem Gewinn als movens der Politik hoch veranschlagt, wer die Verteilung von Wohlstandswerten innerhalb der politischen Einheiten und zwischen ihnen als einen großen bedeutenden Sektor der Außenpolitik und der internationalen Politik ansieht, wer ihm demzufolge gerade unter dem Aspekt des Friedens große Beachtung zukommen läßt, darf den Gewinn nicht auf die gleiche Stufe stellen wie die Herrschaft, schon gar nicht darüber. Denn es ist das Herrschaftssystem, das darüber entscheidet, wer auf welche Weise Wohlstandswerte generieren darf und wie sie verteilt werden. Gewinninteressen versuchen darauf Einfluß zu nehmen, treten aber vor herrschaftspolitischen Entscheidungen zurück.

3.2 Friede und Wohlstand

Wie müssen die internationalen wirtschaftlichen Austauschbeziehungen, in denen der einzelne seine Wohlstandsinteressen realisiert, beschaffen sein, damit sie zu einer Friedenspolitik beitragen? Diese Frage ist seit dem Ausgang des 18. Jahrhunderts in der Wissenschaft sehr oft gestellt, gegen Ende des 19. Jahrhunderts zugunsten der Imperialismuskritik vernachlässigt und in der zweiten Hälfte des 20. Jahrhunderts vollends vergessen worden. Auch hier schien das Problembewußtsein mit der Gestaltung der Nachkriegsordnung zur Ruhe gekommen und nach 1990 nur mit der „Globalisierung" beschäftigt zu sein. Die Diskussion um die atlantischen Wirtschaftsbeziehungen, um den Nord-Süd-Konflikt, die Neue Weltwirtschaftsordnung ließ die Friedensrelevanz dieser Themen nicht mehr erkennen, obgleich sie deren eigentlichen Bezugspunkt abgeben müßte. Denn so groß und zweifelsfrei die Fortschritte sind, die – im Vergleich mit der Zeit vor 1945 – die Organisation der Weltwirtschaft, die Vermehrung und die Ausbreitung des Wohlstands gemacht haben, ausschlaggebend ist deren Beitrag zum Frieden. Was nützt die Steigerung des Wohlstands, wenn sie Konflikte heraufführt, die mit Gewalt ausgetragen werden? Was nützt sie, wenn sie nicht auch benutzt wird zur Beeinflussung der politisch-militärischen Konflikte, von deren nicht-gewaltsamer Regulierung der Wohlstand schließlich abhängt? Die beiden klassischen Fragestellungen der politischen Theorie sind heute nach dem Ende des Ost-West-Konflikts aktueller denn je.

Allerdings müßten sie ergänzt werden durch eine Besprechung der internen Verteilungsleistungen von drei unterschiedlichen Wirtschaftssystemen: dem marktwirtschaftlichen, dem zentralverwaltungswirtschaftlichen und dem gemischten, wie es in den Reformländern und in manchen Entwicklungsländern vorkommt. Die Welt ist heterogen strukturiert, und die Friedenswirkung der wirtschaftlichen Austauschbeziehungen wird maßgeblich von der Position der wirtschaftlichen Akteure in der jeweiligen politischen Einheit mitbestimmt. Auf diesen Aspekt wird hier verzichtet, weil es vornehmlich darum geht, die Friedensrelevanz der Außenwirtschaftsbeziehungen wieder zu entdecken und in die aktuelle Diskussion einzubringen. Wie wirken diese Beziehungen, und wie müssen sie organisiert sein, damit sie das Prozeßmuster des Friedens erzeugen?

3. Friede durch Änderung der gesellschaftlichen Strukturen

Diese Frage führt unmittelbar zu den beiden großen Problemkomplexen zurück, die in der außenpolitischen Theorie stets als maßgebend angesehen worden sind. Wie beeinflußt, erstens, das Streben nach wirtschaftlichem Gewinn die internationalen Beziehungen? Macht und Herrschaft wirken negativ darauf ein, weil sie per definitionem ihre Adressaten unterdrücken, gegebenenfalls sogar liquidieren. Kann man dem Gewinn eine vergleichbare, den Prozessen seiner Verwirklichung inhärente Folge zusprechen? Einfacher ausgedrückt: Gibt es eine positive oder negative Beziehung zwischen dem Gewinn der Wirtschaft und dem Frieden?

Zweitens: Wenn es eine solche Beziehung gibt – wie wird sie durch die Verbindung zu Herrschaft und Macht verändert? Diese Verbindung ist in gewissem Maße unvermeidlich. Außenhandel enthält auch immer Außenwirtschaftspolitik. Das Politische und das wirtschaftliche System treten sowohl innerhalb des gesellschaftlichen Umfeldes wie in der internationalen Umwelt als Akteure auf, und es liegt nahe, daß sie in beiden Kontexten zusammenarbeiten. Welche Folgen entstehen daraus für die internationalen Beziehungen? Das Gittermodell der internationalen Politik läßt deutlich erkennen, daß in dieser Verbindung zwischen der wirtschaftlichen Werteverteilung mit der durch Herrschaft und Macht im inner- wie im intergesellschaftlichen Kontext das eigentliche Problem zu liegen kommt. Es wird durch die Regime veranschaulicht, die als spezifische Verbindung von Wirtschaftsgruppen und Politischen Systemen zum Kennzeichen des internationalen Systems im letzten Drittel des 20. Jahrhunderts geworden sind[93]. Auf beide Problemkreise hat die liberale Theorie von Anfang an aufmerksam gemacht.

---

[93] Als Beispiel aus einer großen Literaturfülle Klaus Dieter Wolf: Internationale Regime zur Verteilung globaler Ressourcen, Baden-Baden 1991.

3.2.1 Friede durch Freihandel

Sie entstand als Opposition gegen die erste Symbiose von Herrschaft und Wirtschaft im Merkantilismus. Dessen Ergebnis war der wirtschaftliche Etatismus gewesen, der die Vermehrung staatlicher Macht zum Ziel und die Gewaltanwendung zum Mittel hatte. Die Wirtschaft war der Politik untergeordnet, diente ausschließlich dazu, die politische Macht des Staates zu vermehren. Herrschaft und Krieg waren die akzeptierten Folgen.

Der Liberalismus, der sich seit der zweiten Hälfte des 18. Jahrhunderts entwickelte, kehrte das Verhältnis von Politik und Wirtschaft um, stellte den einzelnen und sein Wohlergehen in das Zentrum und rückte die politische Herrschaft an die Peripherie der Verteilungsvorgänge. Der Liberalismus wollte den Staat und die Herrschaft entmachten zugunsten des Individuums und seines wirtschaftlichen Gewinns; gleichzeitig versprach er sich davon die Abschaffung des Krieges als des Machtinstruments par excellence und die Heraufführung des Friedens. Denn: der „Geist des Handels" widerspricht dem „Geist der Eroberung"[94]. Die Wirtschaft verbindet die Nationen, während die Herrschaft sie trennt. Damit wurde für den klassischen Liberalismus die politische Ökonomie zur Friedenswissenschaft schlechthin[95], wurde die Wirtschaft zur Friedensstrategie. In dieser Zuordnung des Gewinns zur Freiheit innerhalb der Gesellschaft und zum Frieden mit dem internationalen Umfeld war sich der Liberalismus einig. Wenn Kant schrieb: „Es ist der Handelsgeist, der mit dem Kriege nicht zusammen bestehen kann"[96], so gab er damit die Grundthese des klassischen Liberalismus wieder. (Dok. 23) Die Republik würde – das war Kants herrschaftssoziologische These – die Könige daran hindern, Krieg zu führen; die positive Gestaltung der zwischenge-

---

[94] Jean-Francois Melon, zit. bei Edmund Silberner: La guerre et la paix dans l'histoire des doctrines économiques, Paris 1957, S. XLIII.

[95] Edmund Silberner: The Problem of War in Nineteenth Century Economic Thought, New York und London 1972, S. 282.

[96] Werke (Anm. 23), S. 226.

sellschaftlichen Beziehungen übertrug Kant jetzt dem Handel. Er fördert den „wechselseitigen Eigennutz", dem sich die Völker früher oder später zuwenden werden. In ihm herrscht die Geldmacht, und ihr zuliebe werden sich die Staaten gezwungen sehen, „den edlen Frieden zu befördern". Das war eine klare Interessenanalyse der bürgerlichen Gesellschaft. Sie ist nicht an Herrschaft interessiert, sondern an Gewinn, und dafür sind ganz andere Medien erforderlich als für die territoriale Expansion oder die Machtpolitik schlechthin.

Idealtypisch war das völlig richtig. Herrschafts- und Machtinteressen erfordern zu ihrer Verwirklichung die Unterdrückung, notfalls die Liquidierung des Objekts. Eine territoriale Expansion läßt sich nur durchführen, wenn zumindest die Führungselite des betroffenen Landes physisch beseitigt wird. Gewinninteressen hingegen erfordern die Existenz des Objekts, auf das sie sich richten. In einer Handelsbeziehung erfordern sie sogar die Kooperation des Partners, die nur bei einer bestimmten Gewinnverteilung zustande kommt. Sie kann ungleich sein, aber sie kann nicht fehlen. Auf der untersten Stufe muß der Adressat des Gewinninteresses zumindest am Leben erhalten werden. So verwerflich diese Form der Beziehung, die Ausbeutung, auch ist, sie unterscheidet sich noch immer vom Krieg, der die Existenz des Adressaten bewußt aufhebt. Kriegerische Gewalt kennt nur die geringe Abstufung zwischen der physischen Beschädigung und der Aufhebung der Existenz des Menschen. Auch darin unterscheidet sie sich vom Gewinn und seinen Medien, deren Verteilungsleistungen von der Ausbeutung bis zur Gleichverteilung reichen. Der Handelspartner muß nicht nur am Leben erhalten, sondern auch am Handel interessiert bleiben, was im optimalen Falle seine 50%ige Beteiligung am erzeugten Nutzen verlangt.

Damit ist der Sachbereich Wirtschaft grundsätzlich von dem der Herrschaft unterschieden, unterscheiden sich herrschaftliche von wirtschaftlichen Interessen, unterscheidet sich Herrschaft von Gewinn. Die Trennungslinie wird durch die Bewertung und die

3.2 Friede und Wohlstand

Behandlung des Adressaten gezogen. „Der Handel", schrieb Tocqueville, „ist von Natur ein Feind aller gewalttätigen Leidenschaften. Er liebt die Mäßigung, gefällt sich in Zugeständnissen ... ist geduldig, geschmeidig, einschmeichelnd, und er greift zu äußersten Mitteln nur, wenn die unbedingteste Notwendigkeit ihn dazu zwingt."[97]

Damit ist nicht gesagt, daß Handelsbeziehungen per se den Frieden fördern: Sie können, wenn der Gewinn in ihnen äußerst ungerecht verteilt wird, auch Gewalt stimulieren. Aber im Unterschied zu Herrschaft und Macht, die stets, und sei es auch nur perspektivisch, auf die Gewalt als ihr entscheidendes Medium verwiesen sind, können Gewinninteressen darauf verzichten. Sie sind auch bei Gleichverteilung des erzeugten Nutzens noch profitabel, vermögen sich damit in die vom Friedensbegriff verlangten Bedingungen einzuordnen. Das ist der Herrschaft nicht möglich. Jede Einschränkung bedeutet Substanzverlust und perspektivisch auch das Ende. Deswegen muß zwischen Herrschaftsinteressen und Gewinninteressen prinzipiell unterschieden werden. Letztere können verbinden, erstere nur trennen. „Solange Wohlstand das Ziel abgibt, können unterschiedliche Einheiten glücklich zusammenarbeiten. Es kann Eifersucht und Streit über die Verteilung der materialen Mittel zum Wohlstand geben. Aber es gibt keine inhärente Zieldivergenz beim Streben nach Wohlstand. Andererseits ist Macht stets relativ. Der Gewinn eines Landes bedeutet notwendig Verlust für andere und umgekehrt. Konflikt ist das Wesen des Strebens nach Macht."[98]

Es ist wichtig, diesen idealtypischen Befund festzuhalten, ihn nicht zudecken zu lassen von den zahlreichen historischen Befunden, die ihm zu widersprechen scheinen. Sie sind auf die Verbindung von Gewinn und Herrschaft zurückzuführen, die, wenn auch in unterschiedlichem Maße, die Industriegesellschaften bisher ge-

---

[97] de Tocqueville (Anm. 28), S. 273.
[98] Ralph G. Hawtrey: The Economic Aspects of Sovereignty, London 1930, S. 27.

kennzeichnet hat. Wenn Gewinninteressen sich der Herrschaft und ihrer spezifischen Medien der Gewalt und der Macht bedienen, dann kann die imperialistische Klassengesellschaft entstehen.

Ist diese Verbindung historisch nachweisbar, so ist sie systematisch nicht zwingend. Sie kann aufgelöst werden, ohne daß die Gewinninteressen prinzipiell Schaden zu nehmen hätten. Der idealtypische Befund ist damit derjenige, der auch als geschichtliche Möglichkeit eingerichtet werden kann. In den entwickelten Industriegesellschaften und zwischen ihnen sind ohnehin Tauschbeziehungen die Regel, von denen jeder Partner gleichermaßen profitiert. Dieses Verhältnis kann in sämtlichen Handelsbeziehungen eingestellt werden und erfüllt dann die Anforderungen, die aus dem entwickelten Friedensbegriff an die Interaktionen zwischen den Umfeldern zu richten sind.

Der vom Liberalismus des 18. und von der Freihandels-Theorie des 19. Jahrhunderts entwickelte Grundsatz, daß die Gewinninteressen friedlich sind, war also prinzipiell richtig. Nur die diesen Grundsatz begleitenden Annahmen, daß die Gewinninteressen von sich aus allein den Frieden produzieren würden, trafen in dieser Form nicht zu. Das Mißverständnis eines automatischen spill-over war erstmals von Emeric Crucé zu Beginn des 17. Jahrhunderts formuliert worden, der von den wirtschaftlichen Interessen und vom Welthandel die Beseitigung des Krieges und die internationale Verständigung erwartete.[99]

Das Mißverständnis kennzeichnete die liberale Utopie der Aufklärung, aber es beeinträchtigte nicht die analytische Richtigkeit ihrer Aussagen. Jeremy Bentham, der „Great Questioner of Things Established", entwickelte in seiner Kritik am britischen Kolonialismus Kriterien, die nicht deswegen weniger richtig sind, weil sie zu seiner Zeit nicht politisch umgesetzt wurden.[100] James

---

[99] von Raumer (Anm. 17), S. 147. Klaus E. Knorr: British Colonial Theories 1570 – 1850, Toronto 1944, S. 268.

[100] Jeremy Bentham: Grundsätze für Völkerrecht und Frieden, zit. nach dem Abdruck bei von Raumer (Anm. 17), S. 388 ff.

3.2 Friede und Wohlstand

Mill, der ebenfalls zu den philosophischen Radikalen, zu den „Lehrern der Lehrer" gehörte, bezeichnete exakt die Stelle, an der die auf Ausgleich und Kooperation gerichteten wirtschaftlichen Interessen umgesteuert wurden zu solchen der territorialen Expansion und der Herrschaftserweiterung: das Herrschaftssystem. Wenn es nicht sehr gut, nicht sehr republikanisch und demokratisch ist, fördert es die Interessen der ‚Wenigen' gegenüber dem Interesse der ‚Vielen'. (Dok. 24) Einige wirtschaftliche Interessen machen sich dann dieses Herrschaftssystem zunutze, engagieren sozusagen das Politische System zur verbesserten Durchsetzung ihrer Gewinninteressen in der internationalen Umwelt. Das Politische System wiederum profitiert davon durch Erweiterung seiner Herrschaft, Verstärkung seiner Macht und durch die Verbesserung der Einflußposition seiner Amtsträger und Bürokraten. In dieser Symbiose degeneriert die Wirkung, die das Gewinninteresse in den intergesellschaftlichen Beziehungen haben kann. Indem es von ihr für den Zweck einseitiger Nutzenverteilung in den Beziehungen zur internationalen Umwelt profitiert, verstärkt es die Herrschaft des Politischen Systems gegenüber dem eigenen gesellschaftlichen Umfeld. Frieden und Freiheit nehmen gleichermaßen Schaden.

Daraus hatten die Liberalen die richtige Forderung abgeleitet, die Kolonien aufzugeben. Erst wenn die neuen Völker unabhängig sein werden, wird auch für sie die „Epoche wahrer Entwicklung beginnen; dann wird auch Europa den Vorteil der Verbindung mit ihnen in seiner ganzen Ausdehnung genießen"[101]. Es werden dann eben nicht nur die ‚Wenigen' sein, die davon profitieren, daß – und weil – in den Austauschbeziehungen gleiche Nutzenverteilungen vorherrschen. Die aktuelle Diskussion um Entwicklungshilfe und Globalisierung beruht auf keiner anderen Einsicht.

---

[101] Say (Anm. 31), S. 377.

3. Friede durch Änderung der gesellschaftlichen Strukturen

Sie war freilich bei den ‚philosophischen Radikalen' nicht konsequent ausgebildet.[102] Bei ihnen verband sich die Forderung nach Freihandel durchaus mit der Vorstellung eines informellen Handelsimperiums, das Großbritannien den Zugang zu den Märkten und Investitionsmöglichkeiten für das Kapital sichern sollte. Sie wollten keine Kolonien, aber sie wollten die sozialen Spannungen in England eher nach außen ableiten als durch Verteilungsreformen auflösen.

Diese Konsequenz zog in der Mitte des 19. Jahrhunderts erst Richard Cobden, der entschiedenste Repräsentant der Manchester-Schule. Sie vertrat die Freihandelstheorie in Reinkultur. Cobden war der schärfste Kritiker des formalen oder informellen Imperialismus, den Großbritannien im Zeichen des Freihandels in der zweiten Hälfte des 19. Jahrhunderts praktizierte. Cobden – und Wright – analysierten und kritisierten den Zusammenhang zwischen der Machtverteilung in Großbritannien und seinem Imperialismus. Unnötige Ausgaben und Tätigkeiten des Staates, vermeidbare Schwierigkeiten mit anderen Regierungen, vermeidbare Beamte, die ganze Aristokratie, die Armee und die Marine, sie alle „were interacting and interdependent" mit dem formalen und dem informellen Imperialismus.[103] Konsequent trat Cobden der Friedensbewegung bei und wurde zu einem der führenden Anwälte des Zusammenhangs von Freihandel und Frieden auf den internationalen Friedenskongressen der Jahrhundertmitte. Für ihn bildeten die Agitation für den Freihandel und die Friedensbewegung „ein und dieselbe Sache"[104].

---

[102] Dazu Bernard Semmel: Die ‚Philosophischen Radikalen' und die Kolonien, in: Hans-Ulrich Wehler (Hrsg.): Imperialismus, Königstein 1976³, S. 179.

[103] Oliver Macdonagh: The Anti-Imperialism of Free Trade, in: The Economic History Review, 2nd series, vol. 14, 3, April 1963, S. 492. Vgl. dazu D. C. M. Platt: Further Objections to an „Imperialism of Free Trade", 1930–60, in: ebd., 26, 1, Februar 1973, S. 77 ff.

[104] Zitat bei Macdonagh (Anm. 103), S.492.

3.2 Friede und Wohlstand

Zumindest in der Analyse hatte Cobden völlig recht. Wenn die Menschen zu einer großen Familie werden und die Früchte ihrer Arbeit untereinander frei austauschen können, würden der Wunsch nach großen und mächtigen Reichen sowie der Aufwand für gigantische Armeen und große Seestreitkräfte sozusagen von selbst entfallen.[105] Diese Annahme ließ offen, ob es außer dem Gewinnmotiv noch andere Kriegsursachen geben konnte, aber sie betonte das pervertierte Gewinnmotiv und folgerte richtig, daß es zusammen mit dem spezifischen Herrschaftssystem untergehen, daß Freihandel, Frieden und Demokratie gemeinsam entstehen würden.

Unterstützt wurde diese Annahme, aus der Cobden die Forderung: „No foreign policy" ableitete, durch die Analyse der gesellschaftlichen Veränderungen infolge der Industrialisierung. Hatte schon Kant vermutet, daß die Republik den Frieden deswegen bringen würde, weil sich die Außenpolitik nun nicht mehr nach den Launen der Feudalaristokratie und der Monarchie, sondern nach den wirtschaftlichen Interessen der Bürger richten würde, so traten diese Interessen um so stärker in den Vordergrund der Analyse, je mehr Bedeutung sie aufgrund der sich verändernden Sozialstruktur gewannen. War die feudale Gesellschaft notwendig auf den Krieg gerichtet, so mußte, ebenso notwendig, die Industriegesellschaft den Frieden produzieren.

Es war Jean-Baptiste Say, der, indem er eine materialistische Ökonomie begründete, auch die „Klassentheorie" des Friedens entwickelte.[106] Die industriellen Klassen, deren Einfluß sich rasch vermehren und ihnen zur politischen Macht verhelfen würde, sind im Tiefsten friedlich, weil sie nur in Zeiten des Friedens ihr Nettoeinkommen maximieren können. Zu dieser neuen, industriellen

---

[105] Richard Cobden: Speeches on Questions of Public Policy, Bd. 1, London 1870, S. 363. Vgl. zur Position Cobdens Elsbeth Krafft: Die ersten internationalen Friedenskongresse und ihre Entstehung, Frankfurt 1925, S. 48 ff.

[106] Silberner (Anm. 95), S. 91.

Klasse gehören bei Say nicht nur die Unternehmer, sondern auch die Arbeitnehmer, die Ingenieure und die Intellektuellen. Sie bilden die tragende Schicht der bürgerlichen Gesellschaft, und sie entwickeln das neue Bewußtsein, in dem sich der Nutzen der Interdependenz reflektiert und den Frieden heraufführt.

Einen solchen Bewußtseinswandel hatten sich schon die Freihändler vom internationalen Warenaustausch versprochen, der jedem verdeutlicht, daß sein Wohlstand nicht mehr unilateral, sondern nur noch multilateral zu erreichen und abhängig ist vom Wohlstand auch der anderen Völker. (Dok. 25) Say greift sehr viel tiefer, verortet die Chance des Friedens in den wirtschaftlichen Entfaltungsmöglichkeiten, die die Industriegesellschaft jedem einzelnen bietet. Wenn Wohlstand durch Fleiß erworben werden kann, entfällt nicht nur jeder materielle Anreiz für den Krieg, es entsteht ein mächtiger Antrieb für den Frieden, auf den dieser Wohlstand angewiesen ist. Die Industriegesellschaft, in der es jedem möglich ist, Gewinn zu erzielen und seinen Wohlstand zu besorgen, stellt sich dann dar als die Sozialstruktur des Friedens.

Sie hat, formulierte Auguste Comte, den Krieg durch die Arbeit ersetzt, die Sklaverei durch die Freiheit. Die Industrialisierung hat die Klassenherrschaft beendet und die ererbten Berufe beseitigt; sie ermutigt jeden, seine Arbeit nach seinen Fähigkeiten und Neigungen zu suchen. Die Industrialisierung, schrieb Comte, hat alle Menschen in Arbeiter, alle Arbeiter in Bürger, in Mitglieder einer universellen Gemeinschaft der Arbeit verwandelt.

Diese zentrale Theorie des Liberalismus ist bis heute nicht voll politisch umgesetzt, aber auch nicht entkräftet worden. Die marxistische Theorie hatte sie a priori verworfen, ohne sie zu ersetzen. Die immanente liberale Kritik stützt sich auf Sachverhalte, über die die ökonomische Theorie des Friedens gar keine Aussage getroffen hat. Wenn Raymond Aron, der sich kritisch mit Comte auseinandergesetzt hat, darauf hinweist, daß die wirtschaftlichen Systeme das Kriegsrisiko deswegen nicht ausschließen können,

3.2 Friede und Wohlstand

weil sie nicht den Naturzustand der Staaten beenden[107], so ist das richtig, trifft aber eben nicht die Beziehung zwischen Friede und Wirtschaftsordnung, auf die die liberale Theorie abzielt. Aron muß sie sogar, wenn er diese Beziehung bespricht, bestätigen, weil die industrielle Gesellschaft zwar Anlaß zu zahlreichen Konfliktursachen bietet, „aber niemals zu Ursachen für einen Kampf bis zum Tode, da das gemeinsame Interesse am Frieden immer größer ist als die begrenzten oder marginalen Interessen, die ihm entgegenstehen"[108].

Es ist auch richtig, daß die industriellen Klassen nicht nur wirtschaftliche, sondern auch politische Interessen besitzen[109], daß die interne Harmonie, die der Liberalismus für die Industriegesellschaft vorausgesagt hatte, sich im 19. Jahrhundert in einen Klassenkampf verwandelte, also neue Herrschaft ausprägte. Die liberale Theorie hat auch sozialpsychische Komponenten vernachlässigt, ebenso die Techniken der Informationsdarbietung und der Konsensmobilisierung. All dies war aber auch gar nicht Gegenstand der ökonomischen Theorie. Sie kümmerte sich um den Zusammenhang zwischen Gewinn und Frieden und stellte hier die These auf, daß die Orientierung der Gesellschaft auf den Gewinn des einzelnen, erreichbar durch Arbeit und Besitz, international den Frieden zur Folge hat.

Die Richtigkeit dieser Theorie wurde auch von den beiden Analytikern bestätigt, die sich kritisch mit der Realität der liberalen Demokratie beschäftigten, von Hobson und Schumpeter. Beide pflichteten der These bei, daß der Kapitalismus, indem er die industrielle Gesellschaft mit dem Individuum in ihrem Zentrum hervorbringt, die den Frieden sichernde Wirtschaftsform darstellt. Die zunehmende Interdependenz, bewirkt durch den direkten „Austausch von Personen, Waren und Informationen", schafft ein „Maß an wirklicher ‚Gleichgesinntheit', das die psy-

---
[107] Aron (Anm. 67) S. 28.
[108] Ebenda.
[109] Silberner (Anm. 3), S. 88.

chische Grundlage eines rudimentären Internationalismus in der Politik bildet"[110]. Für Hobson ist ein „umfangreicher und wachsender Handel ... die beste Friedensgarantie, die wir besitzen"[111].

Noch deutlicher hat Schumpeter beschrieben, daß die kapitalistische Wirtschaftsform den kriegerischen Elan in friedliche Arbeit transformiert. Sie brachte den Typus des modernen Arbeitsmenschen in seinen verschiedenen Ausprägungen hervor, der „demokratisiert, individualisiert und rationalisiert" ist[112]. Seine Interessen sind auf den Frieden gerichtet, weil alle Kriege, „überhaupt die Abenteuer einer aktivistischen äußern Politik ... als leidige Störung, als Zerstörung des Sinnes des Lebens, als Ablenkung von den gewohnten – daher ‚wahren' – Aufgaben empfunden" werden.[113] Aus der Logik dieser gesellschaftlichen Veränderung folgert Schumpeter, daß eine rein kapitalistische Welt keine imperialistische Welt sein kann, daß „ihre Menschen ... essentiell unkriegerisch disponiert sein" müßten.[114] Schumpeter findet in der Besichtigung der kapitalistischen Welt zahlreiche Beweise für die Richtigkeit der aus der Theorie fließenden Erwartungen. (Dok. 26) Danach muß der Kapitalismus „seinem Wesen nach antiimperialistisch" sein.[115]

Daß die Außenpolitik der existierenden kapitalistisch-liberalen Demokratien von den aus der Theorie stammenden Erwartungen abwich, erklären Schumpeter sowohl wie Hobson mit Phänomenen, die man das ‚Millsche Syndrom' nennen könnte: die Inanspruchnahme politischer Herrschaft für die Verwirklichung wirtschaftlicher Sonderinteressen. Sie stammen laut Schumpeter aus vorkapitalistischen Verhaltensweisen, aus merkantilistischer

---

[110] Hobson (Anm. 36), S. 158–159.
[111] Ebenda, S. 289.
[112] Joseph A. Schumpeter: Zur Soziologie der Imperialismen, (hier zit. nach dem Abdruck in: ders.: Aufsätze zur Soziologie, Tübingen 1953, S. 121, 122.
[113] Ebenda, S. 123.
[114] Ebenda.
[115] Ebenda, S. 126.

3.2 Friede und Wohlstand 207

Gewöhnung an den Schutzzoll, hinter dem Kartelle und Trusts entstehen konnten[116]; Hobson führt die Genese dieser Interessen auf die noch immer mangelnde Ausbildung der Demokratie zurück, auf einen „wirtschaftlich-gesellschaftlichen Zustand, wo die Verteilung (des Reichtums) in keinem fixen Verhältnis zu den Bedürfnissen steht, sondern von anderen Bedingungen bestimmt wird"[117].

Mögen diese Erklärungen im einzelnen differieren, sie sind sich darin einig, daß die kapitalistische Gesellschaft von ihrer strukturbedingten Friedensorientierung nur durch „Sonderinteressen" und „Schichten" abgebracht werden kann, „die den nationalen Willen usurpieren. Sie setzen ihren privaten Vorteil durch, der auf internationaler Feindschaft beruht, und sie schaden dem nationalen Vorteil, der mit dem anderer Nationen identisch ist"[118].

Schumpeter hat dieses Millsche Syndrom in seiner Auseinandersetzung mit der Leninschen Imperialismus-Theorie noch genauer beschrieben. Der Monopolkapitalismus als Verschmelzung eines kleinen Teils des nationalen Kapitals mit der Großindustrie fordert in dem Moment die militärische Hilfe des Politischen Systems an, in dem sein Versuch, die Binnenpreise hochzuhalten und den Überschuß ins Ausland zu transferieren, innen wie außen auf Widerstand stößt. „Da liegt der Gedanke an militärische Gewalt nicht ferne"[119], deren Einsatz dem Politischen System um so leichter abverlangt werden kann, je labiler seine Position ist.

Dieses Syndrom von Partikularinteressen, die es in den noch nicht voll ausgebildeten demokratischen Republiken verstehen, die interne Herrschaft und die externe Macht der Politischen Systeme für ihre Zwecke zu engagieren, hatte James Mill zum ersten Mal beschrieben.[120] Bei Max Weber besteht dieses Syndrom aus

---

[116] Ebenda, S. 131.
[117] Hobson (Anm. 36), S. 94.
[118] Ebenda, S. 158.
[119] Schumpeter (Anm. 112), S. 134.
[120] Siehe Dok. 24.

den „kapitalistischen Interessen von Steuerpächtern, Staatsgläubigern, Staatslieferanten, staatlich privilegierten Außenhandelskapitalisten und Kolonialkapitalisten. Ihre Profitchancen beruhen durchweg auf der direkten Ausbeutung politischer Zwangsgewalten, und zwar expansiv gerichteter Zwangsgewalt"[121]. Diese Gruppen spannen sowohl die autoritative Verteilungskompetenz des Politischen Systems gegenüber dem gesellschaftlichen Umfeld wie auch die Macht des Politischen Systems in der internationalen Umwelt für ihre Zwecke ein. Dadurch gelingt es ihnen, die liberale, auf dem Kapitalismus beruhende demokratische Republik von der aus dieser Struktur herrührenden Orientierung auf den Frieden abzulenken.

Das ist entscheidend. Für Hobson und Schumpeter ist der Imperialismus eine nachweisbare, aber strukturwidrige Erscheinung, deren Überwindung die friedliche Natur des Gewinns hervortreten lassen wird. Die gewaltsame Expansion ist eben „kein notwendiges Produkt des Kapitalismus"[122], sondern Folge der Existenz kriegerischer Dispositionen bei den herrschenden Schichten, denen sich dann die wirtschaftlichen Interessen alliieren.[123] Hobson wie Schumpeter lokalisierten die Ursache der imperialen Expansion sehr richtig im Herrschaftssystem der politischen Einheit. Wenn und solange dessen demokratischer Charakter nicht voll ausgebildet ist, kann es von Partialinteressen in Anspruch genommen werden, die davon Extra-Gewinn erwarten und die Kostenbelastung sowohl dem gesellschaftlichen Umfeld wie der internationalen Umwelt zuweisen. In dem Maße, in dem sich die demokratische Republik vervollkommnet, bildet sich das ‚Millsche Syndrom' zurück, entspricht der Chancengleichheit im Innern die gewaltfreie Konfliktregelung mit der internationalen Umwelt.

---

[121] Weber (Anm. 2), S. 524.
[122] Schumpeter (Anm. 112), S. 129.
[123] Ebenda, S. 119.

Ausschlaggebend war also in der liberalen Theorie die Organisation der politischen Herrschaft. Sie entscheidet darüber, ob der Kapitalismus als gewinngerichtete Wirtschaft der Privaten, die ihm inhärenten gewaltlosen, streckenweise sogar kooperativen Konfliktaustragsmodi mit der internationalen Umwelt ausbildet oder ob Partikularinteressen die expansionistischen und gewaltgerichteten Tendenzen der Politischen Systeme (die, herrschaftlich vermittelt, vorhanden sein müssen) weiter verstärken und zu ihren Gunsten ausnutzen. Genau dies geschah im Imperialismus. In England mit seiner älteren und demokratischen Tradition blieb wenigstens die liberale Kritik an der Abweichung, die das Millsche Syndrom ins Riesige vergrößert hatte, erhalten. In Deutschland gab es nicht nur keinen Hobson, der Liberalismus hat sich nicht einmal mit ihm beschäftigt.[124] Zwar hatten auch der Radikalliberalismus und der entschiedene Liberalismus in Deutschland den Imperialismus kritisiert[125] – doch handelte es sich dabei, abgesehen von der relativen Schwäche dieser Positionen – um politische Stellungnahmen, weder um politische Konzepte noch um politische Theorien. Der deutsche Liberalismus hatte dabei in seiner großen Mehrheit auch das Ziel des Friedens völlig aus den Augen verloren und es ersetzt durch die Ausgestaltung und interne Ausstattung des Nationalstaates. Als er es nach dem Ersten Weltkrieg wieder aufnahm, zeigte sich, daß sich das Problem verändert hatte und dem Millschen Syndrom durch eine Demokratisierung des Nationalstaats allein nicht beizukommen war.

---

[124] Lothar Albertin: Das Friedensthema bei den Linksliberalen vor 1914: Die Schwäche ihrer Argumente und Aktivitäten, in: Karl Holl und Günther List (Hrsg.): Liberalismus und imperialistischer Staat, Göttingen 1975, S. 94.

[125] Wolfgang J. Mommsen: Wandlungen der liberalen Idee im Zeitalter des Imperialismus, ebenda, S. 122.

3.2.2 Friede durch Klassenkampf?

Die schärfere Kritik am Imperialismus wurde von der ‚Fundamentalopposition' des Sozialismus geleistet. Er hatte nur für kurze Zeit mit dem Republikanismus in der Friedens- und Freiheitsliga (s. oben, S. 122) zusammengearbeitet und sich dann vom Liberalismus nicht nur organisatorisch, sondern auch theoretisch entfernt. Während jener den Frieden in erster Linie als Problem der Organisation von Herrschaft ansah, erschien diese dem Sozialismus nur als Funktion der Eigentumsverhältnisse an den Produktionsmitteln. In dieser Sicht wurde nicht Herrschaft und Macht, sondern ökonomischer Profit zu dem Movens, das die Geschichte sowohl bewegte wie ausmachte. War sie von Klassenkämpfen erfüllt, wie es im Kommunistischen Manifest stand, so entfiel die Problemstellung Friede total, ebenso wie die Probleme von Nation und Staat entfielen. War der Klassenkampf weltweit gewonnen, so war die Herrschaft des Menschen über den Menschen allgemein beseitigt und damit auch das Scheinproblem des Friedens gelöst.

Von einer solchen geschichtsphilosophischen Prämisse aus konnte der Imperialismus gut kritisiert werden. Indem er den Klassenkampf externalisierte, erschien er als „höchstes Stadium des Kapitalismus"[126]. Auch Rosa Luxemburg blieb, obwohl sie sehr viel differenzierter argumentierte, im Rahmen dieses geschichtsphilosophischen Modells.[127] Es enthielt keine Staatenbeziehungen, sondern nur Ausbeutungsverhältnisse, zu deren Beseitigung die Gewalt, wenn auch in Gestalt der Revolution, offen akzeptiert wurde. Sie galt Karl Marx als „der Geburtshelfer jeder alten Gesellschaft, die mit einer neuen schwanger geht"[128].

---

[126] Wladimir I. Lenin: Der Imperialismus als höchstes Stadium des Kapitalismus, 1917. Dazu Hans Werner Kettenbach: Lenins Theorie des Imperialismus, Köln 1965.
[127] Rosa Luxemburg: Die Akkumulation des Kapitals, Frankfurt 1970⁴.
[128] Karl Marx: Das Kapital, zit. nach Friedrich Boll: Frieden ohne Revolution?, Bonn 1980, S. 21.

3.2 Friede und Wohlstand

Auch als Krieg wurde die Gewalt akzeptiert, wenn sie nur der Sache der Proletarier diente.[129]

Auf der Basis einer solchen Prämisse ließ sich keine Friedenstheorie entwickeln, weil der Friede als zwischengesellschaftlicher Zustand keinen eigenen Wert darstellte. Konsequent haben sich Marx und Engels niemals systematisch mit dem internationalen System und seinen Macht- bzw. Herrschaftsfiguren beschäftigt; sie verfügten über keine Theorie der internationalen Beziehungen und waren an deren Entwicklung auch nicht interessiert. Für sie reduzierten sich alle politischen Mißstände auf den Kapitalismus, mit dessen Überwindung sie von selbst verschwinden würden. „Mit dem Gegensatz der Klassen im Innern der Nation fällt die feindliche Stellung der Nationen gegeneinander"[130], hieß es im Kommunistischen Manifest. Dieses Dogma löste das Friedensproblem, indem es es eskamotierte. Marx und Engels hatten kein ausgebildetes Verständnis der internationalen Beziehungen (obwohl Engels eine Reihe hervorragender militärstrategischer Arbeiten veröffentlicht hat); sie sind „nie zu einem über die bestehende Staatenwelt hinausgehenden praktikablen Konzept Internationaler Organisationen und Zusammenarbeit gelangt"[131].

Frieden bedeutete also für den Sozialismus und für die deutsche Sozialdemokratie keine sinnvolle Fragestellung. Er wurde gleichgesetzt mit der Beseitigung des Krieges. Dieses „traurige Produkt der gegenwärtigen ökonomischen Verhältnisse" – so formulierte es die Gründungsresolution der II. Internationale in Prag 1889 – wird erst verschwinden, „wenn die kapitalistische Produktionsweise der Emanzipation der Arbeit und dem internationalen Triumpf des Sozialismus Platz gemacht hat"[132]. Noch

---

[129] Boll (Anm. 128), S. 25.
[130] Manifest der Kommunistischen Partei, MEW, Bd. IV, S. 479.
[131] Hartmut Soell: Weltmarkt – Revolution – Staatenwelt. Zum Problem einer Theorie internationaler Beziehungen bei Marx und Engels, in: Archiv für Sozialgeschichte 12, 1972, S. 169.
[132] Zit. nach Boll (Anm. 128), S. 75.

1907 wiederholte der Internationale Sozialisten-Kongreß in Stuttgart diese Anschauung. (Dok. 27)

Verließ der Sozialismus das starre geschichtsphilosophische Dogma, so gelangte er, ohne den Klassenkampf zu vernachlässigen, sofort zu differenzierteren Einsichten. Das hatten schon die Frühsozialisten demonstriert[133], das zeigten vor allem Kautsky und der Revisionismus. Kautsky sah sehr richtig, daß das eigentliche Problem nicht die Wirtschaft, sondern der Staat ist, daß es nicht durch den Gewinn, sondern durch die Herrschaft verursacht wird. Die „Kriegslust der herrschenden Klassen in jedem Staate, der sich seinen Nachbarn überlegen oder zumindest gewachsen fühlt", ... wird nicht durch „die kapitalistische Produktionsweise, sondern den Staat" ausgelöst.[134] Deswegen verortete Kautsky die Friedensproblematik auch sehr viel genauer, als es die Linke und vor allem Lenin taten, – den Kautsky nur zu denen rechnet, die „etwas von Marxismus läuten gehört" haben.[135] Der impliziten These – sie wurde ja niemals entfaltet –, daß man nur den Kapitalismus zu beseitigen brauche „und der ewige Weltfriede sei von selbst da"[136], hält Kautsky seine eigene Theorie entgegen, dernach es zunächst auf das Herrschaftssystem ankommt: „Die Demokratie bedeutet ständigen Frieden dort, wo sie allgemein herrscht."[137] Natürlich wirkt das Wirtschaftssystem darauf ein, übrigens auch in sozialistischen Staaten, die aus Gründen der Überbevölkerung und des Rohstoffmangels Kriege beginnen könnten.

Im Kapitalismus aber sieht Kautsky Interessen von ganz unterschiedlicher Friedensrelevanz. Das Industriekapital ist am Frieden interessiert, weil der Krieg für dieses Kapital „nicht nur nicht

---

[133] Silberner (Anm. 94), S. 169 ff.
[134] Kautsky (Anm. 41) S. 644.
[135] Ebenda, S. 647. Zur Auseinandersetzung zwischen Kautsky und Lenin vgl. Rainer Krais: Die Imperialismusdebatte zwischen Vladimir I. Lenin und Karl Kautsky, Frankfurt 1978.
[136] Ebenda.
[137] Ebenda, S. 648.

3.2 Friede und Wohlstand

notwendig, sondern sogar schädlich" ist.[138] Kautsky gab hier, wie auch später mit seinem Hinweis auf die Monopole, eine sehr präzise Analyse des Zusammenhangs von Friede und Gewinn. Natürlich ist der Industriekapitalismus kein Friedensstifter im moralischen oder ethischen Sinn. Er braucht aber den Frieden, die permanente Situation des Nicht-Krieges, „um seine Produktion und damit das Gebiet seiner Ausbeutung auszudehnen"[139]. Anders das Finanz- und Handelskapital. Sie profitieren vom Krieg, aber wiederum nicht genuin, sondern aufgrund ihrer engen Beziehung zur Staatsgewalt. Kautsky schließt hier wieder an das Millsche Syndrom an. Das kommerzielle Interesse am Gewinn wird deformiert dadurch, daß wirtschaftliche Gruppen groß genug werden, um Einfluß auf die Staatsgewalt nehmen und dadurch Privilegien gewinnen und Monopole bilden zu können[140].

Kautsky hat die theoretische Richtigkeit der Annahmen und Aussagen des Liberalismus stets anerkannt und deren Diffamierung durch die linkssozialistische Kritik abgelehnt. In seiner Sicht hatte Karl Marx nur weitergeführt, was Adam Smith und Ricardo begründeten und was nach wie vor theoretisch gültig blieb. Der Freihandel würde in der Tat die „Absperrung der Völker" beseitigen und den freien Verkehr von Waren und Ideen ermöglichen. Im gleichen Maße würde das Expansionsstreben der Staaten abnehmen, würde es auch aus dem Bewußtsein der arbeitenden Klassen verschwinden. Natürlich war die Voraussetzung Kautskys dafür die Einführung der sozialistischen Produktionsweise, die er aber keinesfalls als Verstaatlichung aller Produktionsmittel, sondern nur als Vergesellschaftung, Vergenossenschaftlichung oder Kommunalisierung der Monopole ansah.

Auf die deformierende Wirkung, die die Ausbildung von Monopolen auf die im Grunde friedensbewirkende Funktion der kapitalistischen Wirtschaft ausübte, hatten schon Schumpeter und vor

---

[138] Ders.: Krieg und Demokratie, Berlin 1932, S. 76 ff.
[139] Ders.: Sozialisten und Krieg (Anm. 41), S. 647.
[140] Ebenda, S. 665.

ihm Hobson hingewiesen. Kautsky nahm diese Kritik auf. In seiner Sicht wurde der freihändlerische und liberale Kapitalismus, der durchweg pazifistisch gewesen war, erst dann kriegerisch, als die freie Konkurrenz von dem Streben nach Monopolen abgelöst worden war. Denn die Monopole sind auf die Eroberung auswärtiger Märkte angewiesen; aus diesem Grunde hat die kapitalistische Produktionsweise, die per se auf den Frieden ausgerichtet, weil auf ihn angewiesen war, neue Kriegsursachen geschaffen. (Dok. 28) Wenn es gelingt, die Monopole zu beseitigen oder doch zumindest deren Wirkung aufzuheben, und zwar national wie international, wird der wirtschaftliche Austausch wieder ausschließlich den Frieden fördern.

Das Mittel zur Mediatisierung der Macht der Monopole sah Kautsky in der Internationalen Organisation, von der er richtig erwartete, daß sie nicht nur die politische, sondern auch die wirtschaftliche Macht beschränkt. Ebenso wie der Völkerbund die Souveränität der einzelnen Staaten und damit Herrschaft einschränkte, sollte er durch die Internationalisierung der Produktion lebensnotwendiger Güter wirtschaftliche Macht einschränken. Gelänge es auf diese Weise dem Völkerbund, die höchstmögliche Form des Gemeineigentums an Produktionsmitteln zu verwirklichen, dann würde er das letzte Moment beseitigen, „daß selbst zwischen sozialistischen Staaten noch einen Antrieb zu Konflikten und Kriegen bilden könnte. Der ewige Friede wäre gesichert"[141].

Sozialismus hat bei Kautsky, das muß wiederholt werden, nichts mit Verstaatlichung zu tun, die zu fordern er einer „simplistischen Auffassung" zuschreibt, sondern mit den drei verschiedenen Formen des Gemeineigentums an den Monopolen. Hier hat Kautsky ein klares Gegenbild zum Liberalismus entworfen, der den Frieden gerade in einer Privatisierung der Wirtschaft verortete, in der engen Beziehung zwischen wirtschaftlichen und herrschaftlichen Interessen die eigentliche Friedensgefahr sah.

---

[141] Ebenda, S. 668. Vgl. auch Wette (Anm. 42), S. 161 ff.

3.2 Friede und Wohlstand 215

Andererseits hatte der Liberalismus keine Kur des Monopolismus angeboten, als deren eine Möglichkeit die Vergesellschaftung zweifellos anzusehen ist. In der Grundannahme stimmte Kautsky dem Liberalismus darin zu, daß das Gewinninteresse, wenn es sich nicht der Herrschaft bemächtigen oder zu einem ebenbürtigen Machtpotential aufwachsen kann, friedlich und auf den Frieden gerichtet ist. Im Gegensatz zur Orthodoxie sah Kautsky nicht nur die Notwendigkeit der Begrenzung von Herrschaft durch Demokratisierung, weil das Phänomen der Herrschaft und der ihm zum großen Teil zuzuordnende Krieg „so alt wie die Staatengeschichte" ist.[142] Er vermutete auch den Frieden nicht in einer Abschaffung des kapitalistischen Systems, sondern in einer Vermeidung seiner Auswüchse. Das Gewinninteresse ist friedlich, wenn ihm der Zugang zur Herrschaft und die Entwicklung eigener großer Macht versagt bleibt.

Der Revisionismus hat diese These noch stärker betont. Für Eduard Bernstein war die enge Verbindung des Freihandels zum Frieden und zur Friedensbewegung „zu bekannt, als daß man sich noch bei ihr sollte aufhalten müssen"[143]. Er wies nach, daß die Kriege Englands, in der Ära des Freihandels in der zweiten Hälfte des 19. Jahrhunderts, nicht seiner Handels-, sondern seiner Kolonial- und Weltpolitik entsprangen und dementsprechend von der Freihandelspartei scharf bekämpft wurden. In Europa habe England bis 1914 nur einen einzigen Krieg geführt, und zwar den Krim-Krieg; hinter ihm standen keine handelspolitischen Interessen. Freihandelsparteien, so stellte Bernstein fest, waren überall die Parteien des Friedens, weil „dem Freihandel die Friedenspolitik als notwendige Tendenz innewohnt"[144] (Dok. 29). Friede wurde hier natürlich fast ausschließlich als Nicht-Krieg verstan-

---

[142] Ebenda, S. 644.
[143] Bernstein (Anm. 43), S. 170.
[144] Ebenda, S, 172, Hervorhebung im Original. Zur Position Bernsteins insgesamt vgl. Roger Fletcher: Revisionism and Militarism. War and Peace in the pre-1914 Thought of Eduard Bernstein, in: Militärgeschichtliche Mitteilungen, 1, 1982, S. 23–36.

den, und Bernstein war weit davon entfernt, dem Kapitalismus mehr als diese Wirkung zuzuweisen. Wenn auch ein weitergehender Friedensbegriff nicht unbekannt und die Unterscheidung zwischen einem negativen und einem positiven Frieden durchaus schon geläufig war[145], so stand doch theoretisch richtig im Vordergrund die auf Dauer gestellte Vermeidung des Krieges. Einen Beitrag dazu schrieben der Revisionismus und Kautsky dem Kapitalismus und dem Freihandel zu, und zwar gerade weil der Krieg die Ausbeutungsinteressen des Kapitals nur stören und schädigen konnte.

Eine exakte Analyse brauchte also durch einen entschiedenen Klassenstandpunkt nicht beeinträchtigt zu werden. Im Gegenteil. Er lenkte den Blick sehr rasch auf die wirtschaftlichen Austauschverhältnisse und auf die in ihnen liegenden Macht- und Gewaltaspekte. Wenn auch von ganz anderen philosophischen Prämissen aus, traf sich die revisionistische Kritik mit der des entschiedenen Liberalismus. Beide sahen, daß die wirtschaftlichen Austauschbeziehungen zweier Rahmenbedingungen bedürfen, wenn sie zur Gewaltminderung beitragen sollen: keine Privilegierung durch das Politische System und, zweitens, keine unkontrollierte Monopolbildung. Es ist interessant, daß gerade Kautsky schon die Strategie benannte, beide Bedingungen vielleicht zu verwirklichen: die Internationalen Wirtschaftsorganisationen. Hier setzte nach dem Ersten Weltkrieg die liberale Theorie wieder ein.

---

[145] Die Unterscheidung zwischen dem negativen und dem positiven Frieden findet sich bereits bei Johann Baptist Sartorius, und zwar in seiner vom Genfer Friedensverein mit der Silbermedaille ausgezeichneten Preisschrift: Organon des vollkommenen Friedens, 1830. Der negative Friede, der den Krieg abschaft, indem er ihn durch einen Rechtszustand ersetzt, muß dann „mit positiven Elementen erfüllt und zum Leben erweckt ..." werden, indem er die Zwecke des Nationalstaats auf universaler Ebene verwirklicht. Zit. bei Jacob ter Meulen: Der Gedanke der internationalen Organisation in seiner Entwicklung, Bd. II, 1, Haag 1929, S. 239 ff., 245.

3.2 Friede und Wohlstand

In der sozialistischen Diskussion des Zusammenhangs von Gewinn und Frieden haben lange Zeit nicht die differenzierten Analysen von Kautsky und Bernstein, sondern die einfacheren Thesen Lenins die Oberhand behalten. Das „Imperialismustheorem" hat die Diskussion seitdem beherrscht und behindert. Sie kam über eine verallgemeinernde und deshalb einseitige Kritik am Imperialismus nicht hinaus, entwickelte keine konkreten Bausteine einer konkreten Friedenstheorie, geschweige denn eine Theorie selbst. Erst als sich die Sozialdemokratie auf eine Reformpolitik hinbewegte, öffnete sie sich auch für andere, liberale Friedensforderungen, für die nach Schiedsgericht, Abrüstung und Abschaffung der Geheimdiplomatie.[146]

Für die Zeit nach dem Zweiten Weltkrieg wurde in der sozialdemokratischen Emigration auch „die Schaffung von Großraumwirtschaften unter der Kontrolle übernationaler Instanzen" erörtert.[147] Ein theoretisches Gesamtkonzept für die Organisation von Wirtschaft und Weltwirtschaft, das auf den Frieden ausgerichtet gewesen wäre, ist daraus nicht entstanden.

Das gilt auch für den Liberalismus, der keine umfassende Diskussion zu diesem Thema geführt und keine Theorie entwickelt hat. Allerdings gibt es hier Ansätze zu verzeichnen.[148] Der französische Wirtschaftswissenschaftler André Siegfried kritisierte ausführlich das Millsche Syndrom und seine Bedeutung im Rahmen des sich ausbreitenden wirtschaftlichen Nationalismus.[149] Dabei zeigte sich, daß dieses Syndrom nicht mehr als privatistische Vereinnahmung der Politischen Systeme zugunsten partikularer Interessen gedeutet werden konnte, weil es keinen politikfreien Raum mehr gab, in dem die Politischen Systeme

---

[146] Boll (Anm. 128), S. 25.
[147] Vgl. die Angaben bei Rudolf Hrbek: Die SPD, Deutschland und Europa, Bonn 1972, S. 22.
[148] Z. B. L. Baudin: Free Trade and Peace, Paris 1939.
[149] André Siegfried: Economic Tendencies Affecting the Peace of the World, in: The Annals of the American Academy of Political and Social Sciences, 150, Juli 1930, S. 192 ff.

nicht präsent und eingriffsbereit waren. Die klassische Freihandelslehre hatte erwartet, daß deren Einfluß durch die wirtschaftlichen Beziehungen neutralisiert würden, und sie hatte den einzigen ablenkenden Einfluß im Millschen Syndrom verortet.

Diese Erwartungen waren, so zeigte es sich jetzt, unrealistisch, ja „phantastisch"[150], weil sie mit einer Welt kollidierten, in der große und kleine, arme und reiche, entwickelte und unterentwickelte Staaten miteinander interagierten. Wirtschaftliche Abhängigkeiten und vor allem politische Machtdifferenzen waren stärker als die auf gleiche Nutzenverteilung gerichtete Struktur des Handels. Das Millsche Syndrom, das als Einschaltung des Politischen Systems zugunsten partikularer Interessen gedeutet und deswegen als relativ einfach korrigierbar angesehen werden konnte, erwies sich nur als Teilaspekt. Das eigentliche Problem, so zeigte es sich in den zwanziger und dreißiger Jahren, bestand in der durch das Staatensystem gegebenen unaufhebbaren Vermischung von nationaler Politik und Handel. Der internationale Handel, den J. St. Mill als „social act" interpretiert hatte, wurde dadurch zu einem „political act"[151]. Die Eingriffe der Politischen Systeme nahmen zu, sie entzogen sich dem Diktat des Goldstandards und ordneten die Außenwirtschaft mehr und mehr den innenpolitischen Anforderungen nach Vollbeschäftigung und Zahlungsbilanzausgleich unter. Protektionismus und Bilateralismus waren die Folgen.[152] Sie traten in der ‚Beggar-my-neighbor'-Politik der dreißiger Jahre und in den Entstehungsursachen des Zweiten Weltkriegs klar zutage.

---

[150] Albert O. Hirschman: National Power and the Structure of Foreign Trade, Berkeley und Los Angeles 1969, S. 75.
[151] Ebenda, S. 78.
[152] Ekkehard Birnstiel: Theorie und Politik des Außenhandels, Stuttgart u.a. 1982, S. 18.

3.2.3 Friede durch internationale Wirtschaftsorganisationen

Bei den Arbeiten für eine Nachkriegsordnung der Weltwirtschaft war diese neue Problemstellung von der liberalen ökonomischen Theorie deutlich gesehen worden. Sie suchte die Lösung in der Errichtung internationaler Wirtschaftsorganisationen, die, da es den politikfreien Raum nicht mehr gab, den wirtschaftlichen Nationalismus und den darin liegenden Mißbrauch wirtschaftlicher Macht aufheben, die entstandenen Marktgrößen reflektieren und der politischen (aber eben nicht nationalen) Kontrolle wieder zuführen sollten. Hans Heymann, der 1922 einen Plan einer Weltbank entworfen hatte, den Rathenau auf der Konferenz von Genua zur Diskussion stellte, veröffentlichte 1941 „Vierzehn Ideale für einen funktionierenden Frieden". Sie beruhten auf dem Freihandel, der durch internationale Produktionskontrollen abgesichert und durch Arbeitsplatz- und Mindestlohngarantien für jedermann abgestützt werden sollte.[153] Der britische Wirtschaftswissenschaftler James Edward Meade, der von 1940 bis 1947 in der Regierung tätig war, veröffentlichte 1940 ein Buch über die „wirtschaftliche Basis für einen dauerhaften Frieden"[154]. Grundstein dieser Basis sollte eine internationale Zentralbank sein, die das Weltwährungssystem, die Wechselkurse und den Geldumlauf in den einzelnen Staaten kontrollieren können sollte. (Dok. 30)

Albert Hirschman vermutete den Grund für die Einmischung in die Außenwirtschaft in der Furcht der Politischen Systeme, andernfalls den nationalen Wohlstand der Einwirkung auswärtiger Faktoren preiszugeben.[155] Dies würde so bleiben, solange der Welthandel eine strikt nationale Unterteilung aufwies. Konsequent schlug Hirschman vor, diese unvermeidliche Politisierung des Handels dadurch zu vermeiden, daß seine Organisation einer supranationalen Behörde überstellt würde. Sie sollte den Handel nicht nur überwachen, sondern supranational organisieren. Indem

---

[153] Hans Heymann: Plan for Permanent Peace, New York 1941, S. 85 f.
[154] James E. Meade: Economic Basis of a Durable Peace, Oxford 1940.
[155] Hirschman (Anm. 150), S. 79.

sie den Händlern wesentliche Einrichtungen zur Verfügung stellte, würde die internationale Behörde ein großes Maß direkter Herrschaft (control) über den Handel gewinnen.[156] Daß eine solche Behörde fehlte, war in Hirschmans Augen verantwortlich für das Scheitern des Artikels 16 des Völkerbundes. Hirschman stellte damit das Konzept der Internationalisierung des Handels explizit in den Dienst der Friedenssicherung. (Dok. 31)

Dieser Aspekt geriet bei der allgemeinen Diskussion über die Neuordnung der Weltwirtschaft nach Kriegsende in den Hintergrund. Zwar wurde sie von der Wiederherstellung des Freihandels beherrscht[157], aber er sollte in erster Linie dem Wohlstand dienen, dem Wiederaufbau und der Beseitigung des Hungers. Das war nach den Verwüstungen des Zweiten Weltkriegs nur zu verständlich; aber es bleibt bemerkenswert, daß die Bedeutung des Freihandels für den Frieden so wenig explizite Beachtung fand.

Sie wurde bei der Ausgestaltung des Weltwirtschaftssystems beachtet; immerhin wurden Weltwährungsfonds und Weltbank als Internationale Organisationen konstruiert. Aber sie waren keine internationalen – geschweige denn supranationalen – Behörden: statt dessen fiel dem Leitwährungsland USA eine herausragende, in den ersten Jahren dominierende Kompetenz zu.[158]

Anders hatte es bei der geplanten Welthandelsorganisation ausgesehen, die aufgrund amerikanischer Pläne in der Charta von Havanna in der Tat als supranationale Behörde konstruiert war, in der jedes Mitglied eine Stimme besaß und in der mit Mehrheit, nicht einstimmig, entschieden werden sollte.[159] Aber die ITO

---

[156] Ebenda, S. 80.
[157] Vgl. die Dokumentation der bis 1949 erschienenen Literatur in: J. Eugene Harley: Documentary Textbook on the United Nations, Los Angeles 1950, S. 1270–1419.
[158] Vgl. Wilbur F. Monroe: International Money Reconstruction, Lexington, Mass., 1974.
[159] Hugo Henrikstein: Die amerikanische Handelspolitik nach dem Zweiten Weltkrieg und die Wiederbelebung des Welthandels, Wien 1950.

3.2 Friede und Wohlstand

scheiterte bekanntlich später am amerikanischen Kongreß[160], und das GATT spiegelte das ursprüngliche Konzept kaum mehr wider.

Seine Reform, mit der im Dezember 1993 erfolgreich abgeschlossenen Uruguay-Runde und sein Einbau in die neu geschaffene Welthandelsorganisation, hat viele dieser frühen Schwächen beseitigt. Sie hat auch den sensitiven Agrarsektor und die modernen Dienstleistungen in die Liberalisierung mit einbezogen. Das neue Streitbeilegungsverfahren kennt nun auch die Mehrheitsentscheidung. Federführend bei diesem Vertragswerk war die Absicht, den Erzeuger, den Verbraucher, den Arbeitnehmer und Steuerzahler besserzustellen und gleichzeitig Handelskriege zu vermeiden. Interessanterweise wurde die Friedensrelevanz der vereinbarten Maßnahmen an keiner Stelle des Vertragswerkes diskutiert.

Die weitere Entwicklung des Weltwirtschaftssystems und seiner Organe braucht hier nicht dargestellt zu werden.[161] Interessant ist, daß sie stattfand ohne begleitende Reflexion ihrer Bedeutung für den Frieden. Im Vordergrund standen Wohlstandssteigerung und später Verteilungsgerechtigkeit, die Vergrößerung der Handelsfreiheit und die Regelung der Regierungsintervention, die Kontrolle privater Wirtschaftsmacht in Gestalt der Transnationalen Konzerne und die Zugänglichkeit der Rohstoffe bis zu der des Meeresbodens.[162] Ist es ein Zufall, daß bei der Behandlung dieser Probleme, die zu den klassischen Materialien der liberalen Freihandelstheorie gehörten, der Bezug auf den Frieden nicht mehr gesehen wurde? Elemente der Theorie wurden verwirklicht, aber eben ohne in diese Theorie rückgebunden, von ihr angeleitet zu werden. Wichtiger noch: Diese Theorie wurde auch nicht weiterentwickelt und der Zusammenhang von Wohlstand und Frieden

---

[160] William Diebold, Jr.: The End of the I.T.O., Princeton 1952.
[161] Heinz Hauser und Kai-Uwe Schanz: Das neue GATT: Die Welthandelsordnung nach Abschluß der Uruguay-Runde, München 1995.
[162] Robert O. Keohane: After Hegemony. Cooperation and Discord in the World Political Economy, Princeton 1984, bes. S. 135 ff.

nicht weiter reflektiert. Er verbirgt sich, ohne erkennbar zu werden, im Begriff des Nord-Süd-Konflikts, und er fehlt völlig bei der Behandlung der West-West-Wirtschaftsbeziehungen und bei der Erörterung der Globalisierung.

Er fehlt auch bei der Ausgestaltung der Europäischen Union. Es wurde oben schon vermerkt, daß bei der Konzeptualisierung der weiteren politischen Integration der Bezug zum Frieden und dessen Festigung außer acht blieb. Er fehlt auch bei der Diskussion der wirtschaftlichen Ordnung. Würde sie berücksichtigen, was an theoretisch gesicherten Ergebnissen vorliegt, so würde sie gerade die weitere wirtschaftliche Integration des Halbkontinents als Chance begreifen, die durch die nationale Fragmentierung entstehende Politisierung der Wirtschaft zu beseitigen, den Handel als private Interaktion dadurch wiederherzustellen, daß seine regionale Reichweite in eine regionale Wirtschaftsorganisation eingebunden wird. Die Kompetenzverstärkung von Kommission und Parlament, der entsprechende Rückzug der nationalen Politischen Systeme und die drastische Kontrolle großer Konzerne erschienen dann nicht mehr als beliebige Versatzstücke europäischer Kooperation, sondern als essentielle Bestandteile des Friedensprozesses in Westeuropa.

Aber die Theorie des Zusammenhangs von Friede und Wohlfahrt ist nicht weiterentwickelt worden. Die Diskussion ist offenbar zur Ruhe gekommen, ähnlich der um die Internationale Organisation. Auch sie ist zum Teil verwirklicht worden, aber interessanterweise ebenfalls weniger entlang den Linien der ursprünglichen Theorie als vielmehr denen der traditionellen Kollektiven Sicherheit. Die Parallele zum Schicksal der Freihandelstheorie bietet sich an. Sie war auf die Konzeption einer Friedensstruktur ausgerichtet, deren wirtschaftliche Basis der Freihandel zweifellos darstellt, wenn er anhand der Theorie organisiert wird. Fehlt diese Bindung, kann die Forderung nach Freihandel auch die Geschäfte der wirtschaftlich Stärkeren besorgen und damit das Friedensziel zwar nicht verfehlen, aber doch auch nicht einlösen. Elemente dieser Abweichung lassen sich sowohl in der amerikanischen Freihandelspolitik nach 1945 und besonders nach 1990 erkennen wie im Widerstand der Bundesrepublik gegen jede Zunahme internationalisierter Regulierung und an ihrer deutlichen Vorliebe für den Bilateralismus.

Um als Friedensstruktur zu wirken, muß der Freihandel also entsprechend eingerichtet, muß er des Millschen Syndroms entkleidet und aus der nationalen Verfügung der Politischen Systeme übergeführt werden in die Inter- bzw. supranationale Organisation. Wie weit die Konzeptualisierung der Außenpolitik davon entfernt ist, wird belegt durch die Tatsache, daß die Seerechtskonvention in der ersten Hälfte der achtziger Jahre exakt an der Einrichtung einer supranationalen Behörde für den Meeresbergbau gescheitert ist. Eine stärkere theoretische Reflektion der in solchen Problemen sich anmeldenden Fortschrittsmöglichkeiten des Friedens hätte vielleicht eine andere Politik der westlichen Staaten ausgelöst, weil sie hinter den kurzfristigen Tagesinteressen deren mittel- und langfristige Implikationen sichtbar gemacht haben würde. Um so dringlicher ist die Wiederaufnahme der konzeptuellen Diskussion um die Gestaltung der Weltwirtschaft und der Außenwirtschaftspolitik unter dem Aspekt des Friedens.

Dieser Aspekt ist keinesfalls deswegen entbehrlich, weil sein altes Erscheinungsbild, die Gewaltanwendung durch Politische Systeme zugunsten partikularer Interessen, nach der Entkolonialisierung stark verblaßt ist. Gewalt wird angewendet oder angedroht nur noch, wenn der Zugang zu Rohstoffquellen gefährdet ist. Im letzten Drittel des 20. Jahrhunderts sind keine Austauschbeziehungen zu verzeichnen, die entweder unmittelbar auf der Anwendung organisierter militärischer Gewalt beruhen oder sie hervorzurufen imstande sind. Das kann verschiedene Gründe haben, entweder die Gleichverteilung des in den Wirtschaftsbeziehungen erzielten Nutzens oder die Schwäche der Handelspartner. In jedem Fall verlangt eine Friedenspolitik, diese Beziehungen darauf zu untersuchen, ob sie der Forderung nach zunehmender sozialer Gerechtigkeit entsprechen. Das wird nicht einfach sein. Die Entwicklung entsprechender Kriterien ist aber nicht unmöglich, wenngleich sie a priori nur von Internationalen Organisationen geleistet werden kann. Erst wenn die Handelsbeziehungen diesem Kriterium entsprechen, das seinen einfachsten Ausdruck im Konsens der Handelspartner findet, entsprechen sie den Anforderungen des Friedensbegriffs, stellen sie sicher, daß die Absens der Gewalt in den Wirtschaftsbeziehungen von heute auf Dauer gestellt ist.

3.2.4 Friede durch Handel

Diese Diskussion fehlt in der Sozialwissenschaft, zumal in der deutschen. In den USA ist die Frage nach dem Zusammenhang von Wirtschaft und Frieden von Wissenschaftlern wie Kindleberger[163] immer wieder aufgeworfen worden. Aber auch dort wurde sie nicht systematisch aufgegriffen, machte vielmehr Fragestellungen Platz, die sich mit Machtverschiebungen im internationalen System[164], mit den Kondratieffschen langen Wellen[165] oder mit hegemonialen Zyklen beschäftigten.[166] Immerhin kam das Thema des Freihandels, seine Tradition und seine ordnungspolitischen Möglichkeiten dort wenigstens zur Sprache.[167] Aber der Bezug auf seine friedenspolitische Funktion fehlt, obwohl er

---

[163] Charles P. Kindleberger: The World in Depression, 1929–1939, Berkeley 1973.

[164] Robert Gilpin: The Political Economy of International Relations, Princeton, Princeton University Press, 1987. Robert S. Walters and David H. Blake: The Politics of Global Economic Relations, Prentice Hall, Inglewood Cliffs, N.J., 1992^4.

[165] Joshua S. Goldstein: Long Cycles. Prosperity and War in the Modern Age, New Haven, Yale University Press, 1988.

[166] Keohane (Anm. 162).

[167] Mark W. Zacher and Richard A. Matthew: Liberal International Theory: Common Threads, Divergent Strands, in: Charles W. Kegley (ed.): Controversies in International Relations Theory: Realism and the Neoliberal Challenge, New York 1995, S. 107–150.

gerade von der interessanten Frage nach der Alternative, nämlich der Verbindung von Freihandel und Hegemonialinteressen, nahegelegt worden wäre.[168] Arthur Stein kommt dem Ansatz der klassischen Freihandelstheorie nahe, wenn er die Kooperation zwischen äquivalenten Staaten eben als Alternative zu einer Freihandelsorganisation darstellt.[169] Aber er bleibt damit weit hinter dem Fortschritt zurück, den die Theorie schon 1941 erreicht hatte.

Dies kann nicht allein dadurch erklärt werden, daß es eine wirklich entfaltete klassische Freihandelslehre nicht gab, und daß die Bedingungen, unter denen ihre Elemente anzuwenden waren, sich radikal geändert haben. All dies trifft zu, ebenso auch, daß sich die weltwirtschaftlichen Einzelprobleme vervielfacht haben, beispielsweise im Bereich der Handelshemmnisse und der Währung. In der Gegenwart müssen unzählige wirtschaftliche Detailprobleme ständig geregelt werden, in denen das Gewaltproblem nicht auftritt, wohl aber das der zunehmenden Gerechtigkeit. Bei der Organisation der Weltwirtschaft aber, den Zollrunden, dem Protektionismus, der Subventionswirtschaft und der nationalen Regierungsintervention, bei den TNC käme diese friedenspolitische Relevanz sofort in Sicht – wenn sie in den Blick genommen werden würde. Statt dessen werden zur Beurteilung dieser Komplexe andere, meist akteurbezogene oder generell gutgemeinte Kriterien benutzt. Diese Perspektive erfaßt nicht die Friedensrelevanz, die sich hinter den Sachproblemen meldet. Der Aspekt ist verlorengegangen.

Das gilt auch für das wichtigste Einzeltheorem des Freihandels: die prinzipielle Friedlichkeit des wirtschaftlichen Austausches und dessen mäßigenden Einfluß auf Konfliktbeziehungen.

---

[168] Vgl. dazu die interessante Studie von Arthur A. Stein: The Hegemon's Dilemma: Great Britain, the United States, and the International Economic Order, in: International Organization 38, 2, Frühjahr 1984, S. 355–385.

[169] Ders.: Coordination and Collaboration: Regimes in an Anarchic World, in: Ebenda 36, 2, Frühjahr 1982, S. 299–324.

Die moderne Wissenschaft hat dieses Theorem nicht systematisch überprüft, obwohl es wichtige Anzeichen für dessen aktuelle Triftigkeit gibt. Sie bieten zwar keine Auskunft über die Wirkung des Wirtschaftsaustausches auf den Konflikt, wohl aber über die Interessen der Wirtschaft an der Vermeidung des gewaltsamen Austrags und an der Intensivierung der ökonomischen Austauschbeziehungen. So hat sich die Wirtschaft der Vereinigten Staaten seit Mitte der sechziger Jahre kontinuierlich für die Entspannung mit der Sowjetunion und die Ausweitung des amerikanisch-sowjetischen Handels eingesetzt. Sie kritisierte auch das Jackson/Vanik-Amendment zum amerikanischen Handelsgesetz von 1974 und fordert seitdem kontinuierlich dessen Aufhebung.[170] Ganz deutlich sichtbar wurden diese Interessen der US-Wirtschaft bei dem von Präsident Reagan verhängten Embargo des europäisch-sowjetischen Gas-Röhren-Geschäfts, dessen Aufhebung vornehmlich der Intervention der amerikanischen Handelskammer bei Präsident Reagan zu verdanken war.[171]

Ihre bedeutendste politische Instrumentalisierung erfuhr die Wirtschaft im sogenannten KSZE-Prozeß.[172] Die Schlußakte von Helsinki 1975 setzte das Angebot westlicher Wirtschaftshilfe und des Technologietransfers im Korb 2 in Beziehung zu der Verabredung vertrauensbildender Maßnahmen (Korb 1) und der Förderung der Menschenrechte (Korb 3).[173] Vor allem die westeuropäischen Politiker waren sich bewußt, daß der Handel ein hervorragendes Mittel darstellte, um Konfliktbeziehungen zu be-

---

[170] Ernst-Otto Czempiel: Machtprobe. Die USA und die Sowjetunion in den achtziger Jahren, München 1989, S. 95 ff, S. 249 ff.
[171] Harald Müller und Reinhard Rode: Osthandel oder Wirtschaftskrieg? Die USA und das Gas-Röhren-Geschäft, Frankfurt 1982.
[172] Mathias Jopp et al.: Zehn Jahre KSZE-Prozess. Bilanz und Perspektiven gesamteuropäischer Entspannung und Zusammenarbeit, HSFK-Forschungsbericht 7, Frankfurt 1985, insbes. S. S. 42 ff.
[173] Zur KSZE-Schlußakte siehe Wilfried von Bredow: Der KSZE-Prozeß. Von der Zähmung zur Auflösung des Ost-West-Konflikts, Darmstadt 1992, S. 45–69.

einflussen und ihren Austragsmodus zu transformieren. Diese Wirkung entsteht selten so direkt, wie es die Helsinki-Schlußakte organisiert hatte. In der Regel entwickelt sie sich über die durch den Handel bewirkte Veränderung des politischen Kontextes eines Konflikts. Sie bleibt aber folgenlos, wenn sie nicht durch die Konfliktpolitik direkt benutzt wird. Ist dies aber der Fall, so kann das Interesse der Wirtschaft an intensiven Handelsbeziehungen als geeignetes Mittel für die Konfliktbeeinflussung dienen. Als Folge der Helsinki-Erfahrung war schon während des Kalten Krieges zu sehen, daß Wirtschaftsbeziehungen eine „hemmende Kraft gegenüber der Ausweitung von Konflikten" besitzen und daß sie als „stabilisierendes Bindeglied zwischen den antagonistischen Blöcken eine politische Bedeutung erlangen, die weit über ihrer respektiven wirtschaftlichen Bedeutung liegt"[174]. (Dok. 32) Aber nach dem Ende des großen Ost-West-Konflikts ist die Einsicht, daß der Handel eine friedenspolitische Relevanz besitzt, die ausgenutzt und eingesetzt werden kann, in Vergessenheit geraten.

3.2.5 Friede durch Verstaatlichung der Rüstungsindustrie

Gilt dies durchweg für alle Wirtschaftsbranchen, den Handel, die Industrie und die Banken? Die Frage ist nicht beantwortet, nicht einmal grundsätzlich aufgeworfen worden. Nur einen gesicherten Befund gibt es, und zwar einen negativen: die Rüstungsindustrie. Ihr Gewinn lebt von der Gewalt. Aber diese Ausnahme muß erheblich differenziert werden. Zunächst gab es in der zweiten Hälfte des 20. Jahrhunderts in den entwickelten Staaten des Westens kein originäres Interesse der Industrie an der Rüstungsproduktion; sie mußte ihr vielmehr vom Politischen System erst abgefordert werden.[175] Ist die Rüstungsindustrie auf diese Weise

---

[174] Peter Knirsch: Bilanz der Wirtschaftsbeziehungen, in: Reinhard Rode und Hanns-D. Jacobsen (Hrsg.): Wirtschaftskrieg oder Entspannung? Eine politische Bilanz der Ost-West-Wirtschaftsbeziehungen, Bonn 1984.

[175] Czempiel (Anm. 170), S. 152 ff.

entstanden, fragt sie selbstverständlich Rüstungsaufträge nach. Unter modernen technologischen Bedingungen muß diese Nachfrage nicht mehr durch ‚Verbrauch' befriedigt werden. Gerade der Ost-West-Konflikt zeigte, daß Rüstungsproduktion mit faktischem Gewaltverzicht einhergehen kann. Bei aller Bedeutung, die dem von Präsident Eisenhower so bezeichneten „militärisch-industriellen Komplex" zugemessen werden muß, kann von einem strukturellen oder gar originären Interesse der Rüstungswirtschaft an zunehmender Produktion nicht gesprochen werden.[176] Rüstungsproduktion wird durch Entscheidungen des Politischen Systems und nicht durch Interesse am wirtschaftlichen Gewinn hervorgerufen. Gerade die amerikanische Rüstungsindustrie hat gezeigt, daß sie bei nachlassender Nachfrage sich relativ mühelos auf die Produktion ziviler Güter umstellen kann und angesichts der hohen Elastizität der Rüstungsnachfrage an einer Ausweitung dieses Sektors nicht interessiert war.[177] Sie mußte von Präsident Reagan für seine Aufrüstungspläne seit 1981 erst mobilisiert werden. Wirtschaftlicher Gewinn läßt sich unter den Bedingungen der zweiten Hälfte des 20. Jahrhunderts sehr viel besser auf den zivilen Märkten erzielen, weil sie ergiebig, erweiterungsfähig und vor allem von der Wirtschaft selbst kontrollierbar sind.

Das in der Rüstungsindustrie enthaltene Interesse an der Produktion von Waffen, wie immer es ausgelöst wurde, wird deswegen nicht verkannt. Ist der ‚militärisch-industrielle Komplex' von der Industrie nicht geschaffen worden, so wird er von ihr im Rahmen der Möglichkeiten, die ihr das Politische System bietet, genutzt. Das Millsche Syndrom tritt hier noch einmal fast in Reinkultur auf. Seine Bedeutung spiegelt sich darin, daß in der Regel die Strategieentwicklung der Waffenentwicklung folgt. Da

---

[176] Gert Krell: Zum Verhältnis von Rüstung und Kapitalismus: Wirtschaftszyklen und Rüstungsnachfrage in den USA, in: Ders. (Hrsg.): Die Rüstung der USA, Baden-Baden 1981, S. 233 ff.

[177] Wolfgang Kappus: Abrüstung und Wirtschaftswachstum: Die Rekonversionserfahrungen der USA 1968 – 1976, Frankfurt 1985.

das Syndrom nicht auflösbar ist, müßte es durch die Verstaatlichung der Rüstungsindustrie beseitigt werden.

Damit ließe sich auch die zweite negative Folge des Gewinninteresses in der Rüstungsindustrie mindern, die Ausdehnung des Waffenhandels in die Dritte Welt. Die Waffenlieferungen der Industriestaaten in Ost und West an die Entwicklungsländer sind nicht nur eine Folgewirkung der Produktionszwänge in den Herstellerländern; sie enthalten auch genuine Gewinninteressen der am Waffenhandel Beteiligten.[178] In dem Maße, in dem Waffen von vornherein und ausschließlich für die Lieferung an Entwicklungsländer produziert werden, liegt ein Gewinninteresse vor, das mit dem Krieg verbunden ist.

Für die Rüstungswirtschaft gilt also nur mit bedeutenden Einschränkungen, was die liberale Theorie stets angenommen hatte, nämlich, daß die Wirtschaft am Krieg nicht interessiert ist. Aber auch die Rüstungsindustrie ist heute auf die Permanenz des Nicht-Kriegs angewiesen, und zwar weil auch sie von der Zerstörung der durch sie produzierten Nuklearwaffen betroffen werden würde.[179] Konnte Max Weber noch während des Ersten Weltkriegs feststellen, daß die Rüstungsindustrie und die Banken von einem gewonnenen Krieg ebenso profitierten wie von einem verlorenen[180], so sind die Voraussetzungen dieser Konstellation wegen des Zerstörungspotentials der Massenvernichtungswaffen nicht mehr gegeben. Wenn auch modifiziert, mündet das Interesse der Rüstungswirtschaft in das allgemeine Interesse der Wirtschaft

---

[178] Dazu Andrew Pierre (ed.): Cascade of Arms: Conventional Arms Proliferation in the 90s, Washington, D.C., Brookings, 1997. John Tirman: Spoils of War: The Human Cost of America's Arms Trade, New York 1997.

[179] Zur amerikanischen Rüstungsindustrie vgl. Kenneth Bertsch und Linda Shaw: The Nuclear Weapons Industry, Washington, D.C., 1982. Eric R. Pages: Responding to Defense Dependence. Policy Ideas and the American Defense Industrial Base, Connecticut and London 1996.

[180] Weber (Anm. 2), S. 525.

an der Vermeidung des großen Kriegs. Diesen Befund gilt es festzuhalten, weil er immer wieder hinter der Kritik an dem Verhalten großer wirtschaftlicher Unternehmungen zu verschwinden droht. Sie ist nicht unberechtigt, bedarf aber erheblicher Differenzierung.

3.2.6 Friede durch Kontrolle wirtschaftlicher Macht

Wirtschaftliche Macht wird in der Politikwissenschaft der Bundesrepublik vor allem in Gestalt der Transnationalen Konzerne zur Kenntnis genommen. Der amerikanische Wissenschaftler Raymon Vernon hatte das Phänomen zuerst formuliert; seitdem ist es vor allem im Blick auf die Entwicklungsproblematik und die Dritte Welt diskutiert worden.[181] Politologisch wichtig wäre, diesen Aspekt einzubetten in die übergeordnete Beziehung zwischen wirtschaftlicher Macht und Friede. In Form der Monopolbildung und des Millschen Syndroms hat sich die Theorie seit langem damit beschäftigt. Hier anzuschließen, würde der Diskussion die richtige Richtung weisen. Beides geht, wenn auch in der modernen Form der Großwirtschaft und der TNC, Hand in Hand. Wirtschaftliche Macht wirkt direkt infolge ihrer Größe, und zwar in den Umfeldern wie zwischen ihnen; sie wirkt indirekt über den Zugang zu den Politischen Systemen und deren Allokationskompetenz. Was Hirschman schon in den vierziger Jahren diagnostizierte, wovor die liberale Theorie stets gewarnt hat, beherrscht die Gegenwart in vergrößerter Form.

Darin liegt keine Diskreditierung der Wirtschaft, kein allgemeiner Hinweis auf Verteilungsungerechtigkeiten. Aber die liberale Theorie läßt auch keine Unschuldsvermutung zu. Und sie stellt das Instrumentarium vor, mit dem wirtschaftliche Macht

---

[181] Vgl. A. E. Safarian: Multinational Enterprise and Public Policy. A Study of the Industrial Countries, Aldershot, Edward Elgar Publ., 1993. Edward M. Graham: Global Corporations and National Governments, Washington, D.C., 1996.

3.2 Friede und Wohlstand 231

kontrolliert werden kann: die Internationalisierung der Kontrolle in den regional angemessenen Formen.

Der erste Versuch, im Rahmen der Vereinten Nationen einen weltweit geltenden Verhaltenskodex für Transnationale Konzerne zu schaffen, wurde jahrelang im UN-Centre on Transnational Corporations diskutiert, führte zu zahlreichen Analysen[182], aber zu keinem Eregebnis. Das Zentrum wurde aufgelöst, nicht zuletzt, weil sich die Problemlage verschoben hatte. Nicht mehr die Kontrolle der TNCs stand im Vordergrund des Interesses, sondern ihr Engagement. Die großen Unternehmen hatten sich mit den Regierungen der Gastländer verständigt und ihr Verhalten entsprechend angepaßt. Vor allem hatten sie sich auf die Industrieländer und unter den Entwicklungsländern auf die Schwellenländer, die Emerging Markets konzentriert, so daß der Investitionsbedarf des größeren Teils der Dritten Welt ungestillt blieb. Ganz Afrika erhielt 1996 nur 3,8 % aller in den Entwicklungsländern getätigten Investitionen.[183] Sie machten ihrerseits überhaupt nur 37 % der weltweiten Investitionen aus; der Löwenanteil floß nach wie vor in die industrialisierte Welt.

1997 änderte sich das Erscheinungsbild wirtschaftlicher Macht ein weiteres Mal. Der von Thailand ausgehende, sich dann auf ganz Südostasien erstreckende Zusammenbruch der Wirtschaften der Schwellenländer zeigte erneut und drastisch die negativen Folgen unkontrollierter wirtschaftlicher Macht und ihrer Kooperation mit den Politischen Systemen. Armut und Arbeitslosigkeit breiteten sich aus, mit sozialen Unruhen im Schlepp. Asien sieht zu Beginn des 21. Jahrhunderts wirtschaftlich ganz anders aus als am Ende des vergangenen.

Damit liegt, neben den Problemen der Marktöffnung und der Deregulierung erneut das der Kontrolle wirtschaftlicher Macht auf

---

[182] United Nations Centre for Transnational Corporations: Transnational Corporations in World Development – Trends and Prospects, New York 1988.
[183] Transnationals (UNCTAD), Vol. 9, No. 1, August 1997, S. 2.

dem Tisch der Weltpolitik. Immerhin wurden ausgangs der neunziger Jahre mehr als 100 Mrd. US-Dollar an Steuergeldern aufgewendet, um die Zahlungsfähigkeit der südostasiatischen Länder gegenüber den Banken Japans, Westeuropas und Amerikas wiederherzustellen. Müßte der Weltwährungsfonds, der zur Zahlung benutzt wurde, nicht auch zur rechtzeitigen Kontrolle in Stand gesetzt werden? Läßt sie sich nicht weltweit installieren, dann vielleicht doch regional, etwa in den Kooperationsvereinbarungen wie ASEAN und APEC oder in den Freihandelszonen wie NAFTA. Zumindest aber müßte eine Kontrollinstanz dort eingerichtet werden, wo, wie in der Europäischen Union, ein Gemeinsamer Markt mit gemeinsamer Währung entstanden ist.

Jedenfalls stellt sich die Kontrolle wirtschaftlicher Macht an der Jahrtausendwende als die durch die Globalisierung noch verschärfte wichtigste Herausforderung der politischen Theorie dar. Sie ermöglicht prinzipiell viele Antworten. Das im Dezember 1997 im WTO-Rahmen unterzeichnete Abkommen über die Liberalisierung der Finanzdienstleistungen könnte auch ein Aufsichtsgremium tragen. Die Gruppe der sieben führenden Industriestaaten (G 7) und das Baseler Komitee der Bank für Internationalen Zahlungsausgleich haben 1997 eine verstärkte Zusammenarbeit der Weltstaaten vorgeschlagen. Die „Gruppe der Dreißig", eine private Vereinigung, regte 1997 die Gründung eines Ständigen Ausschusses als Kontrollinstanz an[184], ein Regime also. Aber selbst in der Europäischen Union blieb der Platz eines politischen Aufsichtsgremiums neben und hinter der Europäischen Zentralbank unbesetzt.

Es kann hier nicht darum gehen, die verschiedenen Lösungen zu erörtern, sondern den Bedarf daran zu unterstreichen. In den achtziger Jahren ging von der Reagan-Administration in den USA ein derartiger Liberalisierungsschub aus, daß der Gedanke an die ebenso notwendige Kontrolle wirtschaftlicher Macht vom Tisch

---

[184] Group of the Thirty: Global Institutions, National Supervision, and Systemic Risk, Washington, D.C., 1997.

gewischt wurde. Die Wirtschaftskrise in Asien hat ihn wieder hervorgeholt; das Millsche Syndrom macht darauf aufmerksam, daß wir es hier mit einer alten, nicht nur wirtschaftlichen, sondern hochpolitisch relevanten Fragestellung zu tun haben. Sogar der Friede in der Atlantischen Gemeinschaft könnte gefährdet werden, wenn die Konkurrenz zwischen den USA und der Europäischen Union nicht politisch reguliert wird. Der berühmte amerikanische Ökonom Martin Feldstein gab im Dezember 1997 seinem einschlägigen Aufsatz den drastischen Titel: „The Euro and War"[185].

Die liberale Theorie hat also doppelt Recht: Handel und Wandel verbinden die Gesellschaften, unterlaufen die staatliche Partikularisierung, weben ein internationales Netz des Wohlstands, das die Kooperation als Modus der politischen Interaktion verfestigt. Aber die Tätigkeit der wirtschaftlichen Akteure muß in der einen oder anderen Form auch reguliert werden, damit ihr Ergebnis nicht nur den „Wenigen", sondern den „Vielen" zugute kommt. Innerstaatlich muß die demokratische Kontrolle dafür sorgen, daß den wirtschaftlichen Interessengruppen aus dem gesellschaftlichen Umfeld wie aus der internationalen Umwelt ein privilegierter Zugang zum Politischen System verschlossen bleibt. Zwischenstaatlich müssen Internationale Organisationen oder Regime diesen Kontrolleffekt verstärken. Nur wenn das Millsche Syndrom beseitigt worden ist, geht die Gleichung zwischen Wohlstand und Frieden restlos auf.

---

[185] Martin Feldstein: The Euro and War, in: Foreign Affairs 76, 6, November/December 1997, S. 60 ff.

Schluß: Folgerungen

Lassen sich aus diesen Analysen Erkenntnisse gewinnen für die Gestaltung einer auf den Frieden gerichteten Außenpolitik von heute? Diese Frage wurde in den einzelnen Kapiteln aufgeworfen und in der Regel positiv beantwortet. Wenn sich auch die Konfliktformationen verschoben, die sozioökonomischen Bedingungen geändert und die technologischen Möglichkeiten vervielfacht haben, so sind die Figuren der internationalen Politik sich doch ähnlich geblieben: das internationale System als Kontext von Interaktion und die Politischen Systeme als Bedingung der Ausübung von Herrschaft und Macht. Zwar haben sich die Zustände des internationalen Systems seit den Tagen Machiavellis ebenso geändert wie die Erscheinungsform der Staaten. Geblieben aber ist, daß beide Strukturen, die des internationalen Systems und die des Herrschaftssystems, auf das Verhalten gesellschaftlicher Akteure und solcher des Politischen Systems, auf die „Außenpolitik" im konventionellen Sinne einwirken. Was die mit Hilfe des entfalteten Friedensbegriffes vorgenommene Diskussion der Theorie erbrachte, ist daher – mit gewissen Übersetzungen – heute so aktuell wie früher.[1]

Das betrifft insbesondere die Betonung der Bedeutung der Internationalen Organisation als Strukturveränderung des internationalen Systems. Ihre verstärkte Benutzung würde unmittelbar auf die Interaktion einwirken und damit direkt die Aktion der Akteure beeinflussen. Sie würde die wechselseitige Akzeptanz ausdrücken, dem Gewaltverzicht nach Art. 2 Ziff. 4 SVN praktische Bedeutung verleihen. Die Einschaltung der Internationalen Organisation bedeutet, auf die unilaterale Verfügung über den Konfliktinhalt und den Konfliktaustrag zu verzichten, beides der

---

[1] Vgl. Michael Zielinski: Friedensursachen. Genese und konstituierende Bedingungen von Friedensgemeinschaften am Beispiel der Bundesrepublik Deutschland und der Entwicklung ihrer Beziehungen zu den USA, Frankreich und den Niederlanden, Baden-Baden 1995.

Bearbeitung durch die in der Internationalen Organisation geregelte Interaktion zu überstellen. Die Supermächte hatten, beispielsweise, während des Ost-West-Konflikts ihre Rüstungskontrollgespräche aus dem UN-Rahmen herausgenommen, um von ihm nicht beeinflußt zu werden. Eine Politik, die ihre Friedensorientierung ernst nimmt, hätte dementsprechend genau umgekehrt verfahren und sich den Zwängen, die von der Internationalen Organisation ausgehen, bewußt stellen müssen.

Daß dies auch nach dem Ende des Ost-West-Konflikts nicht geschieht, läßt darauf schließen, daß die politischen Einheiten sich entweder diesen Zwängen nicht aussetzen wollen oder ihre Wirkung nicht richtig erfassen. Das Alltagswissen, das die Politik beherrscht, dringt selten zu den strukturellen Bedeutungen der Vorgänge vor, begnügt sich mit den Oberflächenerscheinungen. Auf diesem Niveau kann die Internationale Organisation leicht mißverstanden werden als eine Veranstaltung, bei der Aufwand und Ertrag sich nicht entsprechen. Das gerade in der deutschen Tradition so beliebte Wort von der „Quatschbude" beleuchtet diese Einschätzung. Sie ist, wie sich aus der übereinstimmenden Ansicht aller Theoretiker ergibt, die sich mit dem Problem des Friedens beschäftigt haben, völlig falsch. Trotz des unbestrittenen Aufwandes hat die Errichtung einer Internationalen Organisation als diejenige Strategie zu gelten, die am ehesten geeignet ist, die anarchische Situation des internationalen Systems aufzuheben und damit einen Kontext zu bilden, in dem eine auf den Frieden gerichtete Politik überhaupt erst möglich wird. Die erste und unmittelbar aktuelle Schlußfolgerung aus den Analysen lautet also auf stärkere Benutzung der universalen Organisation und vermehrte Einrichtung regionaler Internationaler Organisationen.[2] Deswegen müßte in Europa die Organisation für Sicherheit und Zusammen-

---

[2] Ernst-Otto Czempiel: Die Reform der UNO. Möglichkeiten und Mißverständnisse, München 1994. Eine Gegenposition vertritt u.a. Joseph M. Grieco: Anarchy and the Limits of Cooperation: A Realist Critique of the Newest Liberal Institutionalism, in: International Organization 42, August 1988, S. 485 ff.

arbeit in Europa stärker betont werden als die NATO[3], in Asien das ASEAN Regional Forum mehr Bedeutung erhalten als die bilateralen Verteidigungsverträge, zumal es den ersten multilateralen Versuch zur Politikbearbeitung in dieser Region überhaupt darstellt.

Dem Völkerrecht kommt hier die Funktion zu, diese Institutionalisierungen rechtlich zu fixieren und den erreichten Stand von Interaktion zu kodifizieren. Ein Versuch weiterer Verrechtlichung der internationalen Politik insgesamt, beispielsweise als Mittel der Konfliktlösung, dürfte hingegen wenig Aussicht auf Erfolg haben. Die Theorie spricht dagegen, und sie wird durch die Erfahrungen mit solchen Versuchen nach 1945 bestätigt.

Die Theorie weist aber noch ein weiteres Resultat auf, das für die Orientierung der praktischen Politik von großer Bedeutung ist. Sie zeigt die Richtung, in der die westeuropäische Integration vorangetrieben werden muß. Ihre Notwendigkeit steht außer Frage, sie ist ein Friedensprozeß par excellence. Die EU sollte in Gestalt einer Föderation föderativer Republiken verwirklicht werden, nicht als supranationaler Zentralstaat. Diese Föderation vermag den Wohlstand und die Partizipation zu vermehren, Herrschaft zu mindern und gleichmäßiger zu verteilen. Sie verfügt über eine risikolose Sicherheitsgewährleistung nach außen, ohne das Gewaltelement aktiv und offensiv zu verstärken. Die Föderation föderativer Republiken verbindet die kleinstmögliche Zentralisierung mit der größtmöglichen Dezentralisation. Dergestalt bildet sie nach außen wie nach innen ein Strukturelement des Friedens.

Ebenso eindeutig, aber sehr viel schwieriger zu verwirklichen, sind die Ableitungen aus der Theorie für die detaillierte Gestaltung der Herrschaftssysteme. Daß sie als Bedingungsstrukturen einen erheblichen Einfluß auf die auswärtige Politik ausüben,

---

[3] Ernst-Otto Czempiel: NATO erweitern oder OSZE stärken?, HSFK-Standpunkte 4, Frankfurt 1995.

kann als theoretisch wie empirisch erwiesen gelten.[4] Alle anderen Einschätzungen, angefangen von Hamilton im sechsten Kapitel des „Federalist" bis hin zur völligen Vernachlässigung des Herrschaftssystems in den Außenpolitik-Analysen des klassischen Realismus[5] können damit als widerlegt gelten. In der modernen Theoriedebatte[6] setzt sich die liberale oder neo-liberale Schule immer stärker durch. Was das Gittermodell im Aufriß zeigt, ist in der politischen Theorie stets so dargestellt worden, nämlich als Existenz einer Verknüpfung von internen Herrschafts- mit externen Machtinteressen. Die beiden Größen Herrschaft und Gewalt hängen eng zusammen, korrelieren stark und verändern sich gleichzeitig. Auf der Skala der „postmaterialen Werte", die Inglehart herausgefunden hat, kann man den aktuellen Zusammenhang dieser beiden Größen im Bewußtsein der Gesellschaft ablesen. Daraus folgt, daß sie bei dem Initiator einer Friedenspolitik einen geringen, abnehmenden Rang einnehmen müssen, oder daß, bevor eine solche Friedenspolitik eingeleitet werden kann, diese beiden Größen durch Demokratisierung verkleinert werden müssen.

Der Zusammenhang zeigt aber auch, daß der Initiator beim Adressaten den gleichen Prozeß dadurch einleiten kann, daß er den Außendruck vermindert. Dadurch verringerte sich beim Adressaten die Notwendigkeit externen Machtaufwandes und damit gleichzeitig die Möglichkeit interner Herrschaftsausübung. Als Folge dieses Prozesses können sich beim Adressaten Partizipation und Demokratisierung entfalten, die ihrerseits zur weiteren Verringerung auswärtiger Gewalt beitragen.

---

[4] Zeev Maoz and Bruce Russett: Normative and Structural Causes of Democratic Peace, 1946–1986, in: American Political Science Review 87, 1993, S. 624 ff.
[5] Kenneth N. Waltz: Theory of International Politics, Reading, Mass., 1979.
[6] Siehe dazu Charles W. Kegley, Jr. (ed.): Controversies in International Relations Theory. Realism and the Neoliberal Challenge, New York 1995.

Dynamisiert man auf diese Weise den Zusammenhang von Herrschaft und Frieden beim Initiator und beim Adressaten von Außenpolitik, so ergibt sich daraus die fundamentale Bedeutung der Friedensstrategie. Sie hat nichts mit ‚pazifistischer' oder auch nur ‚weicher' Politik zu tun, sie bedeutet keine Preisgabe politischer Positionen und keinen Versuch der Anbiederung. Sie stellt sich vielmehr dar als eine Strategie, die die Struktur der Gewaltbeziehung zu beeinflussen und langfristig abzubauen vermag. Diese Gewalt rührt, wie dargelegt wurde, nur in seltenen Fällen und nur zu einem ganz kleinen Teil aus dem Konfliktobjekt selbst; sie entstammt größtenteils der Struktur des internationalen Systems (der mit der Internationalen Organisation Rechnung getragen werden muß) und den teils darin verwickelten, teils autonomen internen Herrschaftsverhältnissen der politischen Einheiten selbst. Diesen strukturellen Lagerungen von Gewalt kann man weder mit Verteidigung noch mit militärischer Macht, noch mit den üblichen Drohmitteln auswärtiger Politik beikommen. Sie öffnen sich aber Strategien, die aus einem geklärten Verständnis der Verläufe internationaler Politik stammen und die Zusammenhänge von Innen-, Außen- und internationaler Politik berücksichtigen. Entspannungspolitik kann, wenn sie als eine solche Strategie eingesetzt wird, diejenige Ursache des Einsatzes von militärischer Gewalt in der Außenpolitik auflösen, die von der liberalen Theorie als die wichtigste angesehen wird: autoritäre Herrschaft.

Sie braucht sich dabei nur auf den mit dem Begriff der Entspannungspolitik intendierten Kernvorgang auszurichten (der in der modernen Diskussion nicht immer eindeutig erfaßt wird), nämlich auf die Verringerung der militärisch instrumentierten Spannungen in einem internationalen System. Alles andere, eingeschlossen die Selbstverstärkung des einmal eingeleiteten Prozesses zur Gewaltminderung durch Demokratisierung, regelt sich von selbst. Dieser Rückkoppelungsprozeß funktioniert durchweg im atlantisch-europäischen Bereich, könnte aber auch in anderen Weltteilen stärker eingesetzt werden, wenn sich dort die Demokratie weiterentwickelt. Dieser Prozeß ist in Gang.[7] Seine Förderung durch Veränderung der Umwelt des betreffenden Landes – Seeleys Gesetz in eine Strategie verwandelt – ist besonders unproblematisch und daher leicht zu handhaben. Sie wirkt von außen auf die inneren Zustände eines Landes ein, arbeitet also indirekt. Hinzu treten könnten heute direkte, mittelbar oder unmittelbar wirkende Strategien, mit denen sich die Umwelt zugunsten der Demokratisierung eines Landes direkt in dessen innere Angelegenheiten einmischen kann.[8] Auch die Wirtschaft interveniert in diesem Sinne. Wer investiert oder nicht investiert – das hat das Beispiel Südafrika gezeigt – mischt sich ein.

Die in diesem Buch dargestellte Theorie der Handelspolitik gehört in einen anderen, älteren strategischen Zusammenhang. Die Erörterung der Theorie ergibt hier ebenfalls eindeutige Resultate, wenn auch mit eindeutig geringerer Relevanz. Dem Wirtschaftssystem und dem Außenhandel kommt nicht die außenpolitische Bedeutung zu, die ihr von der Imperialismustheorie zugewiesen wurde. Außenwirtschaftsbeziehungen rangieren eindeutig unterhalb der Machtbeziehungen zwischen den Politischen Systemen, die sie allerdings auszunutzen versuchen. Eine weitere qualitative Veränderung erfährt der Außenhandel dann, wenn seine Akteure eine bestimmte kritische Größe wirtschaftlicher Macht überschreiten, sei es früher in Gestalt von Monopolen, sei es heute in Gestalt von Transnationalen Konzernen.

Gelingt es, die Außenwirtschaftsbeziehungen von diesen beiden Verfremdungen zu befreien, nämlich das Millsche Syndrom durch Demokratisierung aufzulösen und die Transnationalen Konzerne durch die Bildung regionaler oder universaler Wirtschaftsorganisationen wieder unter Kontrolle oder über die Re-

---

[7] Strobe Talbott: Democracy and the National Interest, in: Foreign Affairs 75, 6, November/Dezember 1996, S. 47 ff.

[8] Ernst-Otto Czempiel: Die Intervention. Politische Notwendigkeit und strategische Möglichkeiten, in: Politische Vierteljahresschrift 35, 3, September 1994, S. 420 ff.

gimebildung zur Selbstkontrolle zu bringen, so entfaltet der Handel im internationalen System diejenige Eigenschaft, die ihm von der Theorie stets zugeschrieben worden ist: die Unterstützung friedlicher, nicht-gewaltsamer Politik.

Die wichtigste strategische Konsequenz lautet für die westlichen Demokratien auf Bildung regionaler, bzw. transatlantischer internationaler Wirtschaftsorganisationen. Sie lautet speziell auf die rasche Ausbildung der wirtschaftlichen Union Westeuropas. Sie ist überfälliger als die andere, die indes nicht weniger aktuell ist. Die wirtschaftlichen Akteure haben in Westeuropa und zwischen ihm und den Vereinigten Staaten ein Interaktionsnetz gespannt, das die Entscheidungskompetenzen der Politischen Systeme unterläuft (und sie deswegen gelegentlich um so besser einzuspannen imstande ist). Die Friedensrelevanz liegt hier in den Auswirkungen, die die Mediatisierung der Politischen Systeme mittelfristig für die Gleichverteilung des erzeugten Nutzens und damit für den internen Konsens haben kann. Ist die Gefahr einer solchen störenden Entwicklung gebannt, wird gerade die weitere Vertiefung der wirtschaftlichen Austauschbeziehungen innerhalb Westeuropas und im Raum der Atlantischen Gemeinschaft die wirtschaftliche Wohlfahrt des einzelnen fördern und damit die Basis für weitere Demokratisierung als der erneut verbesserten Voraussetzung für eine Politik gewaltfreier Strategien produzieren.

Friedenspolitik kann sich, das wurde eingangs erwähnt, nicht auf die Veränderung der Struktur des internationalen Systems und nicht auf die Einwirkung auf Herrschafts- und Wirtschaftssysteme als den Bedingungen auswärtigen Handelns beschränken. Andererseits geben gerade die drei genannten Strukturen die Rahmenbedingungen ab, innerhalb deren sich die konkret-aktuelle Außenpolitik vollzieht. Ihrer Berücksichtigung kommt daher besondere Bedeutung zu. Sie ist um so größer, als diese Bedingungen von der aktuellen Politik in der Regel nicht zur Kenntnis genommen und nicht reflektiert werden. Die Strukturen sind von dieser

Politik internalisiert worden und für sie daher weitgehend unsichtbar. Ihre Wirksamkeit herauszuarbeiten und darzustellen, ist die Aufgabe der Politikwissenschaft.

Das Resultat ihrer Analyse ist für alle drei Strukturen eindeutig: Friedenspolitik zu betreiben verlangt, jeden internationalen Konflikt nur innerhalb einer Internationalen Organisation zu behandeln, weil nur sie die Struktur des internationalen Systems als eine der beiden wichtigsten Quellen von Gewalt abbaut. Friedenspolitik verlangt, zweitens, die Außenpolitik vorrangig auf die Demokratisierung der Herrschaftssysteme in der internationalen (regionalen) Umwelt auszurichten. Demokratien sind, das wußte die Theorie schon vor, besonders aber seit Kant, Gewalt abgeneigt. In der autoritären Verfassung von Herrschaften liegt, umgekehrt, die zweite große Gewaltursache. Schließlich heißt Friedenspolitik drittens, die die Gewaltfreiheit unterstützende Wirkung des Handels in den Konfliktbeziehungen verstärkt einzusetzen – ohne dabei das Millsche Syndrom zu produzieren oder das Aufwachsen übermächtiger wirtschaftlicher Akteure zuzulassen.

Wandeln sich auf diese Weise die Strukturen eines internationalen Systems, so wandelt sich das System selbst. Es wird zwar nach wie vor von Staaten gebildet werden, aber sie werden durch die Zusammenarbeit in einer Internationalen Organisation das Sicherheitsdilemma aufgehoben und durch die Demokratisierung ihrer Herrschaftssysteme die zweite wichtige – die wichtigste – Quelle der Gewalt verstopft haben. Sind dann auch die Wirtschaftssysteme transparent gemacht und der Zugriff auf das Politische System den Interessengruppen versperrt worden, wird der Handel dazu beitragen, daß sich das Prozeßmuster der Kooperation in diesem internationalen System zur Struktur verfestigt. Es herrscht Friede.

Dokumente

Dokument 1

UN-Generalsekretär Dag Hammarskjöld: Richtlinien für die Errichtung einer Notstandstruppe (Emergency Force) der Vereinten Nationen. 2nd and final Report of the Secretary General on the plan for an emergency UN Force, 6. 11. 1956, GAOR A/3302, hier zit. nach dem Abdruck bei Rosalyn Higgins: United Nations Peacekeeping 1946–1967. Documents and Commentary, Vol. I: The Middle East, Oxford University Press, Oxford 1969, S. 226–264 (übersetzt von Rudolf Witzel)

...

9. Da die Truppe auf der Grundlage einer Entscheidung gemäß den Bestimmungen der Resolution 337 (V) ‚Uniting for Peace' in Aktion träte, würde sie – wenn sie eingerichtet würde – in ihren Operationen dadurch begrenzt sein, daß die Zustimmung der betroffenen Parteien nach allgemein anerkanntem internationalem Recht notwendig ist. Während die Generalversammlung befähigt ist, die Truppe mit Zustimmung derjenigen Parteien, die Einheiten für die Truppe zur Verfügung stellen, *einzurichten,* kann sie nicht verlangen, daß die Truppe auf dem Territorium eines bestimmten Staates ohne Zustimmung der Regierung dieses Staates *stationiert* wird oder *operiert*. Das schließt die Möglichkeit nicht aus, daß der Sicherheitsrat eine solche Truppe innerhalb der weitergefaßten Regelung einsetzt, die in Kapitel VII der Charta der Vereinten Nationen vorgesehen sind. Ich würde es im Augenblick nicht für notwendig erachten, diesen Punkt weiter auszuführen, da kein Einsatz der Truppe gemäß Kapitel VII mit den Rechten in bezug auf Mitgliedstaaten, die das einschließen würde, beabsichtigt ist.

10. Dies erlaubt die Schlußfolgerung, daß die Aufstellung der Truppe nicht von den Bedürfnissen angeleitet werden sollte,

die existiert hätten, wenn die Maßnahmen als Teil einer gegen einen Mitgliedstaat gerichteten Zwangsmaßnahme angesehen worden wäre. Es gibt einen offensichtlichen Unterschied zwischen der Bildung einer Truppe, die über einen Rückzug der Streitkräfte die Beendigung von Feindseligkeiten sicherstellen soll, und der Bildung einer solchen Truppe mit der Absicht, einen Rückzug der Streitkräfte zu erzwingen. Daraus folgt, daß sich die Truppe darin – wie in vielen anderen Dingen – von den Beobachtern der Waffenstillstandsüberwachungsorganisation der Vereinten Nationen unterscheidet. Sie ist keine Truppe mit militärischen Zielsetzungen, obwohl sie ihrer Natur nach paramilitärisch ist.

...

Dokument 2

Jahresbericht des UN-Generalsekretärs Javez Pérez de Cuéllar, UN Sales Publ., New York 1982 (GAOR 37th Sess., Supplement No. I (A/37/I), S. 3 (übersetzt von Rudolf Witzel)

...Friedenssicherungsoperationen können nur mit der Zusammenarbeit der Parteien und auf der Grundlage eines klar definierten Mandats seitens des Sicherheitsrates angemessen funktionieren. Sie beruhen auf der Annahme, daß die Parteien sich zur Zusammenarbeit mit den Vereinten Nationen verpflichten, wenn sie eine friedenssichernde Operation der Vereinten Nationen akzeptieren. Diese Verpflichtung wird auch von der Charta verlangt, nach der alle Betroffenen eine klare Verpflichtung haben, den Entscheidungen des Sicherheitsrates Folge zu leisten. Friedenssicherungsoperationen der Vereinten Nationen werden nicht dazu ausgestattet, autorisiert oder gar verfügbar gemacht, um an militärischen Aktivitäten außer der Friedenserhaltung teilzunehmen. Ihre hauptsächliche Stärke ist der Wille der internationalen Gemeinschaft, den sie symbolisieren. Ihre Schwäche kommt zum Vorschein, wenn die politischen Annahmen, auf denen sie gegründet sind, nicht zur Kenntnis genommen oder mißachtet werden. Ich empfehle, daß Mitgliedstaaten – insbesondere die Mitglieder des Sicherheitsrates – nochmals dringend die Mittel untersuchen, mit denen unsere Friedenssicherungsoperationen gestärkt werden könnten. Eine Erhöhung ihrer militärischen Fähigkeiten oder Autorität ist nur eine Möglichkeit, die zudem unter manchen Umständen sehr wohl ernsthaften politischen und anderen Argumenten Auftrieb geben könnte. Eine andere Möglichkeit ist es, die Autorität friedenssichernder Operationen durch Garantien einschließlich expliziter Garantien für kollektive oder individuelle Unterstützungsaktionen zu stärken.

In den letzten Monaten wurden wegen des Widerstands gegen eine Einmischung der Vereinten Nationen entweder innerhalb oder außerhalb des Sicherheitsrates zwei multinationale Truppen jenseits des Rahmens der Vereinten Nationen eingerichtet, um friedenssichernde Aufgaben auszuführen. Obwohl ich die Umstände verstehe, die zur Errichtung dieser Truppen geführt haben, empfinde ich diese Entwicklung als störend, weil sie die Schwierigkeiten aufzeigt, denen sich der Sicherheitsrat bei der Erfüllung seiner Verpflichtungen als wichtigstes Organ zur Aufrechterhaltung des internationalen Friedens und der Sicherheit unter den herrschenden politischen Bedingungen gegenübersieht...

Dokument 3

Jahresbericht des UN-Generalsekretärs Kurt Waldheim, UN Sales Publ., New York 1978 (GAOR 33rd Session, Supplement No. I (A/33/1), S. I (übersetzt von Rudolf Witzel)

...Bei den Problemen, die vor die Vereinten Nationen kommen, handelt es sich gewöhnlich um immens komplexe Fragen. Viele von ihnen bilden zudem eine Bedrohung des internationalen Friedens und der Sicherheit. Die Vereinten Nationen stellen einen politischen Rahmen bereit, in dem solche Probleme eingedämmt, entschärft und behandelt werden können. Sie stellen auch einen Ort zur Verfügung, an dem alle übereinkommen können, gemeinsam für eine Lösung oder Vereinbarung zu arbeiten. Allerdings geschieht es sehr oft, daß eine solche Vereinbarung nur langsam durch eine Periode der allmählichen Entwicklung hervorgebracht werden kann, während der das Problem behandelt werden muß und positive Kräfte kontinuierlich in die richtige Richtung gelenkt werden müssen. Dies ist eine lebenswichtige praktische Funktion der Vereinten Nationen, die nicht durch die Enttäuschungen überschattet werden sollte, die aus dem Mißerfolg bei der Erlangung schneller und umfassender Lösungen entstehen...

Dokument 4

Alfred H. Fried: Probleme der Friedenstechnik (Nach dem Weltkrieg, Schriften zur Neuorientierung der auswärtigen Politik, Heft 6), Der neue Geist Verlag, Leipzig 1918, S. 46–49

Die hohe Entwicklung der Technik hat die Beziehungen der in Staaten organisierten Menschheit derart beeinflußt, daß ihre Lebensbedingungen einer gar nicht weit zurückliegenden Zeit gegenüber völlig umgewandelt sind.

Infolge der Umwälzung der Verkehrs- und Produktionstechnik macht sich eine mächtige Tendenz zur Arbeitsteilung und zu systematischer Zusammenarbeit der Völker, auch der entferntesten Länder, automatisch geltend; sie schuf eine wechselseitige Abhängigkeit in materieller wie in moralischer Beziehung zwischen den verschiedenen Staaten.

Fast alle Lebensbetätigung ragt heute über den Rahmen des einzelnen Staates hinaus. Eine Gemeinschaft der Kulturmenschheit hat sich als natürlicher Prozeß vor unsern Augen zu entwickeln begonnen.

Diese Gemeinschaft strebt nach einer Organisation, in der die Handlungen der Menschen angepaßt werden sollen der Tendenz und dem Zweck der durch die Technik beeinflußten neuen Lebensbedingungen.

Die Organisation ist nicht erst künstlich zu schaffen. Sie vollzieht sich naturgemäß. In unzähligen Gemeinschaftseinrichtungen der Staaten, teils für kleinere Staatengruppen, teils für sämtliche Staaten der Welt errichtet, auch in dem wachsenden Umfang der Handelsbeziehungen und der geistigen Beziehungen ist diese, noch junge, Entwicklung der zwischenstaatlichen Organisation erkennbar.

Der Organisationsprozeß vollzieht sich noch automatisch, er ist noch nicht allenthalben erkannt und wird von den Menschen noch nicht bewußt betrieben. Deshalb wird er noch durch Ideen gehemmt, die ihren Kredit aus einer früheren, ebenfalls gar nicht so sehr weit zurückliegenden Kulturperiode besitzen. Die Idee, daß sich die derart in ihren Lebensbedingungen veränderten Staaten nur durch Gewalt behaupten können, trotzdem sie in untrennbarer Abhängigkeit zu einer Gemeinschaft gelangt sind, ist das Haupthemmnis. Statt zu erkennen, daß die durch die Technik geschaffenen, die Welt überspannenden Interessen des einzelnen Staates Gemeinschaftsinteressen der Staatenfamilie geworden sind, die nur durch Mittel der Gemeinschaft (Organisation) befriedigt werden können, erhielt sich der Glaube, daß diese Ideen nur durch Macht durchzusetzen sind. Man wandte alte Mittel für neue Verhältnisse an. Imperialismus, Rüstungen, Nationalismus sind das Ergebnis dieser veralteten Ideen, die im Weltkrieg offensichtlich ihren Bankrott erleiden.

Diese nicht erst zu schaffende, sondern selbsttätig aus den neuen Verhältnissen sich ergebende zwischenstaatliche Organisation erkennbar zu machen, ihre Entwicklung durch bewußte Handlungen zu beschleunigen und sie von den Hemmnissen der alten Ideen zu befreien, das ist der Inhalt und das Lied der pazifistischen Lehre.

Also nicht um das Schiedsgericht handelt es sich, sondern um die Höherentwicklung und Beschleunigung der bereits automatisch vor sich gehenden zwischenstaatlichen Organisation, durch die die heute noch vorherrschende zwischenstaatliche Anarchie überwunden werden muß.

Die zuverlässige gewaltlose Streitschlichtung wird erst das Ergebnis der zwischenstaatlichen Organisation sein. Im Rahmen der gewaltlosen Streitschlichtung ist das Schiedsgericht nur ein Mittel. Ein nebensächliches, nur für geringe Streitfälle geeignetes und hauptsächlich für die Übergangszeit von der Anarchie zur Ordnung gedachtes.

Der Pazifismus träumt nicht davon, den Konflikt der Staaten aus der Welt zu schaffen. Er rechnet mit ihm und erwartet sogar aus der Vervielfachung der durch die Technik herbeigeführten zwischenstaatlichen Beziehungen eine ungeheure Vermehrung der Konflikte. Schon deshalb – in Anbetracht des, bei der zunehmenden Interessenverwicklung erhöhten, Bedürfnisses nach Stabilität – erscheint nicht mehr die Gewalt als das geeignete Mittel zur Streitlösung, sondern die Organisation.

Es ist allerdings nicht möglich, alle aus der *heutigen* Anarchie geborenen Staatenkonflikte durch Mittel der Vernunft beizulegen. Darum ist es auch ganz richtig, wenn man die Möglichkeit der Beseitigung des Krieges durch Schiedsgerichte bezweifelt. Aber die zwischenstaatliche Organisation wird den Staatenkonflikten, die dann nicht mehr aus der Anarchie, sondern aus der Ordnung geboren sein werden, den ihnen heute innewohnenden gefährlichen Charakter nehmen, und sie durch Mittel der Vernunft, auf gewaltlosem Weg, lösbar machen.

Nicht unmittelbare Ersetzung des Krieges durch Rechtseinrichtungen ist daher das Ziel des Pazifismus, sondern Umwandlung des Charakters der Konflikte (als Folge der Umwandlung der sie erzeugenden Ursachen, das ist: durch Fortentwicklung des zwischenstaatlichen Organisationsprozesses), *wodurch diese durch Rechtseinrichtungen oder andere Vernunftmittel erst lösbar werden.*

Dokument 5

Salvador de Madariaga: The Price of Peace. The Seventh Richard Cobden Lecture, Cobden-Sanderson Verlag, London 1935, S. 14–15 (übersetzt von Rudolf Witzel)

...Wenn wir den Krieg ausmerzen wollen, verlangt der dazu notwendige Wechsel des Blickwinkels das Getümmel von nationalen Standpunkten, die gegenwärtig miteinander konfligieren, durch den Standpunkt der Weltgemeinschaft zu ersetzen; das heißt die praktische und ernsthafte Anerkennung der Vereinbarkeit (solidarity) aller nationalen Interessen, wenn sie vom Standpunkt der Interessen der Weltgemeinschaft als ganzer her interpretiert werden. Diese sichere Annahme, daß nationale Interessen in ein höheres Kollektivinteresse zusammenfallen könnten, bedeutet natürlich nicht, daß gewisse Dinge, die heute von Nationen hoch geschätzt werden, nicht geopfert werden müßten. Im Gegenteil: Es ist evident, daß die Welt sich nicht zu jener höheren Ebene des internationalen Lebens aufschwingen kann, auf der der Frieden sie erwartet, ohne viel von der nationalen Selbstsucht abzuwerfen, die sie heute auf der niedrigeren Ebene, auf der sie sich noch bewegt, mit sich trägt. Ein derartiges Opfer wäre der Preis des Friedens.

Lassen Sie mich am Anfang unterstreichen, daß der Preis – obwohl er hoch ist – bezahlt werden muß. Frieden ist zu mehr als einer Segnung geworden; er ist eine Notwendigkeit. Denn während der Krieg in der Vergangenheit ein Ärgernis war, ist er in unseren Tagen zu einer tödlichen Gefahr geworden. Deshalb können unsere Anstrengungen zur Sicherung des Friedens nicht mit jenen einer Segelpartie verglichen werden, die schönes Wetter für ihre Annehmlichkeiten sucht, sondern mit den Anstrengungen einer Besatzung, die sich mit einem unbarmherzigen Sturm in einem Kampf auf Leben und Tod befindet. Auf der anderen Seite sollten wir nicht zu pessimistisch hinsichtlich der Möglichkeit sein, von den Nationen der Welt diejenigen Opfer zu erhalten, die notwendig sein könnten, um die Gefahr abzuwenden. Der Grund hierfür ist so klar, daß – wenn er den zivilisierten Völkern ehrlich und vollständig nahegebracht wird – ihre Entscheidung kein Raum für Zweifel lassen sollte...

Das erste Opfer ist das der freien Zielfestlegung in der Außenpolitik. Wir müssen unser Bewußtsein an die Idee gewöhnen, daß ein als nationale Politik gerechtfertigtes Ziel als internationale Politik nicht gerechtfertigt sein könnte und deshalb langfristig – entgegen unserer kurzsichtigen Einschätzung – auch nicht als nationale Politik. Wenn wir es zulassen, daß nationale Politik auf der internationalen Ebene in der freien und unbehinderten Richtung, die von nationalen Impulsen geweckt werden, und mit allem Nachdruck, der sie gewöhnlich auszeichnet, fortgesetzt wird, degeneriert das Zusammentreffen der konfligierenden Speere der Politik zwangsläufig zu einem Tumult konfligierender Armeen im Feld. Dagegen gibt es kein anderes Mittel als die Kooperation. Aber mit Kooperation meine ich offene Zusammenarbeit unter dem direkten Licht von Weltversammlungen und nicht die eher übertrieben diskreten Zusammenkünfte von einigen wenigen Mächten zum Zwecke des Aufeinanderabstimmens von nationalen Politiken und ohne Berücksichtigung der Interessen der Weltgemeinschaft...

Dokument 6

Einleitung zum Jahresbericht des UN-Generalsekretärs U Thant, UN Sales Publ., New York, September 1971 (GAOR 26th Session, Supplement No. IA (A/8401/Add. 1), S. 11–12 (übersetzt von Rudolf Witzel)

...

92. Es wird so häufig gesagt, daß die Vereinten Nationen zunehmend ineffektiv sind, daß es kaum wiederholt zu werden braucht. Es wird behauptet, daß der Sicherheitsrat seltener und seltener zusammentritt und – wenn er es tut – keine effektiven Schritte unternimmt. Es wird behauptet, daß die Großmächte mehr und mehr versuchen, Streitigkeiten außerhalb der Organisation zu lösen. Weiterhin – so das Argument – konzentriert sich die Generalversammlung zunehmend auf ökonomische Fragen. Im Hinblick auf politische Fragen verabschiedet die Versammlung eine Flut von Resolutionen, die wenig mit der Realität zu tun haben, geringes Interesse hervorrufen und denen nur in geringem Maße Folge geleistet wird. Der Grad der Richtigkeit dieser Punkte ist eine Frage der persönlichen Einschätzung, aber die Tatsache, daß sie erhoben werden, verlangt, sie ernst zu nehmen.

93. Die angeblichen Fehlschläge der Organisation werden manchmal zurückgeführt auf den hohen Anstieg der Mitgliedschaft, den Eintritt von vielen kleinen Staaten, und vor allem auf das Prinzip „ein Staat – eine Stimme". Es kann schwerlich überraschen, daß dieses Prinzip in den Vereinten Nationen verkörpert ist. Auf der nationalen Ebene ist es in vielen Zweikammersystemen anzutreffen, in denen eine legislative Körperschaft auf dem Volk – d. h. auf Macht – und die andere auf gleicher Repräsentation von Provinzen oder Einzelstaaten beruht. Auf der internationalen Ebene in den Vereinten Nationen sind die Machtrealitäten anerkannt durch die ständige Mitgliedschaft und das Vetorecht der

Großmächte im Sicherheitsrat, jenem Organ mit der Autorität, bindende Entscheidungen zu fällen. Die gerechte Idee einer gleichen Stimme für jede Nation ist in der Vertretung und dem gleichen Stimmrecht aller Mitgliedsstaaten in der Generalversammlung ausgedrückt, die in den meisten Fällen nur die Macht zur Abgabe von Empfehlungen besitzt.

94. Das Recht zur Stimmabgabe als solches kann nicht schädlich sein, obwohl die unverantwortliche Ausübung dieses Rechts – wie jedes anderen Rechts – langfristig zwangsläufig unerwünschte Konsequenzen nach sich zieht.

95. Während meiner vielen Jahre in den Vereinten Nationen sowohl als Delegierter als auch als Generalsekretär wurde ich zunehmend von dem großen Einflußpotential, das in der Generalversammlung liegt, überzeugt. Es ist sinnlos, Empfehlungen zu verabschieden, von denen jeder von Beginn an weiß, daß sie keine Auswirkung haben werden. Realistische Empfehlungen anzunehmen, die allen berührten Interessen Rechnung tragen, bedeutet zwangsläufig die Beeinflussung der Weltmeinung und des Gangs der Ereignisse. Von daher bietet die Versammlung den kleineren und mittleren Mächten nicht nur eine Stimme, sondern auch eine Möglichkeit, den Gang der Ereignisse in weit größerem Maße zu beeinflussen, als ihnen das vorher möglich war. Um diesen Einfluß jedoch wirklich auszuüben, muß die Mehrheit klarmachen, daß sie beiden Seiten einer Sache und nicht nur der größeren Fraktion zuhören will. Die Mehrheit muß unter Beweis stellen, daß sie eher einen realistischen Ausweg aus Schwierigkeiten sucht als zu Verurteilungen oder Drohungen Zuflucht zu nehmen.

96. Es wäre sehr schade, wenn die kleineren und mittleren Mächte ihre Möglichkeit aus der Hand geben und es nicht erreichen würden, durch ein realistischeres Verhalten gegenüber dem, was sie tun oder nicht tun können, eine gewisse kollektive Glaubwürdigkeit zu schaffen. Ein derartiges Scheitern würde die Kritiken der Vereinten Nationen, die zunehmend

gehört werden und langfristig die Organisation zerstören könnten, stärken. Im Gegenteil: Wenn die Gelegenheit von jenen ergriffen wird, die betroffen sind, kann die Organisation in eine Zukunft blicken, die von Hoffnung und Erfolg glänzt. Insbesondere die Generalversammlung könnte über den gesamten Tätigkeitsbereich der Vereinten Nationen hinweg zunehmend wirkungsvoll werden, einschließlich der Aufrechterhaltung von Frieden und Sicherheit, für die der Sicherheitsrat in erster Linie verantwortlich ist. Die Versammlung besitzt ebenfalls Verantwortlichkeit in diesem Bereich, und ausgewogene und sachliche Empfehlungen, die sie verabschieden kann, werden sicherlich auch in den mächtigsten Nationen der Welt nicht unbeachtet bleiben.

97. Wenn die Vereinten Nationen ein Zentrum für die Harmonisierung der Handlungen von Nationen werden wollen, müssen sie mit den politischen Entwicklungen in der Welt Schritt halten. Zu diesem Zweck sollten die Regierungen systematischer die Praxis fortsetzen, über ihre Anstrengungen und Fortschritte hinsichtlich der Aufrechterhaltung von Frieden und Sicherheit und über ihre außenpolitischen Programme zu berichten. Dies würde die Organisation in die Lage versetzen, einen ausgewogeneren Blick auf die weltpolitische Situation zu werfen, der nicht nur die ungelösten Probleme, sondern auch die erreichten Fortschritte aufzeigt.

98. Die Generalversammlung und der Sicherheitsrat würden auch von einer besseren Kenntnis der Fortschritte der regionalen Organisationen wie – unter anderem – der Organisation Amerikanischer Staaten, der Organisation für afrikanische Einheit, der Liga der Arabischen Staaten und des Europarats profitieren. Es könnten auch Wege gefunden werden, um Institutionen, die keine Verbindungen mit der Organisation besitzen, in die Lage zu versetzen, die Generalversammlung darüber zu informieren, wenn sie politisch wichtige Initiativen wie die gegenwärtig in Europa zwischen der Warschauer Vertrags-

Organisation und der Nordatlantischen Vertragsorganisation angestrebte wechselseitige Reduzierung von Streitkräften unternehmen.

99. Die Abhaltung der ersten periodischen Zusammenkunft des Sicherheitsrates im vergangenen Jahr war ein wichtiger Schritt vorwärts im Hinblick auf die internationale Zusammenarbeit. Die Praxis, die dadurch am 21. Oktober 1970 eingeleitet wurde, sollte fortgesetzt werden, aber derartige Treffen sollten mehr sein als eher formale Ereignisse und sollten die Mitglieder des Sicherheitsrates mit der Möglichkeit ausstatten, ihre Verantwortlichkeiten zur Aufrechterhaltung des internationalen Friedens und der Sicherheit wirkungsvoll auszuüben. Meiner Ansicht nach sollten diese periodischen Zusammenkünfte diese Körperschaft befähigen, sich über die internationale Lage klar zu werden und die Fortschritte bei der Umsetzung früherer Entscheidungen zu überprüfen. Der Sicherheitsrat könnte auf solchen Treffen, die – wenn notwendig – privat abgehalten werden könnten, den Vorteil ziehen, mögliche Bedrohungen des Friedens in instabilen Regionen zu bewerten, Empfehlungen an die betroffenen Regierungen auszusprechen und somit seiner Rolle bei der Verhinderung von internationalen Krisen gerecht werden. Ich glaube, daß in Fällen, bei denen aufgrund eines allgemeinen Konsenses oder als Ergebnis der Position einiger Regierungen eine wichtige Frage von der öffentlichen Diskussion in den Vereinten Nationen ausgeschlossen ist, die Situation von Untersuchungen des Sicherheitsrates im Verlauf seiner periodischen Zusammenkünfte sinnvoll profitieren könnte.

...

Dokument 7

Jahresbericht des UN-Generalsekretärs Pérez de Cuéllar, UN Sales Publ., New York 1982 (GAOR 37th Session, Supplement No. I (A/37/1), S. 2–3 (übersetzt von Rudolf Witzel)

...Mir scheint, daß unser dringendstes Ziel die Wiederherstellung des Konzepts der kollektiven Maßnahmen für Frieden und Sicherheit der Charta ist, um die Vereinten Nationen stärker zur Ausübung ihrer wichtigsten Funktion zu befähigen. Das Fehlen eines effektiven Systems der kollektiven Sicherheit im Völkerbund hat – neben anderen Faktoren – zum Zweiten Weltkrieg geführt. Obwohl wir uns heute einer stark veränderten Weltlage gegenübersehen, benötigen die Regierungen mehr denn je ein funktionierendes System der kollektiven Sicherheit, dem sie wirklich vertrauen können. Ohne ein solches System werden sich die Regierungen gezwungen sehen, über ihre eigenen Sicherheitsbedürfnisse hinaus aufzurüsten, und dadurch die allgemeine Unsicherheit vergrößern. Ohne ein solches System wird die Weltgemeinschaft auch fernerhin nicht die Macht besitzen, um sich mit militärischen Abenteuern, die das gesamte System des internationalen Friedens bedrohen, auseinanderzusetzen, und die Gefahr einer Ausdehnung und Eskalation von lokalen Konflikten wird entsprechend ansteigen. Ohne ein solches System wird es weder eine verläßliche Beteiligung noch einen Schutz für die Kleinen und Schwachen geben. Und ohne ein solches System könnten alle unsere Anstrengungen auf sozialem und wirtschaftlichem Gebiet, die ebenfalls ihres eigenen kollektiven Antriebs bedürfen, sehr wohl ins Stocken geraten...

Es gibt viele Wege, wie die Regierungen die Stärkung des Systems, wie es die Charta vorschreibt, aktiv unterstützen könnten. Eine Möglichkeit wäre der systematischere, weniger erst im letzten Augenblick erfolgende Gebrauch des Sicherheitsrates. Wenn der Sicherheitsrat gefährliche Situationen unter aktiver Beobachtung halten und – wenn notwendig – Gespräche mit den Parteien einleiten könnte, bevor sie den Punkt von Krisen erreichen, wäre es vielleicht oftmals möglich, sie in einem frühen Stadium zu entschärfen, bevor sie in die Gewalt degenerieren.

Unglücklicherweise gibt es eine Tendenz, das Vorbringen kritischer Probleme vor den Sicherheitsrat zu vermeiden oder dies erst zu tun, wenn es für irgendeinen ernsthaften Einfluß des Sicherheitsrats auf ihre Entwicklung zu spät ist. Es ist entscheidend, diesen Trend umzukehren, wenn der Sicherheitsrat seine Aufgabe als erste Autorität in der Welt für internationalen Frieden und Sicherheit wahrnehmen soll. Ich glaube nicht, daß es notwendigerweise klug und verantwortungsbewußt seitens des Sicherheitsrates ist, derartige Angelegenheiten bis zu dem Punkt, an dem die Irrelevanz des Sicherheitsrates im Hinblick auf einige andauernde Kriege ein Thema der Weltöffentlichkeit wird, der Beurteilung der streitenden Parteien zu überlassen.

In den letzten Jahren hat der Sicherheitsrat in steigendem Maße auf den wertvollen Prozeß der informellen Konsultationen zurückgegriffen. Allerdings besteht manchmal die Gefahr, daß dieser Prozeß zu einem Ersatz für Handlungen oder sogar zu einer Entschuldigung für die Untätigkeit des Sicherheitsrates werden könnte. Aus demselben Grund wäre es für den Sicherheitsrat sinnvoll, erneut zu überprüfen, wie sich seine Verfahren und Prozeduren so verändern und bündeln lassen, daß er in Krisen schnell und entschlossen handeln kann. Angemessene Arbeitsbeziehungen zwischen den ständigen Mitgliedern des Sicherheitsrates sind eine unverzichtbare Bedingung für dessen Effektivität. Wie auch immer ihre Beziehungen außerhalb der Vereinten Nationen aussehen mögen, im Sicherheitsrat haben die ständigen Mitglieder, die gemäß der Charta spezielle Rechte und Verantwortlichkeiten besitzen, gemeinsam eine heilige Pflicht, deren Erfüllung nicht wegen ihrer bilateralen Schwierigkeiten in Verzug geraten sollte. Wenn dies eintritt, sind der Sicherheitsrat und damit die Vereinten Nationen die Verlierer, da das System der kollektiven Sicherheit, wie es die Charta vorsieht, zumindest eine funktionierende Beziehung zwischen den ständigen Mitgliedern voraussetzt...

Dokument 8

Albrecht Mendelssohn Bartholdy: Die Politik und das Abrüstungsproblem, in: Th. Niemeyer (Hrsg.): Handbuch des Abrüstungsproblems, Systematischer Teil, Walther Rothschild-Verlag, Berlin 1928, S. 48

Die erste Forderung, an die Regierungen, gründet sich auf die klarste Lehre der Kriegsvorgeschichte und gilt heute als allgemein anerkannt – so sehr, daß man Gefahr läuft, auch ganz offen am Tag liegende Verletzungen ihres Grundsatzes zu übersehen. Diese Forderung verlangt, daß keine Sonderbündnisse für den Kriegsfall geschlossen werden. Das hängt mit der Abrüstungsfrage aufs allerengste zusammen, insofern als das Sonderbündnis mit einem bestimmten casus *foederis* den Generalstäben der verbündeten Staaten das Recht, wo nicht sogar die Pflicht verleiht, im Einverständnis miteinander den Kriegsaufmarsch gegen den potentiellen Feind vorzubereiten, durch dessen Verhalten der casus *foederis* ausgelöst würde. Solche Verabredungen der Generalstäbe bilden eine gleich große innere und äußere Gefahr; eine innere Gefahr, weil sie der militärischen Leitung, unter Berufung auf den Wunsch des Verbündeten und auf Ehrenverpflichtungen, die bei jenen Verabredungen eingegangen worden seien, Einfluß auf die Staatsleitung gewährt und der militärischen Forderung auf höhere Rüstungen jenen letzten Nachdruck gibt, dessen sie vielleicht entbehren würde, wenn die Auseinandersetzung über das Aufbringen neuer Mittel für solche Rüstungen sich nur zwischen den sozialen Ministerien und dem Finanzministerium einerseits und den Kriegs- und Marineministerien andererseits vollzöge.

Dokument 9

Niccolo Machiavelli: Politische Betrachtungen über die alte und die italienische Geschichte. Zweite, durchgesehene Auflage, herausgegeben von Erwin Faul, Westdeutscher Verlag, Köln und Opladen 1965, S. 22–23

Denn aus zwei Gründen bekriegt man einen Staat, einmal, um sein Herr zu werden, und zweitens aus Furcht, von ihm unterjocht zu werden. Diese zwei Gründe werden durch die obigen Maßregeln fast gänzlich beseitigt. Denn da die guten Verteidigungseinrichtungen, die ich voraussetze, die Eroberung dieser Republik schwer machen, so wird selten oder nie einer den Plan fassen, sie zu erobern. Bleibt sie ferner innerhalb ihrer Grenzen und zeigt die Erfahrung, daß sie nicht ehrgeizig ist, so wird ihr niemand aus Furcht den Krieg erklären, besonders wenn ihre Einrichtungen und Gesetze die Vergrößerung verbieten. Ließen sich die Dinge derart im Gleichgewicht halten, so glaube ich bestimmt, daß dies der rechte politische Zustand und die wahre Ruhe für eine Stadt wäre.

Dokument 10

Niccolo Machiavelli: Politische Betrachtungen über die alte und die italienische Geschichte. Zweite, durchgesehene Auflage, herausgegeben von Erwin Faul, Westdeutscher Verlag, Köln und Opladen 1965, S. 145

Wie oben gesagt, machen alle Städte und Länder, die in jeder Hinsicht frei sind, die größten Fortschritte. Dort sieht man die größte Volkszahl, weil die Ehen freier und begehrenswerter sind. Jeder zeugt gern soviel Kinder, als er ernähren zu können glaubt, denn er braucht ja nicht zu fürchten, daß ihm sein Erbteil genommen werde, und er weiß, daß sie als Freie und nicht als Sklaven geboren werden, ja daß sie durch ihre Tüchtigkeit zur höchsten

Würde gelangen können. Dort vermehren sich die Reichtümer, die Früchte des Ackerbaues und des Gewerbefleißes in größerem Maße. Jeder vermehrt gern seinen Besitz und sucht Güter zu erwerben, die er, wenn er sie erworben hat, genießen zu können glaubt. Die Bürger wetteifern in der Vermehrung des eignen und öffentlichen Wohlstandes, und beides wächst in staunenswerter Weise.

Dokument 11

Niccolo Machiavelli: Politische Betrachtungen über die alte und die italienische Geschichte. Zweite, durchgesehene Auflage, herausgegeben von Erwin Faul, Westdeutscher Verlag, Köln und Opladen 1965, S. 148, 150

Bei aufmerksamem Lesen der alten Geschichte findet man, daß die Republiken drei Wege zu ihrer Vergrößerung einschlugen.

[...]

Nächst der Methode der Römer ist die eines Bundes, wie bei den Etruskern, Achäern, Atoliern und jetzt bei den Schweizern die beste. Denn daß man sich dabei nicht so weit ausdehenen kann, hat zweierlei Gutes, Erstens wird man nicht so leicht in Kriege verwickelt, und zweitens hält man das einmal Gewonnene mit Leichtigkeit fest. Eine weite Ausdehnung ist nicht möglich, weil der Staat aus verschiedenen Teilen besteht und die Regierung ihren Sitz an verschiedenen Orten hat, was die Beratungen und Beschlüsse erschwert. Solche Staaten sind auch nicht herrschsüchtig, denn da viele Gemeinden an der Herrschaft teilnehmen, schätzen sie eine Eroberung nicht so hoch wie eine einzelne Republik, die sie ganz zu genießen hofft. Außerdem regieren sie sich durch eine Bundesversammlung und müssen daher langsamer in ihren Beschlüssen sein als die, welche innerhalb derselben Ringmauer wohnen. Die Erfahrung zeigt auch, daß ein solcher Städtebund seine feste Grenze hat, von deren Überschreitung wir kein Beispiel haben. Wenn nämlich zwölf bis vierzehn Gemeinden beisammen sind, bleiben sie dabei stehen und suchen keine weitere Ausdehnung, da ihnen ihre Anzahl zur Verteidigung gegen jeden genügend scheint. Sie begehren also kein größeres Gebiet, weil die Notwendigkeit sie zu keiner Machterweiterung zwingt, oder weil sie aus den obigen Gründen keinen Vorteil in weiteren Eroberungen sehen. Sie müßten nämlich eins von beiden tun: entweder ihren Bund erweitern, aber dann würde die Menge der Bundesgenossen Verwirrung anrichten, oder sie müßten sich Untertanen zulegen, und da sie hierin Schwierigkeiten und keinen großen Vorteil sehen, so liegt ihnen nichts daran.

Dokument 12

Immanuel Kant: Zum Ewigen Frieden, in: Werke, Ed. W. Weischedel, Bd. VI, Wissenschaftliche Buchgesellschaft, Darmstadt 1964, S. 204–206

ERSTER DEFINITIVARTIKEL ZUM EWIGEN FRIEDEN

Die bürgerliche Verfassung in jedem Staate soll republikanisch sein.

Die erstlich nach Prinzipien der *Freiheit* der Glieder einer Gesellschaft (als Menschen); zweitens nach Grundsätzen der Abhängigkeit aller von einer einzigen gemeinsamen Gesetzgebung (als Untertanen); und drittens, die nach dem Gesetz der Gleichheit derselben *(als Staatsbürger)* gestiftete Verfassung – die einzige, welche aus der Idee des ursprünglichen Vertrags hervorgeht, auf der alle rechtliche Gesetzgebung eines Volks gegründet sein muß – ist die *republikanische*.* Diese ist also, was das Recht betrifft, an sich selbst diejenige, welche allen Arten der bürgerlichen Konstitution ursprünglich zum Grunde liegt; und nun ist nur die

Frage: ob sie auch die einzige ist, die zum ewigen Frieden hinführen kann?

Nun hat aber die republikanische Verfassung, außer der Lauterkeit ihres Ursprungs, aus dem reinen Quell des Rechtsbegriffs entsprungen zu sein, noch die Aussicht in die gewünschte Folge, nämlich den ewigen Frieden; wovon der Grund dieser ist. – Wenn (wie es in dieser Verfassung nicht anders sein kann) die Beistimmung der Staatsbürger dazu erfordert wird, um zu beschließen, „ob Krieg sein solle, oder nicht", so ist nichts natürlicher, als daß, da sie alle Drangsale des Krieges über sich selbst beschließen müßten (als da sind: selbst zu fechten; die Kosten des Krieges aus ihrer eigenen Habe herzugeben; die Verwüstung, die er hinter sich läßt, kümmerlich zu verbessern; zum Übermaße des Übels endlich noch eine, den Frieden selbst verbitternde, nie (wegen naher immer neuer Kriege) zu tilgende Schuldenlast selbst zu übernehmen), sie sich sehr bedenken werden, ein so schlimmes Spiel anzufangen: Da hingegen in einer Verfassung, wo der Untertan nicht Staatsbürger, die also nicht republikanisch ist, es die unbedenklichste Sache von der Welt ist, weil das Oberhaupt nicht Staatsgenosse, sondern Staatseigentümer ist, an seinen Tafeln, Jagden, Lustschlössern, Hoffesten u. d. gl. durch den Krieg nicht das mindeste einbüßt, diesen also wie eine Art von Lustpartie aus unbedeutenden Ursachen beschließen, und der Anständigkeit wegen dem dazu allzeit fertigen diplomatischen Korps die Rechtfertigung desselben gleichgültig überlassen kann.

---

* *Rechtliche (mithin äußere) Freiheit* kann nicht, wie man wohl zu tun pflegt, durch die Befugnis definiert werden: „alles zu tun, was man will, wenn man nur keinem Unrecht tut." Denn was heißt Befugnis? Die Möglichkeit einer Handlung, so fern man dadurch keinem Unrecht tut. Also würde die Erklärung so[1] lauten: „*Freiheit ist die Möglichkeit der Handlungen, dadurch man keinem Unrecht tut.*[2] Man tut keinem Unrecht (man mag auch tun was man will), wenn man nur keinem Unrecht tut": folglich ist es leere Tautologie. – Vielmehr ist meine äußere (rechtliche) Freiheit so zu erklären: sie ist die Befugnis, keinen äußeren Gesetzen zu gehorchen, als zu denen ich meine Beistimmung habe geben können. – Eben so ist äußere (rechtliche) *Gleichheit* in einem Staate dasjenige Verhältnis der Staatsbürger, nach welchem keiner den andern wozu rechtlich verbinden kann, ohne daß er sich zugleich dem Gesetz unterwirft, von diesem wechselseitig auf dieselbe Art auch verbunden werden zu *können*. (Vom Prinzip der *rechtlichen* Abhängigkeit, da dieses schon in dem Begriffe einer Staatsverfassung überhaupt liegt, bedarf es keiner Erklärung.) – Die Gültigkeit dieser angebornen, zur Menschheit notwendig gehörenden und unveräußerlichen Rechte wird durch das Prinzip der rechtlichen Verhältnisse des Menschen selbst zu höheren Wesen (wenn er sich solche denkt) bestätigt und erhoben, indem er sich nach eben denselben Grundsätzen auch als Staatsbürger einer übersinnlichen Welt vorstellt. – Denn, was meine Freiheit betrifft, so habe ich, selbst in Ansehung der göttlichen, von mir durch bloße Vernunft erkennbaren Gesetze, keine Verbindlichkeit, als nur so fern ich dazu selber habe meine Beistimmung geben können (denn durchs Freiheitsgesetz meiner eigenen Vernunft mache ich mir allererst einen Begriff vom göttlichen Willen). Was in Ansehung des erhabensten Weltwesens außer Gott, welches ich mir etwa denken möchte (einen großen Äon), das Prinzip der Gleichheit betrifft, so ist kein Grund da, warum ich, wenn³ ich in meinem Posten meine Pflicht tue, wie jener Äon es in dem seinigen, mir bloß die Pflicht zu gehorchen, jenem aber das Recht zu befehlen zukommen solle. – Daß dieses Prinzip der *Gleichheit* nicht (so wie das der Freiheit) auch auf das Verhältnis zu Gott paßt, davon ist der Grund dieser, weil dieses Wesen das einzige ist, bei dem der Pflichtbegriff aufhört.

Was aber das Recht der Gleichheit aller Staatsbürger, als Untertanen, betrifft, so kommt es in Beantwortung der Frage von der Zulässigkeit des *Erbadels* allein darauf an: „ob der vom Staat zugestandene *Rang* (eines Untertans vor dem andern) vor dem *Verdienst,* oder dieses vor jenem vorhergehen müsse." – Nun ist offenbar: daß, wenn der Rang mit der Geburt verbunden wird, es ganz ungewiß ist, ob das Verdienst (Amtsgeschicklichkeit und Amtstreue) auch folgen werde; mithin ist es eben so viel, als ob er ohne alles Verdienst dem Begünstigten zugestanden würde (Befehlshaber zu sein); welches der allgemeine Volkswille in einem ursprünglichen Vertrage (der doch das Prinzip aller Rechte ist) nie beschließen wird. Denn ein Edelmann ist darum nicht so fort ein *edler* Mann. – Was den

Amtsadel (wie man den Rang einer höheren Magistratur nennen könnte, und den man sich durch Verdienste erwerben muß) betrifft, so klebt der Rang da nicht, als Eigentum, an der Person, sondern am Posten, und die Gleichheit wird dadurch nicht verletzt; weil, wenn jene ihr Amt niederlegt, sie zugleich den Rang ablegt, und unter das Volk zurücktritt. –

[1] A: „Erklärung einer Befugnis so".

[2] Zusatz von B; in den A, beigefügten „Verbesserungen zum ewigen Frieden" ist der Text von A bereits geändert.

[3] Cassirer (Lesarten): „warum wenn".

BA (= Berliner Ausgabe), S. 20–24, Anm. S. 21–23.

Dokument 13

Jean-Baptiste Say: Ausführliches Lehrbuch der praktischen politischen Philosophie, Deutsch mit Anmerkungen von Max Stirner, Band 3, Wigand, Leipzig 1845, S. 366–368

Welchen Grund sollte man auch wohl haben, einer Nation, die ihrem Interesse folgend ihre Häfen der Einfuhr wie der Ausfuhr eröffnen würde, den Krieg zu erklären?

Sollte man uns den Krieg erklären, um eine Beleidigung oder eine vorausgesetzte Beleidigung zu rächen? Ich habe aber schon erklärt, daß das Vertheidigungs-System keine Beleidigung zuläßt. Es will sich nichts anthun lassen, es will aber auch den andern nichts anthun und deswegen beseitigt es vielleicht sicherer als das Angriffs-System den Krieg.

Wenn ein feindlicher Einfall nur Räuberei und Plünderung bezweckte, so mußte das Vertheidigungs-System stark genug sein, um den Einfallenden zu widerstehen; und ich gestehe, daß die Staatsverfassung die Vertheidigung unterstützen und sie wirksam machen muß. Wenn die Nation nur eine Heerde Sklaven ist, welche für ihre Herren arbeitet; wenn Mißbräuche aller Art nur den Zweck haben, die privilegirten Stände zu bereichern; wenn vielfache Hindernisse die Bewegung der Industrie hemmen, wenn die Justiz parteiisch ist und Geld zu erpressen sucht, so werden die Bürger, da sie bei einer Änderung der Herrschaft wenig zu verlieren haben, sich auch wenig Mühe geben, eine gesellschaftliche Ordnung zu vertheidigen, die ihnen nur Lasten aufbürdet, deren Vortheile aber Andere genießen.

Wenn sie dagegen unter einer sparsamen und schützenden Regierung leben, wenn sie einsehen, daß die Gesellschaft in ihrem Interesse organisirt ist, wenn sie sich mit dem Vaterlande identificirt haben, dann werden die dem Menschenherzen theuersten Empfindungen sie gegen einen ungerechten Angreifer unter die Waffen rufen. Man kämpft nur glücklich gegen Nationen, deren Interessen getheilt sind. Wenn man alle Interessen einer Nation angreift, so erhebt sie sich in Masse, und ich glaube nicht, daß eine Nation, welche ihren Willen auf eine solche Weise erklärt, überwunden werden könne. Ich glaube nicht einmal, daß sie angegriffen werden könne, wenn sie nicht andere Nationen bedroht. Ein auswärtiger Angriff wird nur durch die Verbindung mehrerer Staaten furchtbar, und eine solche Verbindung kommt nur zu Stande, wenn ein Staat ein lästiges Übergewicht ausübt, wenn er andern Staaten Gesetze und Tribute auferlegt, wenn er sie zwingt, an seiner Streitigkeit Theil zu nehmen. Man verbindet sich aber nicht gegen eine Macht, welche andern Nationen die Schätze ihres Wohlwollens und ihres Handels darbietet; es haben vielmehr Alle ein Interesse, sie zu vertheidigen.

Wenn Staaten so unbedeutend sind, daß eine Erhebung aller Bürger in Masse nicht im Stande ist, sie zu vertheidigen, so müssen sie sich mit andern Staaten durch einen Bundesvertrag verbinden; in der politischen Organisation müssen Bande gesucht werden, welche stark genug sind, um die am wenigsten bedrohten Staaten zu bewegen, den bedrohteren ihren Beistand zu leisten.

Die großen stehenden Heere, welche die europäischen Mächte unterhalten, leben nicht von Plünderungen, wenigstens nicht in gewöhnlichen Zeiten; aber dennoch drücken sie mit furchtbarer

Last auf den gewerbtreibenden Theil der Bevölkerung, der unermüdlich für ihren Unterhalt arbeitet.

Dokument 14

John A. Hobson: Der Imperialismus, Kiepenheuer & Witsch, Köln 1970^2, S. 170–171

Je weiter die Nationen in der Zivilisation voranschreiten, desto mehr schwindet für sie die Notwendigkeit, untereinander um Boden und Nahrung zu kämpfen, um ihre zunehmende Bevölkerung zu erhalten. Dank ihrer vermehrten industriellen Fertigkeiten können sie sich verschaffen, was sie haben wollen, indem sie nicht ihre Feinde, sondern die Natur besiegen.

Diese Wahrheit enthüllt sich allerdings nicht so leicht in ihrem vollen Glanze den Augen der modernen Kulturnationen, deren Gier nach fremdem Reichtum und fremdem Land noch ein ebenso triftiger Kriegsgrund zu sein scheint wie in primitiveren Zeiten. Die Illusion, daß es notwendig und vorteilhaft sei, um neue Territorien und Absatzgebiete zu kämpfen, während man den Boden und die Märkte des eigenen Landes noch längst nicht voll erschlossen hat, läßt sich nur langsam zerstreuen. Ihren Wurzeln sind wir bereits nachgegangen. Wir haben sie in der Vorherrschaft der Klasseninteressen im politischen Leben der Nation aufgespürt. Nur die Demokratie, falls sie erreichbar ist, wird dem Geist der Nation einprägen können, wie vorteilhaft es ist, den äußeren Kampf mit anderen Nationen durch den inneren Kampf mit der natürlichen Umwelt zu ersetzen.

Wenn die zivilisierten weißen Völker – wie es möglich erscheint – nach und nach das Joch ihrer Klassenregierungen abschütteln, deren Interessen Krieg und territoriale Expansion gebieten; wenn sie ihren Bevölkerungszuwachs begrenzen, indem sie die Fortpflanzung schlechter Erbmasse verhindern; wenn sie endlich ihre Energien auf Ausnutzen ihrer natürlichen Hilfsquellen richten: dann werden die Ursachen internationaler Konflikte dahinschwinden, und die sympathischen Motive des Handels und des freundschaftlichen Verkehrs werden für dauernden Frieden auf der Grundlage eines internationalen Zusammenschlusses sorgen.

Eine derartige Nationalwirtschaft würde nicht nur die Hauptursachen des Krieges beseitigen; sie würde gleichzeitig den wirtschaftlichen Kampf, auf den sich die Regierungen einlassen, von Grund auf verändern. Demokratien, die hauptsächlich damit beschäftigt wären, ihre eigenen Märkte zu entwickeln, würden keine Menschen und Mitte. für den Kampf um minderwertige und minder stabile Absatzgebiete einzusetzen brauchen. Was an Rivalität bliebe, wäre nicht die Konkurrenz zwischen Nationen, sondern zwischen einzelnen Fabrikanten und Kaufleuten innerhalb der Nation; der nationale Aspekt des Wirtschaftskrieges mit Zöllen, Prämien und Handelsverträgen würde verschwinden. Denn die Gefahren und Feindseligkeiten nationaler Handelspolitik beruhen, wie wir gesehen haben, fast ausschließlich darauf, daß gewisse Handels- und Finanzinteressen die Autorität und die politischen Hilfsmittel der Nationen usurpiert haben. Man entthrone die Interessen, und die tiefe, wahre, grundlegende Interessenharmonie der Völker, welche die Propheten des Freihandels dunkel ahnten, wird zutage treten. Die Notwendigkeit eines permanenten Wirtschaftskrieges zwischen den Völkern wird dann als eine Selbsttäuschung erkannt werden, in ihrem Wesen und Ursprung analog der Illusion von der biologischen Notwendigkeit des Krieges.

Gewiß ist der Kampf ums Dasein ein ständiger Faktor des gesellschaftlichen Fortschritts; die Auslese der körperlich Tüchtigen ist eine Notwendigkeit. Aber indem die Menschen rationaler werden, rationalisieren sie auch den Kampf. Sie ersetzen destruktive Methoden der Auslese durch präventive und heben den Begriff der Tüchtigkeit: Rohe körperliche Robustheit genügt nicht mehr, physische Ausdauer ist nur noch das Rohmaterial für höhere psychische Tätigkeiten. So wird die persönliche Tüchtigkeit der Menschen erhalten, wenn sie auch nicht mehr um das Essen kämpfen. Kampf und Tüchtigkeit werden beide auf eine höhere Ebene gehoben. Wenn das im Kampf der Einzelnen geschehen kann, kann es auch im Kampf der Völker geschehen. Die Wirtschaft des Internationalismus ist die gleiche wie die des Nationalismus. Wie die Individualität durch eine gute Nationalregierung nicht vernichtet, sondern gehoben und gekräftigt wird, so wird auch die Nationalität durch den Internationalismus nicht vernichtet, sondern gehoben und gekräftigt.

Dokument 15

James Mill: Essays (Reprints from the Supplement to the Encyclopedia Britannica, London o. J., S. 20 ff). Hier zitiert nach dem Abdruck in Klaus E. Knorr: British Colonial Theories, 1570–1650, University of Toronto Press, Toronto 1944, S. 254 ff. (übersetzt vom Autor)

Es gibt nicht eine Kolonie, die nicht die Anzahl der Stellen vermehrt. Es gibt Gouverneursposten und Richterposten und eine lange Reihe von ähnlichem; es gibt vor allem keine von ihnen (den Kolonien), die nicht eine zusätzliche Anzahl von Truppen und einen zusätzlichen Anteil der Marine erfordert. In jedem zusätzlichen Teil von Armee und Marine gibt es, neben der Ehre des Königs, Generalsposten, Posten für Oberste, Hauptleute und Leutnants, und in der Ausrüstung dieser zusätzlichen Teile von Armee und Marine gibt es wiederum Gewinne, die einem Freund zugesteckt werden können. All dies ist genug, um ein sehr beträchtliches Ausmaß von Zuneigung (Interesse) gegenüber den Kolonien zu erklären.

[...]

Es gibt nichts in der Welt, was für eine Regierung, die begrenzt und beschränkt ist, so nützlich dabei ist, all diese Begrenzungen und Beschränkungen loszuwerden, als die Kriege. Die Macht fast aller Regierungen ist während eines Krieges größer als während des Friedens. Aber im Fall einer beschränkten Regierung trifft dies in einem besonders bemerkenswerten Grade zu ... Nichts vermehrt so stark das Ausmaß jenes Teils des nationalen Reichtums, über den die Regierung verfügt, als der Krieg ... Wann auch immer ein Krieg ausbricht – zusätzliche Truppen und ein zusätzlicher Teil der Marine sind immer erfordert für den Schutz der Kolonien.

Dokument 16

Rudolf Goldscheid: Das Verhältnis der äußern Politik zur innern. Ein Beitrag zur Soziologie des Weltkrieges und Weltfriedens, Anzengruber Verlag, Wien 1915^2, S. 57–59. Nachdruck mit freundlicher Genehmigung durch Wolf Suschitzky für die Rechtsnachfolger des Verlags Anzengruber.

Die Repräsentanten der Macht werden deshalb unausweichlich zu einer Entscheidung gedrängt. Sie müssen sich, gleichviel, ob es sich um Monarchien oder republikanische Staatsgebilde handelt, schließlich nach rechts oder nach links schlagen. Schlagen sie sich nach rechts, so müssen sie im Verlaufe notgedrungen den extremsten Forderungen hinsichtlich der Verkümmerung der Volksrechte nachgeben und auch vor den brutalsten Machtmitteln nicht zurückschrecken, um der anstürmenden Masse Herr zu werden. Gewalt nach innen zieht aber Gewaltanwendungen nach außen zwangsweise nach sich, da aller Druck nach innen gerechtfertigt zu werden vermag, wenn er als Druck von außen hingestellt wird. Wird immer wieder darauf hingewiesen, daß alle Entbehrungen, die man den Massen zumutet, der äußern Feinde wegen auferlegt werden müssen, daß alle innere Ausbeutung die unabänderliche

Folge der äußern Ausbeutung darstellt, dann sammelt sich naturgemäß eine Summe von Haß gegen die äußern Ausbeuter, der am Ende nicht anders als in einer Explosion seine Entladung finden kann.

Die Ableitung aller Vorwürfe, die sich gegen die eigene Regierung richten, auf den radikalen, nationalen Egoismus der Nachbarn zieht eben ganz bestimmte psychologische Folgen nach sich. Das fortgesetzte Ausspielen äußerer Feinde, um diejenigen, die auf internationale Verständigung, auf organisierte internationale Zusammenarbeit, auf vertiefte Demokratie hinwirken, als innere Feinde brandmarken zu können, erzeugt nationalen Egoismus von einer Stärke, daß schließlich auch das größte Maß von Bewaffnung, die weitestgehende Verflechtung der Völkerinteressen nicht vor Krieg bewahren kann, weil dann schließlich die immensen Opfer, die ein Krieg mit sich bringt, gegenüber der enormen Belastung, die das eine Volk dem andern im Frieden aufnötigt, als das geringere Übel erscheinen müssen.

Ganz andere Verhältnisse sind dagegen, wenn die Repräsentanten der Macht sich nach links schlagen, wenn sie sich auf die Riesenmassen zu stützen beginnen, die die Landessicherheit durch *internationale Organisation des wechselseitigen Vertrauens* zu garantieren streben. Dann ist Erweiterung der Volksrechte, parlamentarische Entscheidung über Krieg und Frieden, Erziehung der Jugend zu Friedensbegeisterung, Verbreitung der Volksbildung, politische Gleichberechtigung beider Geschlechter, Begünstigung der Konsumenteninteressen, Herabminderung des Einflusses des Großgrundbesitzes wie jener Produzentengruppen, die am bestehenden Völkerverhältnis am meisten interessiert sind, namentlich des Rüstungskapitales, Stärkung der Zivilverwaltung gegenüber der Prärogative der Militärgewalt, internationale Kulturpolitik im größten Stile, Ausbau der Verfassung wie der gesamten Rechtsgrundlage im demokratischen Sinne, Internationalisierung der Produktion und Sozialpolitik; wechselseitige Förderung der Völkerinteressen statt gegenseitiger Entwicklungshemmung – das mächtigste Bollwerk des Friedens, der nun im Massenaufstieg, in der *Volkssouveränität* seine stärkste Sicherung findet.

Ganz andere Bevölkerungsschichten als vorher werden damit zum innern Feind, Bevölkerungsschichten, die viel weniger zahlreich sind und obendrein durch die veränderte soziale und internationale Struktur zu immer geringerem Einfluß herabsinken, das Staatsoberhaupt steigt zum Träger der Volkssouveränität empor, seine Stellung beruht nicht mehr auf einer mit künstlichen, entwicklungsfeindlichen Mitteln hergestellten Stimmenmehrheit, sondern auf einer natürlichen Majorität, die von den sozialen und internationalen Notwendigkeiten selber geschaffen wird. *Und auch vor der täglich zunehmenden Reife der Bürger brauchen sich die Träger der Macht dann nicht mehr zu fürchten, weil gerade diese ihr Ansehen Tag für Tag in höherem Maße stärkt.*

Dokument 17

Quincy Wright: A Study of War. Abridged by Louise Leonard Wright, University of Chicago Press, Chicago und London 1969, S. 163 (übersetzt von Rudolf Witzel)

...Zusammengefaßt ergibt sich, daß absolutistische Staaten mit geographisch und funktional zentralisierten Regierungen unter einer autokratischen Führung wahrscheinlich am kriegerischsten sind, während konstitutionelle Staaten mit geographisch und funktional föderalisierten Regierungen unter einer demokratischen Führung wahrscheinlich am friedlichsten sind. Die Regierungstypen, die zur Kriegsneigung tendieren, sind also diejenigen, die zu einer effizienten Handhabung des Systems des Machtgleichgewichts neigen, während die auf den Frieden ausgerichteten Regierungstypen langfristig zu einem auf Recht und Organisation basierenden internationalen System tendieren. Regierungen des friedlichen Typs neigen dazu, sich innerhalb eines stabilen Machtgleichgewichts zu entwickeln, aber diese Regierungen waren weder in der Organisation der Welt für den Frieden noch in der Aufrechterhaltung des Gleichgewichts der Macht erfolgreich. Friedliche Regierungen haben günstige Bedingungen für das Entstehen von kriegerischen Regierungen geschaffen. Deswegen sind in der Geschichte Perioden, die von friedlichen Regierungen beherrscht wurden, von solchen abgelöst worden, in denen kriegerische Regierungen dominierten.

Dokument 18

Alexis de Tocqueville: Über die Demokratie in Amerika. Werke und Briefe, hrsg. von J. P. Mayer, Bd. II, Deutsche Verlagsanstalt, Stuttgart 1962, S. 286–287

In den demokratischen Armeen beherrscht der Wunsch nach Beförderung fast alle; er ist brennend, zähe, andauernd; er wächst mit allen andern Begierden, und er erlischt erst mit dem Leben selbst. Wie leicht ersichtlich, ist nun aber bei den demokratischen Heeren unter allen Armeen der Welt die Beförderung in Friedenszeiten am langsamsten. Da die Zahl der Grade selbstverständlich begrenzt, die Zahl der Bewerber fast unbeschränkt ist und das starre Gesetz der Gleichheit auf allen lastet, ist keinem ein rasches Aufsteigen möglich, und viele können überhaupt nicht befördert werden. Das Verlangen nach Beförderung ist somit größer, und die Leichtigkeit der Beförderung kleiner als anderswo.

Alle die Ehrgeizigen, die es in einer demokratischen Armee gibt, wünschen also leidenschaftlich den Krieg herbei, weil der Krieg Stellen frei macht und endlich das Gesetz des Dienstalters zu durchbrechen erlaubt, welches das alleinige natürliche Vorrecht in der Demokratie ist.

Wir gelangen damit zu dieser merkwürdigen Schlußfolgerung, daß von allen Armeen die demokratischen Heere den Krieg am brennendsten ersehnen und daß von allen Völkern die demokratischen Völker den Frieden am meisten lieben; und die Sache wird dadurch vollends außergewöhnlich, daß diese gegensätzlichen Wirkungen beide durch die Gleichheit hervorgerufen werden.

Da die Bürger gleichgestellt sind, beseelt sie täglich der Wunsch und entdecken sie immerzu Möglichkeiten, ihre soziale Lage zu verändern und ihren Wohlstand zu mehren; das gebietet ihnen, den Frieden zu lieben, der das industrielle Gedeihen sichert und jedem gestattet, seine kleinen Vorhaben in Ruhe zum Ziel zu führen; und indem andererseits dieselbe Gleichheit in den Augen derer, die eine militärische Laufbahn einschlagen, den Wert der Kriegsehren erhöht und diese Ehren allen zugänglich macht, läßt sie die Soldaten von Schlachtfeldern träumen. Auf beiden Seiten ist die Unruhe des Herzens dieselbe, die Genußliebe gleich unersättlich, der Ehrgeiz derselbe; einzig das Mittel ihrer Befriedigung ist verschieden.

Diese gegensätzlichen Einstellungen bei Volk und Heer setzen die demokratischen Gesellschaften großen Gefahren aus.

Schwindet der kriegerische Geist in einem Volk, so hört alsbald die Ehrung des Waffenhandwerks auf, und die Kriegsleute sinken auf die niedrigste Stufe der öffentlichen Beamten hinab. Sie sind wenig geachtet, und man versteht sie nicht mehr. Dann geschieht das Gegenteil dessen, was man in aristokratischen Zeitaltern sieht. Nicht mehr die bedeutendsten, sondern die geringsten Bürger treten in die Armee ein. Man gibt sich dem militärischen Ehrgeiz nur hin, wenn kein anderer mehr in Frage kommt. Das erzeugt einen unheilvollen Kreislauf, dem man nur mit Mühe entrinnt. Die Besten des Volkes meiden die militärische Laufbahn, weil sie nicht angesehen ist; und sie ist nicht angesehen, weil die Besten des Volkes ihr fernbleiben.

Es ist daher nicht erstaunlich, daß sich die demokratischen Armeen, über ihr Los oft beunruhigt, verdrossen und unzufrieden zeigen, obwohl die körperlichen Anforderungen gewöhnlich milder und die Zucht weniger streng ist als in allen anderen Armeen. Der Soldat fühlt sich in einer niedrigen Stellung, und sein gekränkter Stolz nährt in ihm vollends den Hang zum Krieg, der ihn notwendig macht, oder die Liebe zu Revolutionen, in denen er mit der Waffe in der Hand den politischen Einfluß und die persönliche Geltung zu erobern sucht, die man ihm vorenthält.

Die Zusammensetzung der demokratischen Heere macht die letzterwähnte Gefahr höchst bedrohlich.

In der demokratischen Gesellschaft besitzen fast alle Bürger Eigentum, das sie bewahren wollen; die demokratischen Heere werden aber im allgemeinen von Besitzlosen geführt. Die meisten von ihnen haben in Bürgerkriegen nicht viel zu verlieren. Die Masse des Volkes fürchtet hier natürlich Revolutionen weit mehr als in den Zeitaltern der Aristokratie; die Führer der Armee jedoch fürchten sie weit weniger.

Da überdies in den demokratischen Völkern, wie ich früher gesagt habe, die reichsten, gebildetsten, fähigsten Bürger kaum die militärische Laufbahn einschlagen, so bildet die Armee als Ganzes zuletzt eine kleine Nation für sich, wo die Intelligenz weniger verbreitet ist und die Gewohnheiten derber sind als in der großen Nation. Nun verfügt aber diese unkultivierte kleine Nation über die Waffen, und sie allein weiß sie zu gebrauchen.

Was tatsächlich die Gefahr erhöht, welcher die kriegerische und draufgängerische Haltung der Armee die demokratischen Völker aussetzt, ist die friedliche Gesinnung der Bürger; es gibt nichts Gefährlicheres als ein Heer inmitten eines unkriegerischen Volkes; die übergroße Ruheliebe aller Bürger liefert die Verfassung täglich dem Belieben der Soldaten aus.

Dokument 19

Christian L. Lange: Abrüstung. in: Die Friedens-Warte, Polygraph-Verlag, Jg. 25, Januar 1925, S. 2

Die Staaten können es nicht riskieren, der Herrschaft ihrer Rivalen deshalb ausgesetzt zu sein, weil diese stärker bewaffnet sind als sie selbst. So entsteht ein Räderwerk der Militarisierung: Ein Staat vermehrt seine Rüstung; die anderen gehen mehr oder weniger gezwungen mit. Die paradoxe Lage entsteht, daß die Rüstungen eines einzelnen Staates durch diejenigen seiner Nachbarn oder durch die Rüstungen, die ihn bedrohen, bestimmt werden.

Dokument 20

Jean-Jacques Rousseau: Urteil über den Ewigen Frieden, 1750/1782, in: Kurt von Raumer: Ewiger Friede. Friedensrufe und Friedenspläne seit der Renaissance, Freiburg und München: Alber 1953, S. 372–373

Unaufhörlich durch den äußeren Anschein der Dinge getäuscht, würden die Herrscher diesen Frieden ablehnen, selbst wenn sie seine Vorteile erwägen – was aber geschähe, wenn sie diese durch ihre Minister erwägen ließen, deren Interessen stets denen des Volkes und meist auch denen des Herrschers entgegengesetzt sind? Die Minister brauchen den Krieg, um sich unentbehrlich zu machen, um den Herrscher in Schwierigkeiten zu stürzen, aus denen er sich nicht ohne ihre Hilfe befreien kann, und um eher den Staat zugrunde zu richten, falls es nötig ist, als ihr Amt zu verlieren. Sie brauchen ihn, um das Volk unter dem Vorwand öffentlicher Bedürfnisse zu bedrücken, sie brauchen ihn, um ihren Kreaturen einen Posten zu verschaffen, an den Geschäften zu verdienen und sich im geheimen tausend widerliche Vorteile zu verschaffen. Sie brauchen ihn, um ihre Leidenschaften zu befriedigen und sich gegenseitig zu vertreiben. Sie brauchen ihn, um sich des Herrschers zu bemächtigen, indem sie ihn dem Hofe entführen, wenn dort gefährliche Ränke gegen sie geschmiedet werden. Durch den ewigen Frieden würden sie all diese Hilfsmittel verlieren. Und die Öffentlichkeit hört nicht auf, zu fragen, warum sie diesen Plan nicht angenommen haben, wenn er möglich ist. Sie erkennt nicht, daß dieser Plan keine andere Unmöglichkeit enthält, außer daß er von ihnen angenommen wird. Was werden sie also tun, um das zu verhindern? Das, was sie stets getan haben, sie werden ihn lächerlich machen.

Dokument 21

Jean Baptiste Say: Ausführliches Lehrbuch der praktischen politischen Oekonomie. Deutsch mit Anmerkungen von Max Stirner, Bd. 2, Leipzig, Wigand 1845, S. 378

Geheime und eingestandene Gründe haben die europäischen Mächte bestimmt, ihre Kolonien in Unterthänigkeit zu erhalten. Die Unterthänigkeit giebt Veranlassung zur Ernennung vieler Beamten in der Civilgerichts- und religiösen Verwaltung der Provinz. Viele Personen suchen auf der Bahn der Stellen und Aemter ihren Weg zu machen, wo oft die Gunst zum Ziele führt, während der Erfolg auf der industriellen Bahn nur der Lohn verständigen Benehmens und ausdauernder Thätigkeit ist. Die, welche Stellen vertheilen und die, welche Stellen nachsuchen, haben also ein gleiches Interesse, einen Zustand der Dinge zu erhalten, der ihren Interessen angemessen ist; sie gebrauchen ihren Geist, wenn sie Geist haben, zur Vertheidigung desselben durch Scheingründe, welche einem Publikum, das in der politischen Oekonomie nicht bewandert ist, unwiderleglich scheinen. Sie verführen dadurch unbetheiligte Personen und selbst manche, welchen ein vernünftigeres System einen positiven Vortheil bringen würde. Eine Regierung, welche ihre Gewalt mehr als das Publikum liebt, neigt zu einem System hin, welches eine größere Entwicklung der Militair- und Seemacht zur Folge hat.

Solche Vortheile macht man allerdings nicht öffentlich geltend, weil das Publikum weiß, daß sie auf seine Kosten errungen wer- den. Aber man hebt die vorausgesetzten allgemeinen und dem ganzen Lande günstigen Vortheile hervor.

Dokument 22

Bayard Hale, in: ‚World's Work', Februar 1901, zitiert nach Norman Angell: Die große Täuschung, Leipzig, Dietrich 1910, S. 249

Sprechen vom Krieg, wenn auch ins Blaue hinein, ist geeignet, zu Krieg zu führen. Werden zwei Nationen Tag für Tag mit dem Gedanken an Kampf vertraut, so wird es mit Wundern zugehen, wenn es nicht schließlich zum Kampf kommt. Beschäftigt man sie täglich zwei oder drei Jahre lang mit der Erörterung des Dinges, und mag auch dessen Möglichkeit äußerlich verneint werden, so wird das Ding schon eher möglich. Erörtern Sie die Ursachen von Krieg unter Verneinung ihrer Existenz – und Sie rufen dieselben hervor. Ich will sagen, daß es belanglos ist, daß Sie immerfort den Krieg für unmöglich erklären; es genügt, daß Sie immerfort davon reden. Es kommt nicht darauf an, was über einen Gegenstand gesagt wird, sondern darauf, daß an denselben stets gedacht wird. Er wird so zu einer Zwangsvorstellung. Jenseits der Bewußtseinsschwelle geht ein Prozeß vor sich, welcher zu einem Schluß führt, mit dem das verstandesmäßige Denken nichts zu tun hat. Jeder Zwischenfall bekommt eine besondere Bedeutung. Die Ereignisse werden unter einem Gesichtswinkel beurteilt, der, obwohl unbewußt, zu einer fixen Idee wird. Jedermann späht unbewußt nach einer Kränkung... Der Volksgeist ist auf eine Gefühlskrise vorbereitet, die durch den ersten besten banalen Zwischenfall ausgelöst werden kann, auf einen nationalen „Gehirnsturm", in dessen leidenschaftlicher Glut die mörderische Tat bald vollbracht ist. Darin ist nichts an den Haaren Herbeigezogenes oder Eingebildetes; vielmehr ergeht es den Völkern genau so in den meisten Fällen...

Dokument 23

Immanuel Kant: Zum Ewigen Frieden, Werke (Ed. Wilhelm Weischedel) Bd. 6, Wissenschaftl. Buchgesellschaft, Darmstadt 1964, S. 226

So wie die Natur weislich die Völker trennt, welche der Wille jedes Staats, und zwar selbst nach Gründen des Völkerrechts, gern unter sich durch List oder Gewalt vereinigen möchte: so vereinigt sie auch andererseits Völker, die der Begriff des Weltbürgerrechts gegen Gewaltlosigkeit und Krieg nicht würde gesichert haben, durch den wechselseitigen Eigennutz. Es ist der *Handelsgeist,* der mit dem Kriege nicht zusammen bestehen kann, und der früher oder später sich jedes Volks bemächtigt. Weil nämlich unter allen, der Staatsmacht untergeordneten Mächten (Mitteln) die *Geldmacht* wohl die zuverlässigste sein möchte, so sehen sich Staaten (freilich wohl nicht eben durch Triebfedern der Moralität) gedrungen, den edlen Frieden zu befördern, und, wo auch immer in der Welt Krieg auszubrechen droht, ihn durch Vermittelungen abzuwehren, gleich als ob sie deshalb im beständigen Bündnisse ständen; denn große Vereinigungen zum Kriege können, der Natur der Sache nach, sich nur höchst selten zutragen, und noch seltener glücken.

Dokument 24

James Mill: Essays (Reprints from the Supplement to the Encyclopedia Britannica, London o. J. S. 31). Hier zitiert nach dem Abdruck bei Klaus E. Knorr: British Colonial Theories 1570–1850, University of Toronto Press, Toronto 1944, S. 254 ff. (übersetzt vom Autor)

Wenn Kolonien so wenig imstande sind, irgendwelchen Vorteil den Ländern zu bringen, die sie besitzen, stellt sich eine sehr wichtige Frage von selbst. Aus welchem Grund entdecken Staaten, zumindest die Staaten des modernen Europa, eine so große Zuneigung zu ihnen. Kann diese Zuneigung völlig den mißverstandenen Ansichten über ihren Wert beigemessen werden oder teilweise anderen Gründen?... Es darf niemals vergessen werden, daß es in jedem Land die „Wenigen" und die „Vielen" gibt; daß in allen Ländern, in denen die Regierung nicht sehr gut ist, das Interesse der „Wenigen" dem Interesse „der Vielen" übergeordnet ist (prevails) und zu ihren Lasten gefördert wird. „Die Wenigen" sind der Teil, der regiert; „Die Vielen" sind der Teil, der regiert wird. Es liegt im Interesse der „Wenigen", daß Kolonien unterhalten werden sollen.

Dokument 25

John Stuart Mill: Grundsätze der politischen Ökonomie nebst einigen Anwendungen auf die Gesellschaftswissenschaft. Aus dem Englischen übersetzt und mit Zusätzen versehen von A. Soetbeer. Bd. 2, Fues, Hamburg 1852, S. 35

Endlich hat der Handel zuerst die Nationen gelehrt, den Wohlstand und das Gedeihen anderer Völker ohne Mißgunst zu betrachten. Früher wünschte ein Patriot, alle Länder möchten schwach, arm und schlecht regiert sein, sein Vaterland ausgenommen; jetzt sieht er ein, daß der Wohlstand und die Fortschritte anderer Länder eine Quelle des Wohlstandes und der Fortschritte seines eigenen Landes abgeben. Es war vergeblich, Gefühle der Brüderlichkeit unter den Menschen nur durch moralischen Einfluß zur Geltung zu bringen, so lange nicht zugleich das Bewußtsein der Gemeinschaftlichkeit der Interessen begründet werden konnte; und dieses Bewußtsein verdankt man dem Handel. Der Handel ist es, welcher rüstig zu Werke geht, um Kriegführung in Vergessenheit zu bringen, indem er die versöhnlichen Interessen, welche in natürlicher Opposition gegen den Krieg stehen, mehr und mehr stärkt und vervielfältigt. Und weil aller Wahrscheinlichkeit nach Krieg jetzt das alleinige Ereignis ist, welches das Fortschreiten der menschlichen Entwicklung für längere Zeit wieder zurückdrängen könnte, so darf man ohne Uebertreibung behaupten, daß die große und rasche Zunahme des internationalen Handels, indem sie die hauptsächliche Garantie des Weltfriedens ist, zugleich die große dauerhafte Sicherheit gewährt für das ununterbrochene Fortschreiten der Ideen, Staatseinrichtungen und des Charakters des Menschengeschlechts.

Dokument 26

Joseph A. Schumpeter: Zur Soziologie der Imperialismen, in: Archiv für Sozialwissenschaft und Sozialpolitik, Bd. 46, 1919, S. 275–310. Hier benutzt nach dem Abdruck in Schumpeter: Aufsätze zur Soziologie, Mohr, Tübingen 1953, S. 123–126

Eine rein kapitalistische Welt könnte daher kein Nährboden für imperialistische *Impulse* sein. Sie kann deshalb noch immer imperialistische Expansions*interessen* haben. Darauf kommen wir sofort. Aber ihre Menschen müßten essentiell unkriegerisch disponiert sein. Folglich ist zu erwarten, daß sich antiimperialistische Tendenzen zeigen überall dort, wo der Kapitalismus in die Wirtschaft und durch die Wirtschaft in die Psyche der modernen Völker eingedrungen ist, und zwar dort am stärksten, wo er am weitesten vordrang und den schwächsten Widerständen begegnete, vor allem dort, wo seine Typen und damit die Demokratie – im „bürgerlichen" Sinn – politischer Herrschaft am nächsten kam. Ferner, daß die vom Kapitalismus geformten Typen auch tatsächlich die Träger dieser Tendenzen sind. Ist das der Fall? Die folgenden Tatsachen können für diese aus unserer Theorie sich ergebende Erwartung angeführt werden.

Erstens: In der Welt des Kapitalismus und unter den vom Kapitalismus geformten Elementen des modernen sozialen Lebens ist überall eine prinzipielle Gegnerschaft gegen Krieg, Expansion, Kabinettsdiplomatie, Rüstungen, Berufssoldatentum und dessen soziale Position entstanden. Sie ging aus von dem Land, das zuerst kapitalistisch wurde und entstand zu der Zeit, da es in die kapitalistische Entwicklung einlenkte – England. Der „philosophische Radikalismus" war die erste literarische *Gruppe* von politischem Einfluß, die diese Richtung und zwar in bezeichnendem Zusammenhang mit Wirtschaftsfreiheit im allgemeinen und Freihandel im besondern vertrat und zweifellosen politischen Erfolg hatte. Molesworth war der erste europäische Politiker seit der Bildung der Nationalstaaten, der Minister werden konnte, nachdem er – bei der kanadischen Revolution – öffentlich erklärt hatte, er flehe die Niederlage auf die Waffen seines Vaterlandes herab. Pari passu mit dem Vordringen des Kapitalismus[24] gewann

---

[24] Natürlich ist diese Parallelität nicht bis zu jedem Einzelfall zu verfolgen. Sowohl die einzelne Gedankenrichtung wie das einzelne Land hat zuviel individuelle Züge, als daß man das erwarten könnte. Kant z. B. kam gewiß nicht aus einer sehr kapitalistischen Welt – obgleich englische Einflüsse bei ihm stark wirksam sind. Sein Fall gibt übrigens Anlaß darauf hinzuweisen, daß wir unsre Behauptungen von *allen* vom Kapitalismus geformten Typen, nicht etwa – was ein ganz bedauerliches Mißverständnis wäre – ausschließlich oder vornehmlich von den kapitalistischen Klassen im Sinn von besitzenden Klassen – also im Sinne der „Kapitalistenklasse" – meinen. Betont sei ferner in diesem Zusammenhang, daß der Utilitarismus weder seinem Ursprung noch seinen sozialen Tendenzen nach eine Kapitalistenphilosophie war – wenngleich eine

diese Bewegung auch anderwärts – zunächst einflußlose – Anhänger. Sie fand eine Stätte z.B. in Paris in einem sogar unternehmerkapitalistisch orientierten Kreis (Frederic Passy u.a.). Prinzipiellen Pazifismus hat es schon früher gegeben, aber nur innerhalb einiger kleiner religiöser Sekten – der moderne Pazifismus ist zweifellos, wenn nicht der Abstammung jeder seiner Ideen so doch seiner politischen Basis nach, eine Erscheinung der kapitalistischen Welt.

Zweitens: Überall, wohin der Kapitalismus drang, entstanden so starke Friedensparteien, daß nahezu jeder Krieg einen innerpolitischen Kampf bedeutete. Die Ausnahmen sind selten. [...] Der Imperialismus der in ferner Vergangenheit keines Mantels, der im absoluten Fürstenstaat nur einer sehr durchsichtigen Hülle bedurfte, tritt jetzt weit von der Öffentlichkeit zurück – mag immer daneben noch ein unoffizieller Appell an kriegerische Instinkte erfolgen. Kein Volk und keine herrschende Schicht kann heute

---

kapitalistische, d. h. eine nur in der Welt des Kapitalismus mögliche Philosophie. Die Kapitalistenklasse in ihrer Majorität hat ihn ja von seinen ersten Anfängen an bis zu seinem Höhepunkt beim jüngern Mill auch in England glatt abgelehnt, genau so energisch wie der Großgrundbesitz. Das wird nur deshalb immer wieder ignoriert, weil er scheinbar so gut zur Praxis des Bourgeois paßt. Aber das tut er nur, solange man sein journalistisches Zerrbild mit seinem Wesen verwechselt und von ihm nicht viel mehr weiß, als sein Name anzudeuten scheint. In Wirklichkeit zeigt er eine unverkennbare Beziehung zum Sozialismus, sowohl seinen Denkmethoden, als auch seiner sozialen Einstellung und vielen seiner praktischen Forderungen nach. Er ist ein Kind der kapitalistischen Entwicklung, aber keineswegs auch des kapitalistischen Interesses. Pazifismus nun folgt aus ihm, wenngleich nicht bloß aus ihm. Die pazifistischen Tendenzen der Gegenwart wurzeln zu einem großen Teil anderswo, vor allem auch in christlichen Gedankenreihen. Die waren natürlich schon vor der kapitalistischen Aera da. Aber erst in der kapitalistischen Welt konnten sie in dieser Richtung wirksam werden. Leider ist es unmöglich, diese Dinge hier auszuführen und so unsere Auffassung vor den ihr drohenden Mißverständnissen ausreichend zu bewahren.

offen den Krieg als Normalzustand oder als normales Element des Völkerlebens betrachten. Niemand zweifelt daran, daß er heute als eine Abnormität und ein Unglück bezeichnet werden muß. [...] Frieden als Selbstzweck – wenn auch nicht als ein Selbstzweck, der alle durch Krieg realisierbaren Zwecke überschattet – ist offiziell überall anerkannt. Jedes Expansionsstreben muß sorgfältig auf ein konkretes Ziel hypostasiert werden. Das alles betrifft gewiß zunächst nur die Phraseologie der Politik. Aber die Notwendigkeit dieser Phraseologie ist ein Symptom der Disposition der Leute.

Und diese Disposition erschwert imperialistische Politik mehr und mehr – wie denn auch das Wort „Imperialismus" nur als Vorwurf für den Feind gebraucht, in Anwendung auf die eigene Politik aber ängstlich gemieden wird.

Drittens: Der vom Kapitalismus geschaffene Typus des industriellen Arbeiters ist überall energisch antiimperialistisch. Mag geschickte Agitation den Arbeitermassen im einzelnen Fall Zustimmung oder Neutralität entreißen – wobei stets konkrete Ziele und vor allem das Verteidigungsinteresse die Hauptrolle spielen müssen – nie geht eine Initiative zu gewaltsamer Expansionspolitik von ihnen aus. In diesem Punkt formuliert der offizielle Sozialismus zweifellos nicht nur die Interessenlage, sondern auch den bewußten Willen der Arbeiter. Sozialistischen oder überhaupt Arbeiterimperialismus gibt es noch weniger als Bauernimperialismus.

Viertens: Trotz offenkundigen Widerstrebens machtvoller Faktoren haben sich in der kapitalistischen Epoche Methoden der Kriegsverhinderung, der friedlichen Beilegung von Differenzen zwischen den Staaten ausgebildet, die eben wegen dieses Widerstrebens nur aus der Mentalität der kapitalistischen Lebensform erklärt werden können und die den imperialistischen Tendenzen die Anlässe schmälern, deren sie heute nicht entraten können, um wirksam zu werden. Diese Methoden versagen oft, aber sie bewähren sich noch öfter. Ich denke dabei nicht bloß an den Haager

Schiedshof, sondern auch an die immer weniger vermeidbare Prüfung von Streitpunkten durch diplomatische Konferenzen aller Großstaaten oder doch der beteiligten. Gewiß kann das im einzelnen Fall zur Farce gemacht werden. Aber der gewaltige Rückschlag von heute darf uns weder über die Größe der realen Bedeutung noch über den soziologischen Sinn dieser Dinge täuschen.

Fünftens: Unter allen kapitalistischen Wirtschaften ist die der Vereinigten Staaten am wenigsten mit vorkapitalistischen Elementen, Tatbeständen, Reminiszenzen und Machtfaktoren belastet. Zwar können wir auch dort nicht völliges Fehlen imperialistischer Tendenzen zu finden erwarten, weil die Leute von Europa geformt hinüberkamen und das Milieu zum Aufleben von Kampfinstinkten gewiß Anlaß bot. Aber wir werden vermuten, daß von allen Ländern die Vereinigten Staaten den schwächsten Imperialismus aufweisen. Und so ist es auch.

Dokument 27

Internationaler Sozialisten-Kongreß Stuttgart 1907, vom 18. bis 24. August, Buchhandlung Vorwärts, Berlin 1907, S. 64–65

RESOLUTION DER KOMMISSION.

Der Kongreß bestätigt die Resolutionen der früheren internationalen Kongresse gegen den Militarismus und Imperialismus und stellt aufs neue fest, daß der Kampf gegen den Militarismus nicht getrennt werden kann von dem sozialistischen Klassenkampf im ganzen.

Kriege zwischen kapitalistischen Staaten sind in der Regel Folgen ihres Konkurrenzkampfes auf dem Weltmarkt, denn jeder Staat ist bestrebt, sein Absatzgebiet sich nicht nur zu sichern, sondern auch neue zu erobern, wobei Unterjochung fremder Völker und Länder eine Hauptrolle spielt. Diese Kriege ergeben sich weiter aus den unaufhörlichen Wettrüstungen des Militarismus, der ein Hauptwerkzeug der bürgerlichen Klassenherrschaft und der wirtschaftlichen und politischen Unterjochung der Arbeiterklasse ist.

Begünstigt werden die Kriege durch die bei den Kulturvölkern im Interesse der herrschenden Klassen systematisch genährten Vorurteile des einen Volkes gegen das andere, um dadurch die Massen des Proletariats von ihren eigenen Klassenaufgaben sowie von den Pflichten der internationalen Klassensolidarität abzuwenden. Kriege liegen also im Wesen des Kapitalismus; sie werden erst aufhören, wenn die kapitalistische Wirtschaftsordnung beseitigt ist oder wenn die Größe der durch die militärtechnische Entwickelung erforderlichen Opfer an Menschen und Geld und die durch die Rüstungen hervorgerufene Empörung die Völker zur Beseitigung dieses Systems treibt.

Daher ist die Arbeiterklasse, die vorzugsweise die Soldaten zu stellen und hauptsächlich die materiellen Opfer zu bringen hat, eine natürliche Gegnerin des Krieges, der im Widerspruch zu ihrem Ziele steht: Schaffung einer auf sozialistischer Grundlage beruhenden Wirtschaftsordnung, die die Solidarität der Völker verwirklicht.

Dokument 28

Karl Kautsky: Krieg und Demokratie. Eine historische Untersuchung und Darstellung ihrer Wechselwirkungen in der Neuzeit. Erstes Buch: Revolutionskrieg, Dietz, Berlin 1932, S. 75-79

Die Ausbeuter sind nie zufrieden mit dem Ertrag ihrer Ausbeutung. Wir haben schon gesehen: Wo der große Grundbesitz das Hauptmittel der Ausbeutung ist, trachten die herrschenden Klassen eines Staates stets danach, sein Gebiet auszudehnen. Sowohl der Kriegsadel wie die Fürsten streben danach. Ebenso auch ihre Werkzeuge, wenigstens die leitenden unter ihnen, die Offiziere der Armee, die höheren Bürokraten, denen ein siegreicher Krieg Beförderungen und Gehaltserhöhungen verheißt.

Anders diejenigen Klassen, die nur von dem Ertrag der eigenen Arbeit leben – darunter auch die Intellektuellen, soweit sie nicht Schmarotzer der Ausbeuter und Teilhaber an ihrer Ausbeutung oder selbst Ausbeuter sind, wie es zum Beispiel die Kirche im Feudalstaat als größter Feudalherr war.

Für die arbeitenden Klassen tritt höchst selten die Notwendigkeit ein, das Gebiet des von ihnen bewohnten Staates zu erweitern. *Übervölkerung* mag eine solche Notwendigkeit hervorrufen. Sie kann eintreten, wenn die Sterblichkeit sinkt, Kriege, Seuchen, Hungersnot aufhören, die Bevölkerung zu dezimieren. In den alten Gewaltstaaten kam das höchst selten vor. Die meisten unter ihnen sind an Entvölkerung zugrunde gegangen. Immerhin konnte sich zeitweise Übervölkerung mancher Gebiete einstellen. Dann wurde der Überschuß der Bevölkerung, für den in der Heimat kein Platz mehr war, ausgeschickt, sich eine neue Heimat zu erobern. Derartige Kolonialgründungen kommen im Altertum häufig vor. Doch bedeuten sie in der Regel nicht eine Ausdehnung des alten Staates. Die Kolonien werden selbständige Gemeinwesen. [...]

Sobald das Industriekapital aufkommt, ist die Auswanderung eines Bevölkerungszuwachses nicht mehr notwendig. Die neue Industrie entwickelt in so hohem Maße die Mittel des Massenverkehrs, daß die Möglichkeit besteht, den Bevölkerungszuwachs im Lande zu behalten und durch Lebensmittel zu ernähren, die aus dem Ausland eingeführt werden. Bezahlt werden sie mit Industrieprodukten, die der Bevölkerungszuwachs erzeugt...

Aber das industrielle Kapital bedarf ebenfalls solcher Ausdehnung nicht. Wie jede Ausbeuterklasse sind auch die industriellen Kapitalisten von stetem Drang erfüllt, das Gebiet ihrer Ausbeutung auszudehnen. Ihre Ausbeutungsmethoden sind jedoch nicht die des Sklavenhalters und des Feudalherrn, und daher bedürfen sie nicht steter Ausdehnung des Staatsgebietes. Die nächstliegende Methode, das Ausmaß der Ausbeutung zu vergrößern, besteht in der Erpressung erhöhter Arbeitsleistung der Unterworfenen und Herabdrückung des ihnen verbleibenden Anteils am Arbeitsprodukt. Diese Methode haben die industriellen Kapitalisten mit den ihnen vorhergehenden Ausbeuterklassen gemein. Sie führt, wie wir schon früher bemerkt haben, zum schließlichen Untergang des Staates.

Auch die Herrschaft des industriellen Kapitals hätte in den entwickelten Industriestaaten bereits wegen Aussterbens seiner Arbeiterklasse ein Ende gefunden, wenn ihm nicht noch andre Mittel zur Vermehrung seiner Ausbeutung zur Verfügung ständen als Vermehrung der Arbeitsqual und des Hungerdaseins seiner Arbeiter oder die Gewinnung neuer Ausbeutungsgebiete durch Eroberungskriege.

Was keine der Ausbeutungsmethoden vor ihm vermochte, das wird dem industriellen Kapital möglich: Ohne absolute Verelendung, ja bei absoluter Hebung seiner Arbeitskräfte, vermag es die Ausbeutung zu steigern, durch Vermehrung der Produktivität ihrer Arbeit als Folge naturwissenschaftlichen und daraus folgenden technischen Fortschritts und der Möglichkeit, ihn in der Produktion anzuwenden, was fast nur bei freier, nicht bei gewaltsam erzwungener Arbeit erreichbar ist.

Diese Methode, den Grad der Ausbeutung zu steigern, findet keine Grenzen in der natürlichen Arbeitskraft des Menschen. Sie kennzeichnet das Regime des industriellen Kapitals, verleiht ihm seine sieghafte Kraft gegenüber allen vorhergehenden Produktionsweisen, ermöglicht es, daß der Reichtum der Kapitalisten stetig in ungeheuerlichem Maße anschwillt, indes gleichzeitig auch ihr Luxuskonsum eine schwindelhafte Größe erreicht und die Arbeiterschaft doch in der Lage ist, nicht nur sich zu behaupten, sondern sogar sich beständig zu vermehren und dabei ihre Lebenshaltung zu heben.

Schon das macht die Eroberungspolitik als Mittel, das Ausmaß der geübten Ausbeutung zu steigern, für das industrielle Kapital überflüssig.

Der Kapitalist sucht freilich die Masse des Mehrwerts, die er gewinnt, nicht bloß dadurch zu vergrößern, daß er den Überschuß steigert, der im Wert des Produkts des *einzelnen Arbeiters* über den Betrag seines Arbeitslohnes hinaus steckt. Er trachtet danach, auch die *Zahl* der von ihm Ausgebeuteten zu vermehren. Doch dazu bedarf er ebenfalls nicht der Eroberung neuer Gebiete.

In den vorkapitalistischen Ausbeutungsweisen überwiegt bei weitem die Landwirtschaft. Das ihr zur Verfügung stehende Gebiet ist in jedem Staate beschränkt. Und bei gegebener Technik ist damit auch die Zahl der Arbeitskräfte begrenzt, die sie beschäftigen kann. Eine erhebliche Vermehrung der Zahl der landwirtschaftlich ausgebeuteten Arbeitskräfte ist da nur möglich durch Ausdehnung des den Ausbeutern zur Verfügung stehenden Gebiets.

Auch von diesem Standpunkt aus stoßen wir wieder auf den Drang der großen Ausbeuter – und das sind in den vorkapitalistischen Produktionsweisen vornehmlich die Großgrundbesitzer –, das Gebiet ihres Staates zu erweitern, was die Anwendung kriegerischer Gewalt erheischt.

Die industriellen Kapitalisten haben das nicht notwendig. Sie ziehen ihre Mehrwerte vor allem aus der Industrie. Deren Betriebe lassen sich aber praktisch endlos im Staate vermehren, sie finden keine Grenze. Auf diese Weise läßt sich die Masse der von ihnen eingesackten Profite steigern ohne Verschlechterung der Lage der Arbeiter und selbst bei gleichbleibender Technik und gleichbleibendem Grad der Ausbeutung des einzelnen Arbeiters. Die Zahl der Arbeitskräfte wird in der Industrie ununterbrochen gesteigert – während sie in der Landwirtschaft abnimmt. Sie wird gesteigert teils durch *Vermehrung,* aber auch durch *Vergrößerung* der Betriebe im Staate, auch wenn dessen Grenzen in keiner Weise erweitert werden.

Allerdings ist diese stete Ausdehnung der Industrie, Vermehrung der Zahl ihrer Arbeiter und Vergrößerung des Produkts des einzelnen, nicht möglich ohne ununterbrochene Ausdehnung des

Marktes, der die wachsenden Produktenmengen aufnimmt. Aber diese Ausdehnung bedarf nur einer entsprechenden Verbesserung der Verkehrsmittel und andrer Erleichterungen des Weltverkehrs, die man mit dem Namen Freihandel zusammenfassen kann. Eine Eroberungspolitik ist dazu nicht notwendig.

Der Krieg ist für das industrielle Kapital ökonomisch nicht nur nicht notwendig, sondern sogar schädlich, wenn er auch manche Produktionszweige fördert, so namentlich die Waffenindustrie. Er nimmt der Industrie ihre Arbeitskräfte, hemmt die Zufuhren von Rohmaterial und Lebensmitteln und die Ausfuhr der fertigen Industrieprodukte.

So gehört neben den andern Klassen der modernen demokratischen Bewegung auch das industrielle Kapital von Anfang an zu den Gegnern des Krieges.

Aber freilich, so unzuverlässig die Kapitalisten für die demokratische Bewegung sind, so unzuverlässig auch für die Friedensbewegung. Zeitweise jedoch haben sie die eine wie die andre stark gefördert. Es geht nicht an, unterschiedslos das Kapital als die Ursache der Kriege unserer Zeit zu bezeichnen. Das Manchestertum vertrat einen höchst energischen und aufrichtigen Pazifismus. Die heutigen Pazifisten Englands sind in hohem Grade nur die Fortsetzer dieses Teiles der Ideologie des Manchestertums, das ihr Land seit den Tagen des Kampfes gegen die Kornzölle bis in den Anfang unseres Jahrhunderts hinein beherrschte. [...]

Nur bei Verfechtern der *modernen* Demokratie – nicht aber schon bei der *antiken* – finden wir jene systematische Bekämpfung des Krieges, die unser Zeitalter kennzeichnet. Moderne Demokratie und Ablehnung des Krieges bedingen einander, entspringen den gleichen Wurzeln.

Aber mußte da nicht jeder Fortschritt der demokratischen Klassen und Schichten sowie der Demokratie selbst auch einen erhöhten Friedenszustand in der Welt bringen? Ja, mußte nicht schon der bloße Kampf um die Demokratie ein steter Kampf gegen den Krieg sein?

Was sehen wir jedoch in Wirklichkeit? Seit dem Aufkommen des industriellen Kapitals haben die demokratischen Elemente und hat die Demokratie selbst enorme Fortschritte gemacht. Aber nicht vermehrter Friede erwuchs bisher daraus, sondern nur eine Veränderung des Krieges, die ihn noch greuelvoller gestaltete als die Kriege der Feudalzeit oder des Absolutismus. An Stelle ritterlicher Fehden und dynastischer Streitigkeiten, mit kleinen Heeren ausgefochten, denen das „Zivil" fernblieb, sind ungeheure Armeen der gesamten wehrhaften Bevölkerung getreten, die Waffentechnik hat eine vernichtende Kraft erlangt, die alle Scheußlichkeiten früherer Mordbrennerei weit überbietet, und nicht bloß die bewaffneten Armeen kämpfen heute gegeneinander, sondern Volk gegen Volk. Die gesamte Bevölkerung wird in die Schrecken des Krieges hineingerissen.

Nicht die Abschaffung des Krieges hat der Fortschritt der Demokratie bisher erzielt, sondern nur, daß zu den bisherigen primitiven Arten des Krieges neue hinzugetreten sind. Zu den Eroberungskriegen und Handelskriegen von Grundherren, Kaufleuten, Dynastien gesellen sich zunächst seit dem 16. Jahrhundert Revolutionskriege, ihnen folgen Nationalkriege.

Dokument 29

Eduard Bernstein: Sozialdemokratische Völkerpolitik. Die Sozialdemokratie und die Frage Europa, Verlag „Naturwissenschaften", Leipzig 1917, S. 170–174

Wenden wir uns nun der politischen Tendenz des Freihandels zu, so ist dessen enge Verbindung mit der Friedensbewegung zu bekannt, als daß man sich noch bei ihr sollte aufhalten müssen. Indes sind hierüber so viele schiefe Urteile im Umlauf, daß einige

Feststellungen hinsichtlich des wirklichen Verhältnisses unumgänglich erscheinen.

Man weist nämlich gern auf die Tatsache hin, daß gerade das Freihandelsland England mehr Kriege geführt habe, als Länder, die den Freihandel nicht akzeptiert haben. Und wenn man selbst nicht so weit geht, hierfür einen ursächlichen Zusammenhang zu konstruieren und den Freihandel für jene Kriege verantwortlich zu machen, benutzt man den Umstand doch als Mittel, die Unfähigkeit des Freihandels hinsichtlich der Beseitigung der Kriege zu deduzieren. Indes ist diese Argumentierung nicht beweiskräftiger als die berühmte Widerlegung der Heilkraft einer Kurmethode gegen Brustleiden mit der Feststellung der Tatsache, daß ein Jüngling, der sie gebraucht habe, hinterher beim Examen durchgefallen sei.

Zunächst sind die Kriege, die England geführt hat, seit es in der Mitte des 19. Jahrhunderts zum Freihandel überging, nicht Ausflüsse seiner Handelspolitik, sondern Ausflüsse einer Kolonial- und Weltpolitik gewesen, die von der Partei des Freihandels stets bekämpft wurde. Der einzige europäische Krieg, den England von jener Zeit ab bis zum Ausbruch des jetzigen Krieges geführt hat, der Krimkrieg gegen Rußland, hatte die großen Anwälte des Freihandels, die Bright, Cobden und deren Gesinnungsfreunde zu seinen entschiedensten Gegnern; diese Leute setzten lieber ihre ganze Popularität aufs Spiel und gaben ihre Parlamentsmandate preis, als daß sie auch nur einen Penny für jenen Krieg bewilligt hätten...

Der Freihandel als Träger einer politischen Tendenz darf sich getrost der Prüfung des „An ihren Früchten sollt ihr sie erkennen" unterwerfen, sobald diese Prüfung nur mit Vernunft vorgenommen wird. Das heißt, man muß bei ihr zwischen der Betätigung der Tendenz und deren praktischen Erfolgen unterscheiden und bei Abschätzung der letzteren die Stärke der zu überwindenden Gegenkräfte gebührend in Berechnung stellen. Der Freihandel ist keine Zauberformel, die verrammelte Eisentüren mit einem

Schlage aufspringen macht. Er ist eine soziale Kraft, die durch das Beispiel und die Beharrlichkeit wirkt, mit der sie in Anwendung gebracht wird.

Die große Politik eines Landes wird durch das Spiel einer ganzen Reihe von Kräften bestimmt, deren gegenseitiges Stärkeverhältnis mit der Macht verschiedener Gesellschaftsklassen und unter dem Einfluß äußerer Umstände wechselt. Man kann also nicht eine einzelne Kraft für ihre Wandlungen verantwortlich machen. Was man aber in bezug auf jede einzelne Kraft tun kann und als Politiker auch soll, ist, ihr besonderes Walten und Wirken in diesem Spiel der Kräfte zu verfolgen. Das ist in bezug auf den Freihandel als politische Kraft nur möglich durch ein Studium der Geschichte der Parteien des Freihandels. Sie aber zeigt uns diese Parteien überall als die Parteien des Friedens, und zwar als um so energischere und konsequentere Verfechter der Friedenspolitik, mit je größerer Festigkeit und folgerichtiger Anwendung sie die Politik des Freihandels hochhielten. Eine Parallelität, die nur die natürliche Folge des Umstandes ist, daß dem Freihandel die Friedenspolitik als *notwendige* Tendenz innewohnt. Wer die Zollschranken zwischen den Nationen niederreißen will, muß auch Ungleichheiten im Recht der Staaten und Völker bekämpfen, die zu Kriegen Anlaß geben und sie für den Sieger vorteilhaft gestalten. Wo keine Zollschranken sind, verliert das Streben nach Angliederung fremder Landesteile seine Zugkraft im Volke, es sei denn, daß es sich dabei um die Befreiung unterdrückter Volksgenossen handelt...

Wenn die Freihandelsbewegung im England der ersten Hälfte des 19. Jahrhunderts vorwiegend von Fabrikanten und Großhändlern geleitet wurde und die meisten ihrer tonangebenden Vertreter zugleich Anwälte der Lehre vom sozialpolitischen Gehenlassen waren, so konnte dieses zeitweilige Zusammentreffen sie damals als eine Angelegenheit erscheinen lassen, die im wesentlichen bloß die Bourgeoisie angehe. Daran ist aber nur soviel richtig, daß der Freihandel kein spezielles Interesse der Arbeiterklasse ist. Er ist überhaupt nicht das Interesse einer einzelnen Gesellschaftsklasse, er kann nur zeitweilig als wirtschaftspolitische Maßnahme mehr im Interesse einzelner Klassen liegen als in dem anderer, das Sonderinteresse bestimmter Klassen verletzen und für bestimmte Klassen gleichgültig sein. Aber er ist eben nicht lediglich wirtschaftspolitische Maßregel. Er ist eine Richtschnur der Völkerpolitik und greift als solche weit über das Interesse einzelner Klassen hinaus. Er zielt darauf ab, die Handelsbeziehungen zwischen den Nationen beständig zu mehren, immer engere Verbindungen zwischen Volk und Volk sich entwickeln zu lassen, die internationale Arbeitsteilung immer organischer zu gestalten, und durch alles das ist er mit Notwendigkeit Friedenspolitik. Diesem inneren Zusammenhang ist es auch zuzuschreiben, daß die Friedensbewegung in bezug auf die Zahl ihrer Anhänger und die Kraft in der Geltendmachung ihrer Ideen bürgerlicherseits in keinem Lande so starke Vertretung gefunden hat wie in England, das zuerst den Freihandel bei sich durchgeführt hat. Diejenigen Parlamentarier des heutigen England, die noch im gegenwärtigen Krieg mit einer auf dem Festland unbekannten Unerschrockenheit die Sprache des Friedens sprechen, die W. P. Byles, Leonard Courtney (jetzt Lord Courtney), Robert Reid (jetzt Lord Loreburn) usw. sind hervorragende Wortführer der englischen Freihandelspartei.

Dokument 30

J. E. Meade: Economic Basis of a Durable Peace, Oxford University Press, Oxford 1940, S. 389–390 (übersetzt von Rudolf Witzel)

...Die internationale Zentralbank sollte folgende Kompetenzen (power) haben:

1. Die Kompetenz, die Ausgabe einer internationalen Währung dergestalt zu regulieren, daß der Beginn einer wirtschaftlichen

Depression bekämpft wird und „die ausschlaggebende (ultimate) Kompetenz der Kontrolle über das gesamte Geldangebot innerhalb der Mitgliedstaaten".

2. Die alleinige Kompetenz, Wechselkurse zu verändern.
3. Kompetenz zur Teilnahme an Offen-Markt-Geschäften.
4. Kompetenz, die Verwendung von nationalen Fonds zum Währungsausgleich zu verbieten.
5. Kompetenz, Vertreter zu den nationalen Außenhandelsbehörden von Mitgliedern mit Planwirtschaften zu entsenden. Diese Vertreter würden die letzte Entscheidung über die Beschlüsse solcher nationalen Körperschaften besitzen.
6. Kompetenzen zur Überwachung der Operationen von „verschiedenen Körperschaften, die bereits Preise, Produktion, Verkauf oder Exporte von verschiedenen Grundstoffen kontrollieren...".
7. Kompetenzen, um jeden Mitgliedsstaat an der Verhängung eines Embargos über Auslandsanleihen, den Erwerb ausländischer Aktien oder anderer Formen auswärtigen Eigentums zu hindern, und weitere Kompetenzen im Bereich internationaler Kapitalbewegungen.
8. Kompetenz zum Verbot jenes Typs von Handelssystem, das Außenhandelskontrollen und Clearing-Abkommen einsetzt.
9. Kompetenz zur Überwachung von Außenhandelskontrollen, die gegen spekulative Kapitaltransfers und Export-Import-Kontrollen gerichtet sind.
10. Kompetenz zur Durchsetzung des Prinzips der „offenen Tür", das durch die Übergabe der Kolonien an eine internationale Autorität zum Zweck der eigentlichen Verwaltung durch eine kompetente internationale Körperschaft gesichert werden könnte.
11. Kompetenz zur Überwachung internationaler Kartelle.

12. Kompetenz, abgestuft die Lockerung von Restriktionsbestimmungen als dauerhafte Methode zur Aufrechterhaltung der Einkommen der Rohstoffproduzenten durchzusetzen.
13. Kompetenz zur Sicherung der Freizügigkeit. Die internationale Autorität könnte eine Armee-, und Polizei- und Steuergewalt besitzen.
14. Kompetenz zur Errichtung einiger effektiver Wege zur Gewährleistung kollektiver Sicherheit.

...

Dokument 31

Albert O. Hirschman: National Power and the Structure of Foreign Trade, University of California Press, Berkeley und Los Angeles 1969 (ursprünglich 1945), S. 79–80 (übersetzt von Rudolf Witzel)

...Die Schlußfolgerungen, die wir gezogen haben, sind weit davon entfernt, revolutionär zu sein. Aber unser Beitrag zu dem wachsenden Strom von Angriffen gegen nationale wirtschaftliche Souveränität fußt nicht nur auf der weitverbreiteten Opposition gegen die unbestreitbaren Übel des wirtschaftlichen Nationalismus: Er geht noch mehr von der eindeutigen Erkenntnis der *Gefahren aus, die mit expandierendem Handel verbunden sind, wenn dieser Handel nach streng getrennten nationalen Gesichtspunkten organisiert ist.* Der wirtschaftliche Nationalismus erhält einen seiner hauptsächlichen Antriebe aus dieser Gefahr; aus der Angst, das nationale Wohlergehen Faktoren anzuvertrauen, die jenseits nationaler Kontrolle liegen.

In der gegenwärtigen organisatorischen und institutionellen Ausrichtung des internationalen Handels ist daher die Wahl, mit der wir konfrontiert sind, sehr unvorteilhaft: Einerseits erhöht ein Absinken des Handels aufgrund von Beschränkungen die Wahrscheinlichkeit von nationalen Eifersüchten und Wünschen nach territorialer Expansion, während anderseits gesteigerter Handelsverkehr größere Möglichkeiten bietet, den Handel als ein Instrument militärischer Vorbereitung, wirtschaftlicher Druckausübung und Erpressung zu benutzen. Wenn wir von der fruchtlosen Alternative zwischen Autarkie und „wirtschaftlicher Penetration" zu der Errungenschaft internationaler wirtschaftlicher Zusammenarbeit gelangen wollen, muß die ausschließliche Kompetenz zur Organisation, Regulierung und Beeinflussung des Handels aus den Händen einzelner Nationen genommen werden. Sie muß einer internationalen Autorität übertragen werden, die in der Lage ist, diese Kompetenz als Sanktion gegen einen Aggressorstaat einzusetzen.

Um zu einer Internationalisierung der Kompetenz, die aus dem Handel entsteht, zu gelangen, müssen zwei Bedingungen erfüllt sein.

1. Die vollständige Autonomie der nationalen Handelspolitik muß wirksam begrenzt werden, und diese Begrenzung muß nicht nur einige wenige eingegrenzte Handlungsfelder, sondern die gesamten internationalen Wirtschaftsbeziehungen abdecken.
2. Der institutionelle Rahmen des Außenhandels (konsularische Dienste, Handelskammern, Import- und Exportbanken, internationale Transportorganisationen usw.) muß nach internationalen oder supranationalen Gesichtspunkten entworfen werden. Mit anderen Worten: die internationale Autorität sollte nicht nur der letztendliche Überwacher des Räderwerkes des internationalen Handels sein, sondern auch einige der wichtigsten Mechanismen dieses Räderwerks bereitstellen. Indem die internationale Autorität wesentliche Dienstleistungen für die Handelspartner zur Verfügung stellt, würde sie ein hohes Maß an direkter Kontrolle über den Handel gewinnen. Das Fehlen einer derartigen Kontrolle war hauptsächlich für die Unangemessenheit und Unwirksamkeit des Artikels 16 in der Völkerbundsatzung verantwortlich.

Es ist hier nicht unsere Aufgabe, diese zwei Prinzipien durch detaillierte Vorschläge umzusetzen. Aber es könnte nützlich sein, die Bedeutung hervorzuheben, die einer so gerichteten Planung zukommt. Die meisten gegenwärtigen Pläne zum Nachkriegswiederaufbau im wirtschaftlichen Bereich scheinen von dem Glauben inspiriert zu sein, daß die Erlangung von Überfluß und Stabilität die notwendige und hinreichende Bedingung für einen dauerhaften Frieden bildet. Wenige würden bestreiten, daß es eine notwendige Bedingung ist, und es ist sicherlich ein ermutigendes Kennzeichen des gegenwärtigen Status' im Denken und Handeln, daß – obwohl die Alliierten im Ersten Weltkrieg in der andauernden Furcht vor einer deutschen Exportoffensive nach dem Krieg lebten – die Vereinten Nationen heute aktiv eine Offensive von Nahrung, Kleidung, Medizin und anderen Gütern für die von der Herrschaft der Achsenmächte befreiten Völker vorbereiten.

Die Abschaffung von gewaltsamen Fluktuationen der wirtschaftlichen Aktivität und die Erhöhung des nationalen Lebensstandards – so wichtig sie auch sein mögen – sind nur ein Aspekt des vor uns liegenden Problems. Frieden, heißt es, ist ein „im Grunde genommen stummer, fortschreitender Sieg der möglichen Kräfte über die wahrscheinlichen Gelüste". In der Tat stellen sich der Organisation des Friedens zwei Aufgaben. Dies sind: (1) So weit wie möglich die Formulierung von Gelüsten, die zum Krieg treiben, zu verhindern; und (2) die unter dem Druck dieser Gelüste stehenden Kräfte zu schwächen und gleichzeitig diejenigen Kräfte zu stärken, mit denen der Frieden aufrechterhalten werden kann. Die zweite Aufgabe, obwohl weniger grundlegend als die erste, bleibt so lange wichtig, wie die Ursachen von kriegerischen Haltungen nicht vollständig bekannt und ausgerottet sind.

In gewisser Weise entspricht diese Aufgabe dem Erreichen dessen, was Präsident Franklin D. Roosevelt „Freiheit von Furcht" genannt hat, wobei „Freiheit von Not" eine vorbereitende Bedingung für das Erreichen des ersten Zieles ist. Die meisten neuerlichen Untersuchungen, die sich mit Freiheit von Not für alle

Völker beschäftigen, haben starke Argumente gegen die traditionelle Konzeption von nationaler Souveränität hinsichtlich der Wirtschaftspolitik entwickelt. Wir haben hier versucht zu zeigen, daß diese Schlußfolgerung sogar noch zwingender ist, wenn wir nach Wegen suchen, die aus dem internationalen Handel stammende Furcht vor Aggression und Penetration zu vermindern oder abzubauen. Die Internationalisierung der Macht über Außenwirtschaftsbeziehungen ginge weit in Richtung auf das Ziel einer friedlichen Welt voraus.

Dokument 32

Peter Knirsch: Bilanz der Wirtschaftsbeziehungen, in: Reinhard Rode und Hanns-D. Jacobsen (Hrsg.): Wirtschaftskrieg oder Entspannung? Verlag Neue Gesellschaft, Bonn 1984, S. 108–109

Wenn wir allerdings die Rolle der wirtschaftlichen Ost-West-Beziehungen für die Erhaltung des Weltfriedens in Betracht ziehen, drängt sich die Überlegung auf, daß die Ost-West-Wirtschaftsbeziehungen, trotz ihrer begrenzten Bedeutung, bei einem schlechten Zustand der politischen Beziehungen wichtiger sein können: Ihre hemmende Kraft gegenüber der Ausweitung von Konflikten kann gerade dann große, im konkreten Fall sogar sehr große Bedeutung haben; und sie können darüber hinaus bei einer starken Einschränkung der politischen Beziehungen zwischen Ost und West als stabilisierendes Bindeglied zwischen den antagonistischen Blöcken eine politische Bedeutung erlangen, die weit über ihrer respektiven wirtschaftlichen Bedeutung liegt.

Bei diesen Überlegungen würde ich von der Erwartung ausgehen, daß die wirtschaftlichen Ost-West-Beziehungen gegenwärtig nicht mehr in gleicher Weise wie Anfang der fünfziger Jahre als Folge verschlechterter politischer Beziehungen negativ betroffen werden können – dies zum einen, weil ungeachtet unserer Aussagen über ihre begrenzte Bedeutung diese Wirtschaftsbeziehungen doch wesentlich intensiver geworden sind, beide Seiten würden eine weitgehende Einschränkung der Wirtschaftsbeziehungen als nachteilig ansehen und wenn irgend möglich zu vermeiden suchen; zum anderen kann man heute, anders als Ende der vierziger Jahre, nicht mehr so einfach von „den antagonistischen Blöcken" sprechen, wie wir dies oben getan haben. Der Ost-West-Gegensatz ist zu allererst ein Konflikt der beiden Großmächte Sowjetunion und USA. Unmittelbar nach dem Zweiten Weltkrieg war die Vorherrschaft dieser Großmächte in ihren jeweiligen Einflußbereichen unbestritten. In den seither verstrichenen drei bis vier Jahrzehnten ist die wirtschaftliche und politische Bedeutung der kleineren, mit ihnen verbündeten Staaten gewachsen. Dies gilt in unübersehbarer Weise für die westeuropäischen Industriestaaten und Japan mit allen Implikationen ihres Verhältnisses zu den USA; es gilt, aufgrund der unterschiedlich gelagerten Publikationsmöglichkeiten vielleicht nicht ganz so offensichtlich, auch für die meisten im Warschauer Pakt und RGW mit der Sowjetunion verbundenen Staaten Ost- und Südosteuropas.

Im Unterschied zu den beiden Großmächten haben diese kleineren Staaten auf beiden Seiten wegen ihrer größeren Außenhandelsabhängigkeit ein relativ stärkeres Interesse an einer möglichst ungestörten Weiterführung und Entwicklung der Ost-West-Wirtschaftsbeziehungen. Selbst wenn sie sich mit der politischen Grundhaltung der Großmächte ihres Bündnisses identifizieren, versuchen sie doch, die negativen Auswirkungen konfrontativer Situationen auf die Wirtschaftsbeziehungen möglichst zu vermeiden. Ihre gewachsene Bedeutung innerhalb der Bündnissysteme gibt ihnen dabei in den achtziger Jahren hierzu wesentlich mehr Möglichkeiten als in der Zeit des „Kalten Krieges" der fünfziger Jahre, was auch bei politisch angespannter Lage zu einer relativ unbeeinflußten Weiterführung der Wirtschaftsbeziehungen beiträgt.

Wenn wir den Primat der Politik akzeptieren, dann erscheinen die Ost-West-Wirtschaftsbeziehungen somit geeignet, den Entspannungsprozeß zu fördern, aber sie können ihn kaum begründen. Sie sind wohl auch zu schwach, gewichtige Störungen dieses Prozesses zu verhindern, und sie können sicher nicht die Gefahr eines großen Konfliktes zwischen den Systemen beseitigen. Möglich erscheint es jedoch, daß sie solche Störungen aufhalten, eventuell die Konfliktschwelle anheben. Ihre wichtigste Funktion besteht in der Gegenwart aber wohl darin, daß sie ungeachtet aller Spannungen in der Ost-West-Politik ein Element der Stabilität darstellen, ein Minimum an gegenseitigen Kontakten und dabei auch politischen Kontaktmöglichkeiten gewährleisten und damit auch die Grundlage für eine günstigere Gestaltung der politischen Ost-West-Beziehungen in der Zukunft erhalten helfen.

Dokument 33

UN-Generalsekretär Boutros Boutros-Ghali: Agenda für den Frieden. Bericht des Generalsekretärs vom 17. Juni 1992 (A/47/277-S/24111), (übersetzt vom Übersetzungsdienst der Vereinten Nationen)

[...]

11. Wir sind in eine globale Übergangszeit eingetreten, die von höchst widersprüchlichen Tendenzen geprägt wird. Regionale und kontinentale Zusammenschlüsse von Staaten sind dabei, Möglichkeiten zu entwickeln, um die Zusammenarbeit zu vertiefen und an Souveränitätsüberlegungen anknüpfenden oder nationalistischen Rivalitäten einen Teil ihres Streitpotentials zu nehmen. Hochentwickelte Kommunikationsmittel und weltumspannende Handelsbeziehungen wie auch die Beschlüsse der Staaten, einen Teil ihrer Souveränitätsrechte größeren gemeinsamen politischen Zusammenschlüssen zu übertragen, sorgen dafür, daß sich die Grenzen zwischen den Staaten verwischen. Gleichzeitig jedoch brechen sich an neuer Stelle Nationalismus und Souveränitätsdenken mit Gewalt

Bahn, und brutale ethnische, religiöse, soziale, kulturelle und sprachenbezogene Auseinandersetzungen bedrohen den Zusammenhalt der Staaten. Der soziale Frieden wird einerseits durch das Auftreten neuer Formen der Diskriminierung und der Ausgrenzung und andererseits durch terroristische Handlungen in Frage gestellt, die den demokratischen Fortgang von Entwicklung und Wandel zu untergraben suchen.

12. Der Begriff des Friedens ist leicht zu fassen, der der internationalen Sicherheit ist jedoch komplexerer Natur, da sich auch hier inzwischen weitreichende Widersprüche aufgetan haben. Selbst während die großen Nuklearmächte mit der Aushandlung von Rüstungsreduzierungsübereinkünften begonnen haben, droht die Verbreitung von Massenvernichtungswaffen weiter zuzunehmen und werden in vielen Teilen der Welt konventionelle Waffen auch weiterhin angehäuft. Während die destruktive Kraft des Rassismus als solche erkannt wird und während die Apartheid beseitigt wird, kommt es zu neuen rassischen Spannungen, die sich in Gewalt entladen. Der technische Fortschritt verändert die Lebensverhältnisse und die Lebenserwartung in der ganzen Welt. Die Umwälzungen im Kommunikationswesen haben die Welt geeint und ein gemeinsames Bewußtsein, gemeinsame Bestrebungen und eine größere Solidarität gegenüber der Ungerechtigkeit entstehen lassen. Doch der Fortschritt bringt auch neue stabilitätsbedrohende Gefahren mit sich – Umweltschäden, das Auseinanderbrechen der Familien und der Gemeinwesen und die stärkere Einmischung in das Leben und die Rechte des einzelnen.

13. Diese neue Dimension der Unsicherheit darf uns jedoch nicht den Blick verstellen für die auch weiterhin fortbestehenden verheerenden Probleme des unkontrollierten Bevölkerungswachstums, der erdrückenden Schuldenlasten, der Handelshemmnisse, der Drogen und der immer größeren Disparität von Arm und Reich. Armut, Krankheit, Hunger, Unterdrückung und Verzweiflung grassieren und haben in ihrem

Zusammenspiel 17 Millionen Flüchtlinge, 20 Millionen Vertriebene und massive Wanderungsbewegungen innerhalb der Staaten und über Staatsgrenzen hinweg hervorgebracht. Diese Probleme, die sowohl Konfliktursachen als auch Konfliktfolgen darstellen, verlangen es, daß die Vereinten Nationen ihnen unermüdliche Aufmerksamkeit widmen und bei ihrer Tätigkeit höchsten Vorrang einräumen. Eine zerlöcherte Ozonschicht könnte für eine exponierte Bevölkerung eine größere Bedrohung darstellen als eine feindliche Armee. Dürre und Krankheiten vermögen eine Bevölkerung genauso gnadenlos zu dezimieren wie Kriegswaffen. In dieser Stunde der wiedererlangten Gelegenheit müssen somit die Bemühungen der Vereinten Nationen um die Konsolidierung des Friedens, der Stabilität und der Sicherheit über rein militärische Bedrohungen hinausgehen, um die Fesseln des Konfliktes und Krieges zu sprengen, die die Vergangenheit geprägt haben. Dennoch verbreiten bewaffnete Konflikte heute wie auch in der Geschichte Furcht und Schrecken bei den Menschen und verlangen unser dringendes Eingreifen in dem Versuch, sie zu verhindern, sie einzudämmen und ihnen ein Ende zu setzen.

14. Seit der Gründung der Vereinten Nationen im Jahr 1945 haben mehr als einhundert größere Konflikte weltweit 20 Millionen Menschen das Leben gekostet. Wegen der im Sicherheitsrat eingelegten Vetos – insgesamt 279 –, deutlicher Ausdruck der damals bestehenden Spaltungen, waren die Vereinten Nationen machtlos, vielen dieser Krisen Herr zu werden.

15. Mit dem Ende des Kalten Krieges ist es seit dem 31. Mai 1990 nicht mehr zu einem solchen Veto gekommen, und die an die Vereinten Nationen gestellten Anforderungen haben sprunghaft zugenommen. Einst lahmgelegt durch Umstände, zu deren Bewältigung ihr Sicherheitsorgan weder geschaffen noch ausgerüstet war, ist dieses inzwischen zum zentralen Instrument der Konfliktverhütung und Konfliktlösung und der Friedenserhaltung geworden. Unser Ziel muß sein, zu versu-

chen, zum frühestmöglichen Zeitpunkt konfliktträchtige Situationen zu erkennen und auf diplomatischem Wege zu versuchen, die Gefahrenherde zu beseitigen, bevor es überhaupt zu Gewalt kommt; wo ein Konflikt ausbricht, friedenschaffende Maßnahmen zu ergreifen, um die Probleme zu lösen, die den Konflikt ausgelöst haben; durch friedensichernde Maßnahmen da, wo die Kampfhandlungen eingestellt worden sind, auf die Erhaltung des Friedens, wie prekär er auch immer sein mag, hinzuwirken und bei der Durchführung der von den Friedensstiftern herbeigeführten Übereinkommen behilflich zu sein; bereit zu sein, bei der Friedenskonsolidierung in ihren verschiedenen Formen behilflich zu sein: durch den Wiederaufbau der Institutionen und Infrastrukturen der von Bürgerkrieg und bürgerkriegsähnlichen Auseinandersetzungen zerrissenen Nationen und durch die Herstellung von friedlichen, allseits vorteilhaften Beziehungen zwischen den vormals kriegführenden Nationen; und im weitesten Sinne zu versuchen, die tiefsten Konfliktursachen auszuräumen: wirtschaftliche Not, soziale Ungerechtigkeit und politische Unterdrückung.

[...]

Dokument 34

UN-Generalsekretär Boutros Boutros-Ghali: Agenda für Entwicklung. Bericht des Generalsekretärs vom 6. Mai 1994 (A/48/935), (übersetzt vom Übersetzungsdienst der Vereinten Nationen)

[...]

51. Die zunehmende Interdependenz der Nationen hat die Weitergabe nicht nur positiver Wachstumsimpulse, sondern auch negativer Erschütterungen beschleunigt. Somit müssen selbst wirtschaftliche Probleme auf einzelstaatlicher Ebene jetzt in

ihrem weltweiten Kontext gesehen werden. Die Unterscheidung zwischen einzelstaatlicher und internationaler Wirtschaftspolitik verblaßt. Keine Nation, so erfolgreich sie auch sein mag, kann sich gegen die demographischen, umweltbezogenen, wirtschaftlichen, sozialen und militärischen Probleme abschotten, die in der Welt bestehen. Die Auswirkungen von Entbehrung, Krankheit und Krieg in einem Teil der Welt sind überall spürbar. Man wird sie erst erfolgreich in den Griff bekommen, wenn eine die ganze Welt erfassende Entwicklung in Gang kommt.

52. Alle Länder sind Teil eines internationalen Wirtschaftssystems; während zahlreiche Länder nach wie vor nicht vollkommen in dieses System integriert sind, sind andere seiner Instabilität allzu schutzlos ausgeliefert. Der Entwicklungsprozeß wird gehemmt durch die Probleme der Auslandsverschuldung, den Rückgang der externen Ressourcenströme, den jähen Verfall der Austauschrelationen und zunehmende Beschränkungen des Marktzugangs. Unzureichende technologische Zusammenarbeit hat zahlreiche Länder an einem wirtschaftlicheren Einsatz ihrer Ressourcen gehindert, was sich nachteilig auf ihre internationale Wettbewerbsfähigkeit auswirkt und ihre Einbindung in die Weltwirtschaft noch mehr behindert.

53. Die Ausweitung des internationalen Handels ist für das Wirtschaftswachstum unabdingbar und stellt einen integrierenden Bestandteil der ökonomischen Dimension der Entwicklung dar. Es besteht kein Zweifel an den Vorteilen eines verstärkten Handels: niedrigere Transaktionskosten, größere wirtschaftliche Chancen sowie größeres internationales Vertrauen und größere internationale Sicherheit.

54. Die Schwierigkeit des Zugangs zum Welthandelssystem stellt ein gewaltiges Entwicklungshindernis dar. Derzeit diskriminiert das System oft die Entwicklungsländer, indem es ihren Vorteil bei den niedrigen Arbeitskosten einschränkt, während

gleichzeitig die Preise für zahlreiche Grundstoffe eine rückläufige Tendenz aufweisen.

55. Die Internationalisierung der Wirtschaftstätigkeit, das größere Vertrauen in die Marktkräfte, die weitverbreitete Erkenntnis, daß die Privatinitiative eine treibende Kraft des Wirtschaftswachstums ist, und die massiven Anstrengungen, die Entwicklungs- und Umbruchländer zur Liberalisierung des Handels unternehmen, erfordern ein offenes und transparentes Handelssystem, dessen Regeln und Disziplinen von allen beachtet werden. Findet ein Land, daß es einen entscheidenden komparativen Vorteil in einer bestimmten Wirtschaftstätigkeit hat, und investiert es dementsprechend, so sollte es sich später nicht neuen protektionistischen Maßnahmen gegenübersehen, wenn seine Investitionen Früchte zu tragen beginnen und sein Produkt in andere Märkte vordringt.

56. Die wirtschaftliche Interdependenz wird jedoch rasch mehr als nur eine Frage des Handels und der Finanzen. Es gibt auch starke Tendenzen zu größerer Offenheit hinsichtlich der Bewegung von Geld, Menschen und Ideen rund um die Welt. Dies hat die Regierungen veranlaßt, im Inland ein Umfeld zu schaffen, das ausländische Investitionen anzieht.

57. Von wesentlicher Bedeutung für alle Entwicklungsanstrengungen ist es, daß diejenigen Länder, deren wirtschaftliche Macht das internationale Umfeld maßgeblich beeinflußt, eine makroökonomische Politik betreiben, die von globalem Verantwortungsbewußtsein getragen ist. Die großen Volkswirtschaften spielen weltweit in der Finanzwirtschaft nach wie vor eine überragende Rolle. Besonders maßgeblich ist ihre Politik in der Frage der Zinssätze, der Inflation und der Wechselkursstabilität. Ständige Wechselkursschwankungen verschärfen das Schuldenproblem durch ihre Auswirkungen auf die Zinssätze, die Deviseneinnahmen und -reserven sowie auf den Schuldendienst. Die von den großen Volkswirtschaften im Inneren verfolgte Politik wird in einer in zunehmendem

Maße durch globale Kapitalmärkte gekennzeichneten Welt von entscheidender Wichtigkeit sein.

58. Die internationale Entwicklungszusammenarbeit wird nur dann wirksam und erfolgreich sein, wenn die großen Volkswirtschaften sich diese selbst zum Ziel machen. Es gibt keinen Mechanismus, durch den die großen Volkswirtschaften dazu veranlaßt werden können, in ihrer eigenen Wirtschaft strukturelle Veränderungen vorzunehmen, die weltweit positive Auswirkungen haben, oder zu einer Wirtschafts-, Fiskal- und Währungspolitik überzugehen, die in stärkerem Maße von einem globalen Verantwortungsgefühl getragen ist...

[...]

Register

Abhängigkeit 51; 59; 136; 156; 218; 246; 262; 298
Abrüstung 67; 120; 122; 125; 142; 165; 182; 217; 274
Abschreckung 52; 62; 76
Abschreckungskonzept 18
Abschreckungssystem 21; 172
Administration *Siehe* Regierung
Aggression 105; 156; 159; 165; 173; 175; 297
Agrarsubventionen 43
Allianz 94; 109; 144
Allianzbildung 23
Alltagsdenken 52
Alltagsverständnis 14; 29
Alltagswissen 13; 53; 236
Altes Testament 55; 56
American Peace Society 95
Appeasement-Politik 187
Aquin, Thomas von 54; 87; 94; 155
Arbeiterbewegung 165
Arbeiterklasse 120; 168; 284; 286; 291
Aron, Raymond 204
Atomwaffen *Siehe* Nuklearwaffen
Aufklärung 57; 155; 200
Aufrüstung 13; 124; 228
Augustinus, Aurelius 57; 87
Ausbeutung 53; 55; 64; 167; 198; 208; 213; 268; 284; 285; 286; 287
Außenhandel 161; 196; 240; 295; 298

Außenpolitik 8; 9; 14; 17; 19; 21; 26; 27; 28; 39; 44; 47; 48; 58; 71; 75; 77; 81; 82; 115; 131; 133; 145; 150; 151; 153; 156; 157; 159; 162; 164; 173; 177; 178; 182; 183; 185; 186; 187; 190; 194; 203; 206; 223; 235; 238; 239; 241; 242; 250
Außenwirtschaft 218; 219
Außenwirtschaftspolitik 196; 223
Austauschbeziehungen, wirtschaftliche 68; 80; 90; 194; 195; 201; 216; 223; 226; 241

Batscha, Zwi 25
bellum iustum-Theorie 87; 88
Bentham, Jeremy 18; 185; 187; 189; 200
Bernstein, Eduard 134; 168; 169; 215
Bilateralismus 218; 223
Blanc, Louis 121
Boulding, Kenneth E. 20
Boutros-Ghali, Boutros 71
Brentano, Lujo 186
Bundesstaat 94; 123; 159
Bürokratie 39; 151; 179; 182; 183; 184; 185
Burritt, Elihu 121
Burton, John W. 19; 24; 137
Busch, Wilhelm 13
Bush, George 146
Butterworth, Robert L. 140

Carr, Edward H. 60; 176
Carter, Jimmy 193
Castlereagh, Robert S. 140

Centre on Transnational
  Corporations 231
Clark, Grenville 111
Clausewitz, Carl von 15
Cobden, Richard 122; 202
Comité Central Démocratique
  Européen 123
Comte, Auguste 180; 204
Crucé, Emeric 111; 200
Cuéllar, Pérez de 139
Cyprian, Thascius Caecilius 87

Dante, Alighieri 48; 94; 111
Delbrück, Jost 25
Demokratie 54; 57; 60; 68; 81;
  126; 147; 152; 155; 163; 164;
  167; 168; 169; 171; 175; 178;
  193; 203; 205; 207; 212; 240;
  265; 269; 271; 280; 284; 288;
  289
Demokratisierung 11; 16; 91; 96;
  123; 178; 191; 209; 215; 238;
  239; 240; 241; 242
Deutsch, Karl W. 61; 62
Diplomatie 185; 186; 187; 189
Dritte Welt 39; 86; 101; 229; 230
Dubois, Pierre 94; 113

Easton, David 35; 36; 37
Eisenhower, Dwight D. 7; 228
Eisernes Dreieck 183
Engels, Friedrich 211
Entkolonialisierung 102; 223
Entspannung 22; 62; 226; 239;
  297; 299
Entwicklung 20; 34; 59; 279;
  280; 298; 303
Entwicklungshilfe 63; 201
Entwicklungsländer 39; 105;
  195; 229; 231; 303

Erasmus von Rotherdam 54
Eroberung 37; 156; 159; 163;
  197; 214; 258; 259; 287
Erzwingung 128; 130
Europäische Konvention (1957)
  100
Europäische Union 66; 100; 107;
  129; 141; 222; 232; 233
Europarat 100; 253
Existenz 16; 36; 45; 54; 55; 57;
  58; 90; 91; 106; 110; 131; 136;
  158; 164; 181; 185; 198; 208;
  238; 276
Existenzentfaltung 36; 56; 57; 58
Existenzerhaltung 36; 55; 57
Existenzrecht 49
Expansion 37; 79; 113; 157; 175;
  198; 201; 208; 265; 280; 295
Expansionismus 50; 158; 169

Fetscher, Iring 25
Fichte, Johann Gottlieb 121; 161;
  192
Föderalismus 119; 176
Föderation 66; 118; 119; 123;
  155; 158; 159; 161; 165; 178;
  179; 237
Fourier, Charles 121
Fragmentierung 101; 222
Französische Revolution 57; 90;
  91; 95; 120; 150
Freihandel 200; 202; 203; 213;
  215; 216; 219; 220; 222; 224;
  225; 266; 280; 288; 289
Freiheit 92; 117; 137; 148; 156;
  157; 158; 159; 161; 163; 166;
  168; 169; 170; 179; 185; 193;
  197; 201; 204; 260; 261; 296
Fried, Alfred H. 133; 134; 246
Frieden von Utrecht 114

Friedensbegriff 13; 26; 31; 32; 33; 44; 45; 56; 57; 58; 63; 66; 77; 78; 79; 199; 200; 216
Friedensbewegung 16; 122; 124; 125; 165; 187; 202; 215; 288; 289; 292
Friedensforschung 20; 22; 24; 31; 32; 61
Friedensgesellschaften 95; 96
Friedenskongresse 121; 124; 125; 134; 202
Friedensschluß 89
Friedenssicherung (peace-keeping) 94; 129; 130; 131; 144; 220
Friedenssicherungsaktion im Kongo (ONUC) 132
Friedenssicherungstruppe (der UN) 130; 132
Friedenswissenschaft 20; 197
friedlicher Wandel (peaceful change) 102
Funktionalismus 137; 138; 141; 142

Galtung, Johan 22; 61
Gas-Röhren-Geschäft 226
Geheimdiplomatie 185; 186; 190; 217
General Agreement on Tariffs and Trade (GATT) 69; 221
Generalsekretär (der UN) 104; 130; 139
Generalversammlung 67; 102; 104; 129; 131; 139; 243; 251; 252; 253
Genfer Protokoll (1924) 92
Genfer Rotkreuz-Konvention (1864) 91
Gentiles, Alberico 88

Gentz, Friedrich von 29
Gerechter Krieg 55; 87
Gerechtigkeit 49; 54; 56; 66; 67; 69; 75; 78; 80; 85; 88; 103; 147; 155; 158; 161; 166; 168; 169; 179; 193; 224; 225
Gerichtshof der Europäischen Union 100
Gerichtshofs der Europäischen Union 100
Gesundheit 19; 31; 55; 56; 159
Gewalt 16; 34; 36; 45; 46; 47; 48; 49; 50; 52; 53; 59; 60; 61; 62; 63; 64; 66; 71; 72; 75; 78; 79; 80; 89; 92; 101; 104; 129; 134; 138; 141; 147; 151; 152; 163; 173; 179; 181; 187; 190; 194; 195; 198; 199; 200; 207; 210; 223; 227; 238; 239; 242; 247; 248; 256; 268; 275; 277; 287; 299; 300; 302
militärische 47; 48; 54; 62; 78; 79; 80; 152
polizeiliche 48
wirtschaftliche 61
Gewaltabnahme 66
Gewaltandrohung 60; 61; 62
Gewaltanwendung 45; 46; 48; 50; 51; 52; 53; 62; 66; 70; 78; 86; 89; 91; 93; 98; 125; 127; 129; 142; 151; 162; 177; 197; 223
Gewaltfreiheit 47; 50; 51; 53; 54; 78; 89; 92; 144; 159; 188; 191
Gewaltinstrument, -e 50; 62; 153
Gewaltlosigkeit 49; 53; 85; 152; 277
Gewaltminderung 47; 48; 63; 66; 129; 184; 216; 239
Gewaltmittel 7; 50; 51

Gewaltmonopol 35
Gewaltverzicht 14; 53; 67; 81;
 92; 109; 110; 126; 132; 138;
 144; 156; 158; 228; 235
Gewinn 80; 149; 157; 194; 196;
 197; 198; 199; 267
 wirtschaftlicher 80; 194; 196;
 197; 198; 228
Gewinninteresse 80; 193; 194;
 198; 199; 200; 201; 229
Gewinnmotiv 203
Gewinnverteilung 198
Gleichgewicht der Macht 67;
 109; 114; 270
Gleichheit 58; 127; 163; 169;
 192; 260; 262; 271; 272
Gleichverteilung 68; 69; 70; 80;
 156; 158; 163; 198; 199; 223;
 241
Glossop, Ronald J. 20
Goldscheid, Rudolf 171; 268
Gollwitzer, Heinz 25
Görres, Johann Joseph von 121
Grotius, Hugo 83; 86; 87; 88
Grundrechte 68
Gute Dienste 97

Haager Konferenzen (1899 und
 1907) 93; 94; 98; 124
Haager Landkriegsordnung
 (1907) 91
Hale, Bayard 187; 276
Hamilton, Alexander 238
Hammarskjöld, Dag 104; 130;
 131
Handel 50; 80; 114; 115; 134;
 191; 197; 198; 199; 206; 215;
 218; 219; 220; 222; 226; 227;
 233; 241; 242; 264; 266; 279;
 294; 295; 297; 303; 304

Handelsbeziehungen 80; 99; 198;
 199; 200; 224; 227; 247; 292;
 299
Handelskapital 213
Handelspartner 198; 223; 295
Harmel-Bericht/-Formel 19; 22
Hegel, Friedrich 114
Heiliges Römisches Reich
 Deutscher Nation 95
Herrschaft 9; 36; 37; 38; 39; 43;
 50; 51; 54; 67; 68; 70; 71; 75;
 79; 90; 102; 149; 151; 153; 155;
 160; 167; 168; 169; 170; 171;
 179; 185; 186; 191; 193; 194;
 196; 197; 198; 199; 201; 205;
 206; 207; 209; 210; 212; 214;
 215; 220; 259; 264; 274; 280;
 286; 296
Herrschaftsordnung 68; 79; 149;
 192
Herrschaftsorganisation 26; 76;
 151
Herrschaftsstruktur 120
Herrschaftssystem 9; 10; 11; 40;
 50; 51; 53; 71; 75; 79; 81; 82;
 124; 145; 147; 148; 149; 150;
 151; 152; 153; 154; 155; 156;
 159; 162; 163; 164; 165; 166;
 169; 171; 173; 174; 177; 179;
 180; 181; 185; 190; 191; 192;
 193; 194; 201; 203; 208; 212
 autoritäres 173; 174
 demokratisches 166; 167; 168;
 169; 174; 175; 176; 178
Herrschaftstechnik 79; 153; 188
Herz, John H. 77; 181
Heymann, Hans 219
Hintze, Otto 171
Hirschman, Albert 219; 220; 230
Hobbes, Thomas 45; 133; 154

Hobson, John A. 166; 167; 170; 193; 205; 206; 207; 208; 209; 214; 265
Hugo, Victor 122
Hull, Cordell 109

ideologische Subversion 62
Imperialismus/-theorie 166; 167; 170; 174; 183; 194; 202; 207; 208; 209; 210; 217; 247; 265; 281; 282; 283
Imperialismuskritik 170; 193; 195
Industrie 151; 227; 228; 264; 285; 287; 288
Industriegesellschaft 203; 204; 205
Industriestaaten 15; 37; 38; 63; 229; 231; 232; 286; 298
Inglehart, Ronald 238
Innere Angelegenheiten 240
Integration 66; 100; 101; 111; 129; 178; 222; 237
Interdependenz 44; 58; 63; 100; 101; 133; 134; 135; 161; 171; 173; 204; 205; 302; 304
Intergovernmental Organizations (IGOs) 108
International Law Commission 104
International Trade Organization (ITO) 220
Internationale Organisation 23; 48; 79; 84; 107; 110; 114; 116; 118; 119; 120; 122; 123; 125; 127; 130; 132; 135; 137; 138; 140; 141; 144; 145; 154; 165; 170; 222; 236
Internationale Rechtsprechung 19; 95
Internationaler Gerichtshof (IGH) 85; 99
Internationaler Sozialisten-Kongreß 212; 283
Internationalisierende Politik 43
Internationalisierung 134; 214; 220; 231; 269; 295; 297; 304
Interparlamentarische Union 125
Intervention 105; 191; 226
ius ad bellum 89; 92
ius in bello 89; 91

Jackson, Henry M. 226
Jackson/Vanik-Amendment 226
Justin 87

Kabinettsdiplomatie 179; 190; 280
Kant, Immanuel 10; 14; 16; 25; 117; 118; 119; 121; 122; 123; 125; 162; 163; 164; 166; 170; 179; 180; 181; 192; 197; 198; 203; 242; 260; 277
Kapital 134; 168; 202; 207; 212; 216; 285; 286; 288; 289
Kapitalismus 120; 168; 169; 205; 206; 208; 209; 210; 211; 212; 214; 216; 279; 280; 281; 282; 284
Kapitalistisches Wirtschaftssystem 38; 174; 193
Katholische Kirche 58; 87
Kautsky, Karl 134; 135; 168; 169; 212; 213; 214; 215; 216; 217; 284
Kellogg, Frank B. 92
Kellog-Pakt (1928) 92
Kernwaffen *Siehe* Nuklearwaffen
Kindleberger, Charles 224
Kissinger, Henry A. 192

Kollektive Sicherheit 130; 138
Kolonialismus 50; 170; 174; 200
Kolonialpolitik 150
Kolonien 37; 53; 167; 174; 201; 202; 267; 268; 275; 278; 285; 293
Kommunalisierung 134; 168; 213
Kommunismus 13; 74; 192
Konferenz für Sicherheit und Zusammenarbeit in Europa (KSZE) 138; 142; 143; 144; 145; 226
Konferenz für Vertrauensbildende Maßnahmen und Zusammenarbeit in Europa (KVAE) 144
Konfliktkultur 52
Konföderation 160; 161; 162
Konfuzianismus 57
Konsens 16; 33; 48; 49; 50; 74; 93; 128; 130; 131; 132; 140; 151; 152; 153; 156; 157; 158; 161; 164; 169; 171; 173; 224; 241
Kooperation 49; 80; 110; 133; 135; 136; 141; 142; 144; 146; 198; 201; 222; 225; 231; 233; 242; 250
Kriegserklärung 89
Kriegsrecht 86
Kriegsursachenforschung 20; 177
Krim-Krieg 127; 215

Ladd, William 95
Lange, Christian 181
Legalität 88
Legitimität 16; 36; 88
Lenin, Wladimir I. 212
liberal-demokratische Theorie 16

Liberale Schule 147
Liberalismus 16; 77; 120; 162; 163; 165; 166; 167; 169; 174; 192; 197; 200; 204; 205; 209; 210; 213; 214; 216; 217
Liga der Arabischen Staaten 253
Ligue Internationale de la Paix et de la Liberté 122; 165
Ligue Internationale et Permanente de la Paix 122
Linkage 63
Locke, John 154
Ludwig XIV. 90
Luxemburg, Rosa 210

MacDonald, James R. 186
Machiavelli, Niccoló 9; 26; 155; 156; 157; 158; 159; 160; 162; 164; 165; 175; 176; 179; 258; 259
Macht 56; 72; 73; 77; 78; 79; 102; 133; 149; 156; 159; 171; 208; 235; 247; 251; 268
  militärische 239; 255
  politische 66; 70; 77; 133; 149; 163; 203; 210
  wirtschaftliche 63; 70; 214; 219; 230; 231; 232; 240
Machtausübung 41; 90
Mächtekonzert 126; 127; 128
Machtfigur 211
Machtgleichgewicht 67; 109; 270
Machtpolitische Konkurrenz 62
Machtpotential 41; 215
Machtungleichgewicht 63
Machtunterschied 67; 70
Machtverteilung 73; 153; 172; 175; 202
Madariaga, Salvador de 135; 136
Markt 34; 293

Martens, de 104
Marx, Karl 168; 210; 211; 213
Marxismus 174; 212
Mazzini, Guiseppe 123
Meade, James Edward 219; 292
Mendelssohn-Bartholdy, Albrecht 144; 257
Menschenrechte 68; 100; 106; 226
Merkantilismus 197
Militär 8; 173; 180; 181
Militärisch-industrieller Komplex 184; 228
Militarisierung 181; 274
Miliz 181
Mill, James 150; 166; 167; 170; 174; 201; 207; 267; 278
Mill, John Stuart 166; 218; 278
Millsches Syndrom 206; 207; 208; 209; 213; 217; 218; 228; 233; 240; 242
Monarchie 36; 124; 150; 151; 155; 159; 160; 203
Monopole 213; 214
Montesquieu, Charles Louis 26; 155; 159; 160
Morgenthau, Hans J. 63; 76; 77; 176

Nation 176; 185; 192; 210; 211; 252; 263; 264; 265; 266; 273; 303
Nationalismus 135; 217; 219; 247; 267; 294; 299
Nationalliberalismus 166
Nationalstaat 48; 120; 124; 150; 154; 209; 280
Naturrecht 87; 88
Naturzustand 161; 162; 205

Negativer Frieden 20; 32; 33; 45; 66; 216
Neo-Funktionalismus 141
Neue Weltwirtschaftsordnung 105
Neues Testament 56
Neutralität 161; 282
Neuzeit 9; 33; 57; 80; 87; 89; 90; 95; 154; 159; 189; 284
Nord-Süd-Konflikt 63; 195; 222
Normbildung 105
Nuklearwaffen 15; 16; 229
Nutzen 27; 69; 158; 198; 199; 204; 223; 241
Nutzenkonzept 69
Nutzenverteilung 201; 218

Öffentliche Meinung 158; 187
Öffentlichkeit 15; 186; 187; 275; 281

Organisation Amerikanischer Staaten 107; 108; 141; 253
Organisation für afrikanische Einheit 253
Organisation für Sicherheit und Zusammenarbeit in Europa (OSZE) 108; 146; 237
Organization for Economic Cooperation and Development (OECD) 38
Ost-West-Konflikt 9; 14; 17; 20; 21; 23; 47; 49; 109; 138; 142; 187; 191; 228
Owen, Robert 121

Paine, Thomas 155
Pariser Seerechtsdeklaration (1856) 91
Partizipation 36; 67; 68; 79; 162; 179; 237; 238

Partizipationsrechte 38; 151
Pazifismus 86; 134; 181; 248; 281; 288
Pecqueur, Constantin 121
Picht, Georg 111
Podebrad, Georg von 113
Politischer Realismus 76; 77; 238
Positiver Frieden 20; 32; 33; 34; 45; 66; 216
Primat der Auswärtigen Politik 153; 171
Primat der Innenpolitik 173
Produktionsmittel 168; 169; 194; 210; 213; 214
Pufendorf, Samuel Freiherr von 97

Rahner, Karl 62
Rathenau, Walther 219
Raumer, Kurt von 25
Reagan, Ronald 43; 226; 228
Realismus 8; 9; 77
Realismusfalle 8
Realistische Schule *Siehe* Politischer Realismus
Realpolitik 8; 9; 77; 176
Regierung 57; 159; 167; 173; 174; 219; 243; 259; 264; 268; 269; 275; 278
Regierungssystem 171; 191
Regionale Organisation 253
Renaissance 155
Repressalien 53
Repression *Siehe* Unterdrückung
Republik 119; 120; 123; 124; 150; 151; 155; 156; 157; 158; 159; 160; 162; 163; 164; 165; 166; 169; 170; 188; 193; 197; 203; 207; 208; 237; 258; 259

Republikanismus 10; 117; 118; 122; 123; 124; 126; 162; 163; 165; 167; 169; 210
Retorsion 53
Revisionismus 179; 212; 215
Revolutionärer Pazifismus 133
Ricardo, David 213
Rousseau, Jean-Jaques 113; 114; 116; 118; 133; 155; 160; 161; 162; 182; 184; 274
Rusk, Dean 7
Rüstung 76; 187; 274; 280; 284
Rüstungsdynamik 19; 72
Rüstungsindustrie 227; 228; 229
Rüstungskontrolle 21; 67; 96
Rüstungsproduktion 227; 228
Rüstungswettlauf 17; 52; 62

Saage, Richard 25
Saint-Pierre, Charles Irénée de 113; 114; 115; 116; 118; 125; 160; 161
Saint-Simon, Claude Henri de 121
Sanktion 61; 126; 129; 295
Sartorius, J.B. 32
Say, Jean-Baptiste 7; 165; 173; 182; 184; 203; 204; 263
Schiedsgericht 94; 95; 98; 103; 217; 248
Schiedsgerichtsbarkeit 93; 94; 96; 99; 116; 120; 125
Schiedsgerichtsvertrag 94
Schiedsspruch 85; 94
Schiedsverfahren 97; 98
Schlegel, Friedrich 121; 163
Schlochauer, Hans-Jürgen 25
Schmitt, Carl 48; 89
Schumpeter 182; 205; 206; 207; 208; 213; 279

Schwarz, Hans-Peter 35
Seeley, John R. 170; 171; 240
Seeleys Gesetz 170
Seerechtskonferenz 104
Seerechtskonvention 104; 223
Sicherheit 22; 36; 38; 43; 55; 56; 57; 67; 70; 71; 72; 75; 76; 77; 78; 79; 90; 110; 113; 114; 115; 127; 128; 129; 130; 131; 134; 137; 138; 142; 145; 146; 153; 170; 171; 179; 184; 188; 222; 245; 253; 254; 255; 256; 279; 294; 300; 301; 303
Sicherheitsbeschaffung 78
Sicherheitsdilemma 11; 146; 181; 242
Sicherheitsgewährleistung 55; 237
Sicherheitsinteressen 52
Sicherheitsrat (der UN) 93; 131; 139; 243; 245; 251; 252; 253; 254; 255; 256; 301
Siegfried, André 217
Singer, J. David 177
Small, Melvin 177
Smith, Adam 213
Souveräne Gleichheit 67
Souveränität 83; 89; 102; 106; 137; 214; 294; 297
Souveränitätsanspruch 87
Sozialdemokratie 167; 189; 211; 217; 289
Sozialisierung 134
Sozialismus 165; 167; 168; 194; 210; 211; 212; 214; 282
Sozialistische Staaten 212; 214
Spannung 120; 202; 239; 299; 300
SPD *Siehe* Sozialdemokratie

Staatenbund 111; 114; 116; 123; 126; 156; 159; 160
Standard Operation Procedures (SOP) 182
Ständiger Internationaler Gerichtshof 85; 99; 126
Ständiger Schiedshof 85
Stehendes Heer 179; 180; 181; 182; 189
Stein, Arthur 225
Sternberger, Dolf 45; 46
Streitschlichtung 91; 95; 96; 248
Struktur-funktionaler Ansatz 35
Suarez, Francisco 86
Süd-Süd-Konflikte 132
Suez-Krise 104
Sully, Maximilien de 113
Sumner, Charles 121
Systemwandel 28; 74; 75

Tarifäre Handelshemnisse 43
Technologie 16
Tertullian, Quintus Septimus Florens 87
Tocqueville, Alexis de 26; 163; 164; 180; 187; 192; 199; 271
Tönnies, Ferdinand 182
Track Two 98
Transnationale Banken 70
Transnationale Konzerne, Unternehmen 38; 70; 221; 230; 231; 240

U Thant, Sithu 139
Unabhängigkeit 102; 161
UN-Charter *Siehe* Vereinte Nationen
United Nations Emergency Force (UNEF) 131

Uniting for Peace-Resolution 129; 243
Unsicherheit 49; 52; 113; 114; 136; 181; 255; 300
Unterdrückung 39; 47; 55; 155; 194; 198; 302
Unterprivilegierung 64
Unterwerfung 56; 57; 117
Utrechter Union (1579) 94

Vanik, Charles A. 226
Vattel, Emmerich von 97
Vereinigte Staaten von Europa 120
Vereinte Nationen 14; 16; 23; 24; 70; 86; 92; 93; 99; 104; 105; 106; 109; 110; 112; 116; 119; 127; 128; 129; 130; 131; 132; 138; 139; 142; 145; 146; 190; 231; 243; 244; 245; 246; 251; 252; 253; 254; 255; 256; 296; 299; 301; 302
  Satzung der 68; 85; 97; 106
Vergenossenschaftlichung 213
Vergesellschaftung 213
Verhandlung 48; 89; 127
Vermittlung 96; 97; 115; 191
Vernon, Raymon 230
Versailler Vertrag 14
Verstaatlichung 134; 168; 209; 214; 229
Verteidigung 15; 19; 22; 50; 52; 53; 92; 157; 158; 164; 165; 169; 176; 189; 239; 260
Verteidigungsallianz 109; 185
Verteidigungsbereitschaft 52; 60; 156; 164
Verteidigungsfähigkeit 146; 164
Verteidigungskrieg 15; 54; 88
Verteidigungspolitik 188

Verteilungsgerechtigkeit 49; 53; 54; 57; 59; 62; 63; 64; 66; 67; 68; 69; 71; 72; 80; 103; 149; 151; 152; 166; 193; 221
Verteilungskompetenz 36; 182; 208
Verteilungsleistung 107; 152; 195; 198
Verteilungsprozeß 35; 36; 49; 150
Verteilungssystem 149; 173
Vertrauensbildende Maßnahmen 144; 226
Vitoria, Francisco de 86; 88
Völkerbund 16; 99; 108; 119; 125; 126; 127; 128; 134; 168; 214; 255
  Satzung des 85; 97
Völkerrecht 19; 48; 64; 75; 79; 83; 84; 85; 87; 89; 90; 91; 93; 101; 102; 103; 106; 107; 117; 162; 237
  humanitäres 91
Völkerrechtswissenschaft 84; 86; 104; 105; 106

Waffen 16; 114; 115; 187; 228; 229; 264; 273; 280; 300
Waffenhandel 229
Waffentechnologie 91
Währungspolitik 305
Waldheim, Kurt 139
Warschauer Pakt 50; 74; 144; 151; 298
Weber, Max 36; 153; 207; 229
Weizsäcker, Carl Friedrich von 112
Weltbank (IBRD) 219; 220
Weltgesellschaft 34; 45; 135; 136
Welthandel 10; 200; 219

Weltinnenpolitik 112
Weltmodelle
  Welt als asymmetrisches, gebrochenes Gitter 34; 39; 78; 196; 238
  Welt als Staatenwelt 34; 39; 103
  Welt als Weltgesellschaft 34
Weltöffentlichkeit 256
Weltregierung 48; 94; 130; 137
Weltstaat 48; 101; 111; 112; 116
Weltwährungsfonds 220; 232
Weltwährungssystem 219
Weltwirtschaft 10; 195; 217; 219; 220; 223; 225; 303
Weltwirtschaftssystems 220; 221
Wertallokation 35; 49; 50; 52
Wertverteilung 37; 44; 70
Wertzuweisung 36; 40; 43; 72
Wettbewerb 183; 193
Wilhelminisches Reich 98
Willkür 26; 55; 87; 156

Wilson, Thomas Woodrow 126; 186; 189
Wirtschaft 43; 133; 176; 196; 197; 198; 209; 212; 213; 214; 217; 222; 224; 226; 227; 228; 229; 230; 240; 267; 279; 305
Wirtschaftsordnung 64; 205; 284
Wirtschaftsstrukturen 28
Wirtschaftssystem 63; 147; 148; 149; 169; 174; 193; 212; 240
Wohlergehen 55; 197; 294
Wohlfahrt 38; 58; 67; 68; 70; 71; 75; 80; 149; 169; 170; 193; 222; 241
Wohlfahrtsordnung 71
Wohlstand 56; 64; 153; 161; 165; 178; 195; 199; 204; 219; 220; 221; 233; 237; 272; 278
Wright, Quincy 176; 177; 202; 270

Zollrunden 225
Zollvereinbarung 37

Zum Thema
Europapolitik

Oscar W. Gabriel /
Frank Brettschneider (Hrsg.)
**Die EU-Staaten
im Vergleich**
Strukturen, Prozesse, Politikinhalte
2. überarb. und erw. Aufl. 1994.
640 S. Br. DM 58,00
ISBN 3-531-12282-7
Für das Verständnis der politischen Vorgänge im integrierten Europa ist eine gründliche Kenntnis der nationalen politischen Systeme erforderlich. Solche Kenntnisse vermittelt dieser Band in einer systematischen, vergleichenden Übersicht über die politischen Strukturen und Prozesse der EU-Mitgliedsstaaten sowie über ausgewählte Inhalte der staatlichen Politik.

August Pradetto (Hrsg.)
**Die Rekonstruktion
Ostmitteleuropas**
Politik, Wirtschaft und Gesellschaft
im Umbruch
1994. 327 S. Br. DM 42,00
ISBN 3-531-12630-X
Experten aus Ost und West ziehen vier Jahre nach dem fundamentalen Umbruch in Mittel- und Osteuropa Bilanz.

August Pradetto (Hrsg.)
**Ostmitteleuropa, Rußland
und die Osterweiterung
der NATO**
Perzeptionen und Strategien
im Spannungsfeld nationaler
und europäischer Sicherheit
1997. 377 S. Br. DM 82,00
ISBN 3-531-13002-1
Was diesen Band von anderen Publikationen zur Thematik zuvorderst unterscheidet, ist die Gegenüberstellung der Ansichten über die NATO-Osterweiterung und über die Sicherheitsentwicklung auf dem Kontinent aus mittel-, ost-, westeuropäischer und „atlantischer" Perspektive. Die zum Großteil aus den jeweiligen Ländern stammenden Autoren explizieren, wie die sicherheitspolitische Lage bestimmt und das nationale bzw. regionale Sicherheitsinteresse von den diversen Akteuren definiert wird. Die unterschiedlichen Standpunkte werden in ihrem geopolitischen Kontext, die Bedrohungsvorstellungen, Sicherheitsperzeptionen, Verteidigungsdoktrinen und die Entwicklung der Sicherheitspolitiken auf ihre Ursachen hin analysiert.

Änderungen vorbehalten. Stand: Mai 1998

WESTDEUTSCHER VERLAG
Abraham-Lincoln-Str. 46 · 65189 Wiesbaden
Fax (06 11) 78 78 - 400

Zum Thema Europapolitik

Alexander Siedschlag
Neorealismus, Neoliberalismus und post-internationale Politik
Beispiel internationale Sicherheit – Theoretische Bestandsaufnahme und Evaluation
1997. 498 S. (Studien zur Sozialwissenschaft, Bd. 169) Br. DM 98,00
ISBN 3-531-12916-3
Das Ende des Kalten Kriegs hat in der Politikwissenschaft zwei Generaldebatten ausgelöst: diejenige um die Zukunft internationaler Sicherheit und Sicherheitspolitik sowie die um die entsprechende Theorie und Methode. Diese Studie will beides verbinden.

Thomas König
Europa auf dem Weg zum Mehrheitssystem
Gründe und Konsequenzen nationaler und parlamentarischer Integration
1997. 256 S. (Studien zur Sozialwissenschaft, Bd. 202) Br. DM 42,00
ISBN 3-531-13143-5
Diese Studie richtet sich an all diejenigen, die an der Transformation politischer Systeme im allgemeinen und an den Problemen der europäischen Integration im speziellen interessiert sind. Den Untersuchungen liegt nicht nur eine außergewöhnliche Datenbasis zugrunde, sondern es werden auch neue Methoden zur Berechnung von Machtverteilungen, zur Analyse von Gesetzgebungsprozessen und zur Modellierung von Verhandlungssituationen eingeführt.

Stefanie Pfahl / Elmar Schultz / Claudia Matthes / Kartin Sell (Hrsg.)
Institutionelle Herausforderungen im Neuen Europa
Legitimität, Wirkung und Anpassung
1998. 322 S. Br. DM 72,00
ISBN 3-531-13133-8
Entstehung und Wandel von politischen Institutionen unter veränderten Rahmenbedingungen werden am Beispiel des Mehrebenenprozesses der westeuropäischen Integration, der Transformation in Mittel- und Osteuropa sowie der Entwicklung internationaler Institutionen analysiert.

Änderungen vorbehalten. Stand: Mai 1998

WESTDEUTSCHER VERLAG
Abraham-Lincoln-Str. 46 · 65189 Wiesbaden
Fax (06 11) 78 78 - 400